正說歷代十大名妓

黃勝◆著

序

「娼妓」，在中國的歷史由來已久，歷來被一些正義道德人士所不齒。可是同時，一些關於妓女，特別是人們眾所周知的名妓的傳聞軼事卻往往被一些人所津津樂道。其中不免有許許多多香艷的成分。然而，真的就像一些街頭巷尾的傳聞以及野史之中所記載的那樣嗎？淪落為妓女的她們的生活真的就是荒淫放蕩，沒有任何的真情實感，對於所有的事情都漠不關心，就像晚唐李商隱所說的一樣：「商女不知亡國恨，隔江猶唱後庭花」嗎？

其實，並非所有的「娼妓」都是如此。人們之所以形成這樣的認知，只不過是我們受到了一些傳統觀念的影響，帶著一雙有色的眼鏡罷了。「娼妓」是社會發展的進程之中產下的畸形怪胎，就像中國封建社會中的「太監」一樣。她們之所以淪落為被人所不齒的「娼妓」，並非是自己心甘情願，而是受到各種各樣特殊的情況所逼迫。她們大多是在一種無奈的情形下淪為「娼妓」的。她們在淪為「娼妓」之後，也並非像有些人所說的一樣廉恥盡失。她們所遭受的是常人難以忍受的精神和肉體上的煎熬，因為她們同樣也是人，是有血有肉、富有感情的人。她們跟其他女性一樣對浪漫愛情、幸福家庭等等有強烈的嚮往和追求。可惜的是，因為她們是「娼妓」，便失去了對生活中一切美好事物所擁有的正常權利。正因為如此，她們才顯得比一般人更為珍惜正常生活的權利。她們所追求的也更為猛烈和狂熱。在她們之中更不乏有「出污泥而不染者」，所顯示出的高潔是許多平常人難以比擬的。

社會在不斷地前進。今天當我們再去看待她們的時候，應當站在公正、客觀的立場，不要再戴有色的眼鏡。本書的編者就是抱著這一目的，從歷史上有名的娼妓之中挑選出十位具有代表性的名妓，她們如趙姬、蘇小小、李師師、陳圓圓、顧媚等，編者在翻閱了大量的資料，經過考證，用平實通俗的語言，還給大家一個個真實，有血有肉、富有豐富感情的「娼妓」形象，讓我們走出以往的認識誤區。

「娼妓」是社會發展進程中畸形的產物。我們在為淪為「娼妓」的古代女性的不幸遭遇表示同情的同時，希望類似於這種畸形的產物在這個世界上永遠消失。

目錄

趙姬

從墜落風塵到一國之后／012
王孫落難／012
桃色陷阱／018
宮廷之爭／023
不倫之戀／028
鬱鬱而亡／033

蘇小小

寄情山水清雅一生／038
湖山潤心靈／038
偏遇薄情郎／040
千秋俠義情／046
傲骨持潔淨／054
西泠傳美名／060

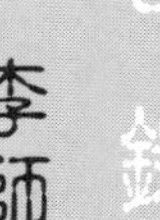
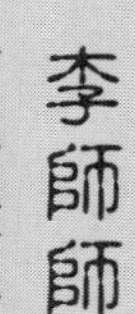
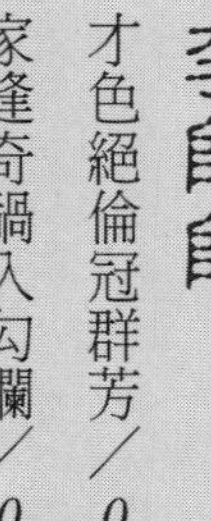

目錄

李師師

才色絕倫冠群芳／066
家逢奇禍入勾欄／066
弱女行俠救英雄／068
妙齡才色動帝君／072
承恩澤智助舊識／080
上元時節又逢君／088
孤雲浮遊度餘生／094

李香君

國色三絕香扇墜／098
才子佳人初逢盒子會／098
畫舫深情寄語警情郎／104
怒還嫁妝高潔驚權貴／109
血色桃花顯忠貞／122

陳圓圓

改變歷史的傾國紅顏／132
雛妓本為良家嬌／132
幾時青鳥脫樊籠／141
衝冠一怒為紅顏／146
滇中豪苑居寵姬／149
古佛青燈伴餘生／152
撲朔迷離的墓址／157

董小宛

痴情忠貞奇女子／160
家境中落入青樓／160
多情公子訪佳人／162
才子佳人漸相知／165
持家成疾香魂逝／169

目錄

顧媚

身在紅塵飄然世外／176
桃葉渡口立眉樓／176
三鳳求凰演鬧劇／179
自拔污泥覓知心／186
慧眼也有迷亂時／190
盡取莊禪三味真／194

柳如是

風塵女俠才八斗／208
身逢困境思身世／208
完美愛情竟夭折／231
重歸吳江歸家院／218
託身遭遇薄情郎／221
兩情相悅定終生／225
留下清白在人間／230

賽金花

盡顯風流狀元夫人／236
夜半卵石傳情／236
風流大使夫人／245
偷歡育下男嬰／254
出面請求撤軍／258
涉嫌命案入獄／270

小鳳仙

憂國憂民顯高潔／282
初落風塵／282
南幫翹楚／286
義送蔡鍔／296
痛失知音／306

趙姬　從墜落風塵到一國之后

趙姬，戰國末期人，秦始皇之母，初為呂不韋歌舞妾，成為年輕太后後又與嫪毐通姦。

從墜落風塵到一國之后

曾經流落風塵，後卻成為萬人矚目的一國之后，成為中國封建王朝的第一位國母，她就是趙姬（趙姣娥）——秦始皇嬴政的生母，呂不韋的情人。關於她的一生，在野史和街頭巷尾之中有許多不同的版本。在此，將還給你一個真實，有血有肉的趙姬。

王孫落難

西元前三六一年，秦始皇的高祖父秦孝公繼秦獻公稱王。在那個時候，諸侯經過了長時間的你攻我伐之後，一些小國逐漸被大國吞併，只剩下齊、楚、燕、韓、魏、趙、秦七個勢均力敵的大國，也就是歷史上所說的戰國七雄。但是秦國由於地處西陲，在政治、經濟、文化上都比其他位於中原的六國落後，秦孝公為了振興西秦而重用商鞅，實行變法，國力逐漸

趙姬，戰國末期人，秦始皇之母，初為呂不韋歌舞妾，成為年輕太后後又與嫪毒通姦。

強盛，勢力開始向東擴張，並且採用了張儀的策略擊敗了六國合縱的戰略部署，逐漸成為七國中的頭號強國。

到了秦昭襄王的時候，在六國之中，唯一能與秦國抗衡的，便只剩下趙國。趙國在名將廉頗的指揮下，兩度擊敗了秦國的進攻。值得一提的是，在澠池會上為和氏璧，趙國的宰相藺相如以其驚人的膽略讓秦國的陰謀破產，迫使秦昭襄王把太子安國君的兒子異人作為人質送到趙國，以保證從此秦國不再與趙國為敵。表面上看秦昭襄王是屈服了，但是這只是秦國的一種策略，暫時與趙國井水不犯河水，保持與趙國和平相處的局勢，然後騰出時間和精力集中力量遠交近攻侵吞鄰近的國家，擴充自己的勢力，從而孤立趙國。貴為王孫的異人就這樣淪為實現秦國政治目的的工具。在趙國身為人質的他，猶如身處於一個巨大空間的監獄，不僅行動上受到嚴密的控制和監視，並且身邊無親人和朋友可以談心。他變得終日抑鬱寡歡，愁腸百結。恰好在這個時候，一位頗有政治眼光的商人，就是嬴政的生父——呂不韋來到趙國。

古時妓院發放的代金券

呂不韋雖然是一個商賈，卻極其精於心計，不像其他商人只注重蠅頭小利，而是一個心懷巨大理想抱負的年輕人。他借著經商的便利條件，遍遊了七國，一直在苦苦地尋找機會，希望有朝一日能夠出人頭地。他也是一個極有眼光的商人，在秦國他看到了秦王利用商鞅變法之略，在政治、經濟各方面都作了大刀闊斧的改革，呈現出蓬勃的生機，因此，他敏感地意識到未來的天下一定非秦莫屬。正是因為如此，他一直在尋找機會去實現自我的抱負和理想。雖然呂不韋有了這樣的心思和決定，但是怎樣去實現呢？應通過什麼途徑去實現？他還在思索和謀劃。直到他在趙國看到了身處異地做為人質的異人之時，眼睛不由得一亮，知道自己應該怎樣去做了。

為了達到目的，呂不韋可是煞費了一番苦心。首先，他花了一筆數額不小的金銀，與監視異人的警衛結交，讓他們放鬆對異人的監視，然後一步一步地向異人接近。

身居異地、舉目無親的異人，突然間見到有這樣一個人經常來看他，並且給予他殷勤照料，怎麼能不表示歡迎，並且與對方成為至交，向對方傾吐內心的苦悶呢？呂不韋並非只是想博得異人的好感，因為他知道即使與異人成為再好的朋友，按著異人現在的處境是無法實現他的目的的。他是要幫助異人脫離現在的處境，要讓異人成為一國之君。呂不韋的這種想法在他剛剛見到異人的時候就有了。他和自己的父親一次談話便是最好的證明。

當時，他是這樣問他的父親的：「種地能有幾分利益？」

他父親說：「十倍。」

「做珠寶生意呢？」

「一百倍。」

他又問：「如果讓一個人當上國王，控制了一個國家呢？」

他父親興奮地說：「好小子，你想入非非，若能這樣，那得到的利益就沒法計算了。」

呂不韋望著父親詭秘地一笑：「好，這筆生意我做定了！」

因此，對呂不韋來說最要緊的便是怎樣改變異人目前的處境。

一次，當呂不韋去見異人的時候，異人又情不自禁地向呂不韋傾訴心中的苦悶，擔憂地說到自己不知道什麼時候才能回到秦國。

秦時的男像燭臺

呂不韋安慰了他一番之後，分析了當時的形勢，並十分肯定地說笑：「將來取代周朝一統天下的必定是秦國。現在你的祖父秦昭襄王年紀漸漸大了，而你的父親安國君很快便會繼承王位。你的親母已經去世。雖然你有二十幾個兄弟，但是都是庶出。現在，你父親最寵愛的是華陽夫人，而華陽夫人又沒生過孩子。如果你能夠獲得華陽夫人的歡心，作為她的嗣子，再由華陽夫人出面，多吹枕邊風，把你立為太子，當你父親去世之後，秦國國君的寶座不屬於你還會是誰的呢？你登上秦王的寶座後，不是就可以憑藉秦國的實力，一步步實現併吞六國、君臨天下，唯我獨尊的願望嗎？」

聽到呂不韋這麼一說，異人變得激動不已，只覺得全身熱血沸騰。可是，他繼而一想：現在自己還在趙國淪為人質，也不知道能否安然的回到秦國，便不由得長長地歎了一口氣。

呂不韋似乎猜測出了異人的心思。他一拍胸脯之後，說：「請你不要擔憂，這件事情就包在我身上了。我一定竭盡全力，想辦法幫你辦成這件事情，並且讓你順利地回到秦國。」

異人望著呂不韋，半信半疑。

呂不韋為了取得異人的信任，便說出了詳細計畫：「我先拿出幾千兩金子來，替你打通關節到秦國去，設法見到令尊和華陽夫人，向他們轉述你的心意；然後，再設法弄到趙國的軍事情報、設防措施，幫你脫逃趙國回秦，你看這樣行嗎？」

異人聽後，立即拜倒在地，並且聲淚俱下地表示：如果真的能像呂不韋所說的那樣，自己一旦成為秦國的國君，秦國的軍政大權全由呂做主就是。他為了讓呂不韋確信他所說的話，還跪在地上對天發誓。

呂不韋連忙將他扶了起來，解釋道：「我並不是圖你將來怎麼報答我。今天我這樣幫你，並沒有什麼特殊的目的，只是出於同情你目前所處的處境，出於一種正義感罷了！」

然而，異人卻一而再，再而三的表示，只要呂不韋能夠幫助他離開趙國，成為太子便一定不會忘記他的。

呂不韋沒有再說什麼，當即便告辭而去。呂不韋以經商的名義到了秦國，並且利用他的三寸不爛之舌和以重金開道，先見過華陽夫人的姐姐，然後又通過華陽夫人的姐姐見到了華陽夫人，很順利地完成了使命。呂不韋立即回到邯鄲，把這件事告訴了異人。異人聽說後欣喜若狂，對呂不韋感激涕零，再一次表示以後要重重地報答。

異人所表示的正是呂不韋夢寐以求的。但是，呂不韋並不滿足異人的承諾。身為商人的他知道異人的這種報恩只是蠅頭小利，他所想要的並不只這些。他有更大的理想和抱負，想獲取更加豐厚的利潤。也就是說，到目前為止所做的一切只不過是呂不韋宏偉計畫的第一步，他還有更加詳細的計畫。正因為如此，身處在風塵中的趙姬才有機會登上歷史的舞臺，成為了中國歷史上封建王朝的第一位國母。

呂不韋是在邯鄲的一家妓院發現趙姬的。當時的趙國都城邯鄲是中原地帶的首府之區，商業貿易繁榮，文化比較發達。像這樣的地方，往往伴隨著另外一種畸形的繁榮。在邯鄲匯集了來自全國各地如花似玉的名妓。趙姬就是這些來自全國各地的名妓之中的一員。這個趙姬生得婀娜娉婷、楚楚動人，而且人又聰明。當呂不韋發現了趙姬之後，便不惜重金，為她贖身，納她為妾。在與她第一次魚水交歡之時，呂不韋便向她傾吐了心中的意圖。趙姬是個有野心的人，在聽了呂不韋所說的話之後，怎不令她神怡心往，並成為呂不韋所利用的一顆棋子，聽從他的擺布呢？

自從呂不韋在煙花場所尋找到趙姬之後，便開始緊鑼密鼓地實施他的第二個宏偉計畫了。

桃色陷阱

確實不可否認呂不韋是一個極其攻於心計，極具有遠見和目光遠大的商人。也可以說他是一個為了達到目的不擇手段的人。他為趙姬贖身，接納為小妾，是有其明顯的目的的。呂不韋之所以選中趙姬作為實施自己計畫的工具，當然是因為趙姬的身上有可取之處，就是他看到了趙姬有一種不甘於滿足現狀的野心。

在他們相處了一段時間之後，趙姬便有了身孕。精通醫理的呂不韋在確定了趙姬所懷的是男胎之後，不由得大喜，因為，實施第二步計畫的條件已經成熟了。在他與趙姬經過了一番謹慎的密謀之後，一場帶有香豔色彩的好戲即將開幕。

入夜，異人應邀來到了呂不韋的住處。異人一走進去，就像一隻呆頭鵝一樣。原本以為呂不韋找他有什麼事情的他，看到除了呂不韋以外，還有一個絕色的美女在一旁。身處異地，從未見過女人的異人目光便自然而然地全部投射到那位絕色美女的身上。

秦始皇像

呂不韋看到這種情況心中暗喜，預感到了自己的計畫會順利實現。他按捺住心中的喜悅，招呼異人坐下，並且讓下人將早就準備好的菜肴端了上來。

此時此刻的異人心思全部都在身旁的絕色美女身上，對於呂不韋所說的一些事情，只是心不在焉地敷衍。他一邊和呂不韋聊著，一邊偷偷地向那位絕色美女看去。他不看還好，在他向對方看去的時候，便變得越發的心猿意馬，因為這位絕色美女的一舉一動，對於他來說都充滿了意味，對他充滿了挑逗。特別是對方那雙轉動的秋波，以及勸酒的笑聲。還沒有喝上幾杯，異人就感到自己醉了，並且在不知不覺之中有了一股原始野性的衝動。

在一旁的呂不韋見此情景，知道魚兒已經十拿九穩地上鉤了，於是便找了一個藉口藉故離去。在離去之時，還再三交代趙姬要好好地款待異人，千萬不可怠慢。

這個時候的異人正巴不得呂不韋離去呢。呂不韋前腳剛走，異人便再也控制不住自己的衝動，上前一把將趙姬摟住，在異人正要與她寬衣解帶的時候，呂不韋闖了進來。

「我真的想不到你會做出這樣的事情來！」呂不韋變得非常憤怒，幾乎都說不出話來。

異人嚇得立即跪下求饒，連稱該死。

呂不韋冷笑地說道：「我和你交往這麼久，為了你的事，可以說是竭盡心力，好不容易才讓你成為安國君太子，未來的秦國國君。可是，我真的沒有想到，你竟然做出這樣的事情來……」

異人變得更為恐慌，跪在地上頭磕得就像搗蒜一樣，一個勁兒地說自己不知死活，做出這種天理不容的事情來，並且希望呂不韋能夠看在自己一時衝動，原諒他。

呂不韋真的要將異人怎樣嗎？其實，這一切都是他早已預謀好的。可能異人怎麼也想不到，他變成這樣其實是呂不韋造成的，因為呂不韋在他所喝的酒中放了春藥。見到火候差不多了，呂不韋也就不再恐嚇異人，而是順勢找了一個臺階，說：「好吧，起來！你既看中了她，我也乾脆救人救到底，送你一個情，把她送給你吧！」

膽戰心驚的異人簡直不敢相信自己的耳朵，過了好一陣子才反應過來。他沒有想到呂不韋竟然會這樣地大度。一方面為得到美人而欣喜若狂，另一方面更對呂不韋心存感謝。他連

鑲嵌在秦雍城宮殿大門上的鎏金青銅獸面紋銜玉鋪首。

連作揖，表示感謝。趙姬呢？卻伏在一旁傷心啼哭，如喪考妣。

呂不韋認真地說：「哭什麼！剛才的事，也不能完全怪他，你們既然男歡女愛，我成全你們。你往後跟著他勝我十倍，這是你的福氣。」

趙姬聞言哭聲漸止，羞怯地抬起頭來。

異人迫不及待地表明心跡：「美人，承蒙呂先生成全於我，請你放心，我異人此生絕不負你！」

「事已至此，我也沒臉面在他呂家做人了，不過，要我嫁給你，需要依我兩個條件。」趙姬趁機說道。

異人已經被趙姬的美色所迷住，不要說是兩個條件，就是再多的條件，在此時他都會一口應允的。

「一，在你回國後，要立我為正室；二，如果以後生子，須立他為皇儲。」趙姬說。

異人同意了。

事情的發展正如呂不韋所預料的那樣。見目的已經達成，呂不韋讓趙姬重整杯筷，就像

戰國時的盤羊首形轅飾

沒有發生任何事情一樣繼續飲酒聊天。當酒足飯飽之後，呂不韋又命人備車，送異人和趙姬回到館驛，成其好事。

由於監視警衛及館驛公務人早被呂不韋用錢買通，他們自然對異人大開方便之門，裝作沒看見。當晚，枕邊恩愛之餘，趙姬趁機說道：「你要回秦國，還需要趙國重要的政治、經濟情報，我與趙國的許多重要文武官員都很熟悉，我今後留心為你多方面搜集，你可不要吃醋啊！」

異人為了圖其大事，答應了。

俗話說，世界上沒有不透風的牆。趙姬幾次刺探情報，與異人相處的事情，被趙國一些重要官員知道了，他們決定殺掉異人！然而，就在他們決定動手之前，呂不韋就得到了消息，他又不惜重金打通守關的將吏，秘密地讓異人與趙姬逃脫趙國，奔回西秦。

在這個時候，趙姬已懷胎十月，而她與異人在一起才七個多月的時間。如果在這個時候嬰兒降生，不會引起異人的懷疑嗎？那樣一來呂不韋處心積慮所做的一切不是都會成為一江東水嗎？

呂不韋就是呂不韋。這個遊歷了不少國家、具有心計的商人，自然有他的辦法。他利用曾經向江湖術士所學的中草藥秘方設法配製延期出生之藥。也虧得趙姬能夠忍辱負重，承受住服藥後的不適，延期兩個月才將嬰兒生下。這個嬰兒就是後來的秦始皇——嬴政。

宮廷之爭

回到秦國的異人帶著趙姬拜見了華陽夫人。華陽夫人平白地得了一雙佳兒佳婦，加之趙姬性情乖巧，說話特別暖人心窩，華陽夫人樂不可支。安國君當然也聽華陽夫人的，於是正式宣布立異人為儲君，確定為王位繼承者。趙姬又獻上有關趙國的軍事機密，更加使得安國君夫婦對這個兒媳另眼相看。當然，隨同一起入秦的呂不韋如此盡力地幫助異人，也就自然而然地討得安國君的歡心，被委以重任。這個投機的商人收回了一點的投資。

事也湊巧，異人被立為太子，昭襄王便患重病身亡，安國君正式嗣位，為秦孝文王，這下異人的太子地位算是鐵定無疑了。國人皆稱異人為太子，而趙姬則名正言順成地了太子妃。趙姬這個風月場所出身的風塵女子，必然修過伺候他人、討取他人歡心的功課。她對公公孝文王殷勤侍奉，取得了秦孝文王的信任和好感。當然，隨著接觸的增多，安國君身上的一些毛病和缺點便被趙姬一覽無餘。

嗜酒如命，是安國君致命的弱點。趙姬便把這一情況告訴了呂不韋。呂不韋對於現在所受到的一點回報是絕對不滿足的，這比他所預期的差得太遠。他清晰地知道要獲得更大的回報，最好的辦法就是讓異人成為秦國的國君。而對於趙姬來說，一方面出於對呂不韋把她從風塵中解救出來的回報，另一方面做太子妃當然沒有做王后風光，於是兩人商定，一不做、二不休，日日夜夜以酒色歡娛安國君。當然呂不韋在這個時候，再次運用了他從江湖術士處所學的一些醫術的特長，為安國君配製了不少春藥。沒過多久，秦孝文王因酒色過度身亡，異人也就名正言順地做了秦國的國君，就是歷史上的秦莊襄王。尊母華陽夫人為皇太后，立嬴政為太子，呂不韋一躍成為戰國時頭等強國的相國，並加封文信侯，食邑十萬戶。到這個時候，呂不韋才算是慢慢地收回了一點點投資。

然而，異人雖然成為一國之君，卻沒有治理國家的才能。就在他即位不久，名存實亡的東周對於日益強大的秦國感到了恐慌，便聯合六國，準備共同伐秦。唯一還能夠勉強與秦抗衡的趙國成了這次伐秦的主力。

聽到了這個消息之後，異人變得驚慌起來。而趙姬卻顯得異常沉穩，她秘密潛回趙國邯鄲，找到當年青樓中的姐妹，出錢宴請趙國的主將，弄到了絕密的軍事情報後回秦。呂不韋依照這些情報，先行發兵，趁趙軍還在布署未定之際，以迅雷不及掩耳之勢，出其不意地擊潰趙軍的先頭部隊。趙國的悼襄王聞訊，不由憤怒之極，糾集了剩餘主力，並且決定重新啟用廉頗為統帥。消息傳到秦國，不免又引起了一陣騷動，因為秦國在與趙國的幾次交鋒中，屢屢敗在廉頗手中。這時趙姬又向異人獻計，派間諜郭開前去趙國，散播廉頗已年逾七十不能再統兵征戰的言論。此外，她還讓郭開以重金賄賂趙悼襄王派去慰問廉頗的宦官唐玫，讓他進獻廉頗年老，不再能統兵掛帥的讒言，以至於讓趙王打消了讓廉頗領兵的念頭。如此一來，六國聯合抗秦的計畫破產。不久秦軍就攻入洛陽，在西元前二四九年滅了東周。

從此之後，秦國的軍隊馳騁華夏，所向披靡。已經成為秦國國君的異人遇事時手足無措，有了一點成績之後沾沾自喜，驕傲自滿。他覺得併吞六國，統一中原已勝券在握。此時的他已經忘記曾經對呂不韋的承諾，已經忘記是誰幫助他逃脫了困境，從人質成為一國之君。在這個時候，他不僅不去報恩，反而感到呂不韋的存在對於他是一種威脅，他已漸漸滋生了要除掉呂不韋之心。

像獵狗一樣直覺敏銳的呂不韋已經感覺到了這一點。但是他並不怎麼恐慌，更知道異人是奈何不了他的，因為在他的手中有一張王牌，那就是他一手從風塵中挑選出來的趙姬。趙姬對他仍有舊情。

呂不韋見到了趙姬，二人一陣密謀之後，決定除掉異人，讓嬴政繼位。這對於他們兩人來說都是有利無弊，因為嬴政實際上是呂不韋的親骨肉。讓嬴政當秦王，不但會讓呂不韋的權勢和威望進一步牢固樹立，趙姬也好垂簾聽政。那麼，怎樣才能實現這一目的呢？最後，

秦時騎馬俑

他們還是決定採取原來的老辦法，在酒色上做文章。於是，在趙姬的誘惑和呂不韋的配合下，異人也就命喪在酒色之下。

年僅十三歲的嬴政登上國君的寶座，尊趙姬為王太后，國事全部委任於呂不韋，並尊為仲父。這個時候，呂不韋達到了人生輝煌的頂點，他為自己原來所做的決定而感到欣慰。在這個時候，呂不韋與趙姬之間的舊情復發，常常約會於宮廷之中。而呂不韋自恃功高，因為秦王政就是他的親生兒子，他出入宮闈，無所顧忌。趙姬身邊的宮女都是他的心腹，況且這等事情關係重大，誰敢信口嚼舌。自然是見如未見、聞如不聞，一個個守口如瓶，瞞得縝絲密縫，若如無事。牆再高也沒有不透風的，趙姬和呂不韋的訊息早已在宮內外尤其是長安街頭傳開，人們當作特號新聞，相互傳播，並且添油加醋，說得醜陋不堪。

可是，好景不長。嬴政到了十四五歲的時候，由於成熟較早，對國家政事自有他敏銳的看法，他感到呂不韋是個不好對付的人。但他初涉朝政，身邊缺乏傑出的謀士，先王留下的都是一批戰功卓著的將軍，在政治上缺乏才能，要振興朝政，還得經過一番周折。於是他下榜招賢、集納人才，像李斯、尉繚等一批卓著的政治家都應召而來。呂不韋警惕地感覺到了嬴政並非等閒之輩，如果不再有所收斂，可能會給自己帶來毀滅性的麻煩，於是謹言慎行，對許多事故作癡聾，不再過問朝中的大事，也就漸漸減少了與趙姬見面次數。

雖然呂不韋已經預感到了嬴政並非是善輩，變得小心翼翼，可是，趙姬卻自以為是嬴政的生母，仍然在生活上顯得無所忌憚，還是常常在夜間派人召他進宮取樂。呂不韋雖有難言之苦，但又怎麼向趙姬說明呢？因此，感到左右為難的呂不韋所能做的便是召令時藉故推辭。

一直自認為能夠處理應付所有事情的呂不韋有生第一次感到了有些束手無措。當李斯等人漸漸受到嬴政的重用，呂不韋的大權旁落之時，他不得不找趙姬，在床笫之歡過後，讓趙姬向嬴政提出，驅逐客卿，秦國的事應當讓秦國的人管理的建議。雖然嬴政在開始的時候聽從了趙姬的建議，下了驅逐客卿的旨意，但是李斯的一篇《諫逐客書》讓呂不韋的計畫破產。

呂不韋無法驅逐自己的勁敵，無法收回自己的權勢，常常心有餘悸，又怎麼敢像以前那樣地放肆。可是，趙姬會嗎？趙姬才不管那麼多呢！她自恃是嬴政的生母，認為自己為秦國的振興，為兒子嬴政的繼承王位出謀畫策、費盡心機，她付出了代價，她如今貴為皇太后，是皇帝的母親，比皇上還要尊貴，她不該受約束，應該讓自己得到一切享受。在一次晚餐上，她特命嬴政侍宴，酒酣之際，說了許多她為這個國家的振興所嘔心瀝血作出的「貢獻」。

嬴政聽後不由地覺得毛骨悚然，覺得這位母后並非尋常的女人，心狠手辣，是個了不起的政治家，不可等閒視之。

可能趙姬沒有想到，正是這次酒後所吐露出來的言語為自己以後的不幸埋下了伏筆，讓自己的兒子對她心存防範之心，並且派出心腹之人對她進行了嚴密的監視。

對於那天晚上的事情，趙姬好像轉眼便忘記了，依然我行我素，沉溺於對性愛的追求和刺激之中，依然不斷地召見呂不韋。可是呂不韋並沒有像趙姬一樣失去了理智，他已經感到危機四伏，理所當然不會像趙姬一樣地沒有任何的顧忌。除了對自身安全考慮，還有一個原因，他已經年過五旬，精力有限，又怎麼能夠應付得過來。

呂不韋，這個極其攻於心計的呂不韋面對這種狀況，正在尋找一條絕妙的脫身之計。被後人所不齒，淫亂宮廷的，就在這個時候登上了歷史的舞臺。

不倫之戀

嫪毐是咸陽城的一個地皮無賴，沒有什麼長處，卻天生陽道壯偉。有一次，他和人在戲

要的時候將一個桐木製成的小車，不用手，就用陽物插入輪軸把它舉了起來，令人驚歎不已的是那車的輪軸還能照常轉動。如此一來便在咸陽城出名了。這個不知羞恥的人，竟然憑此到處招搖過市，謀取錢財。一天，他又當街炫耀的時候，恰好被微服出巡的呂不韋撞見。呂不韋見狀大喜，認為正是自己所要尋找的人，便立即把以淫穢定罪，押回了府中。驚慌失措之時，卻受到了呂不韋格外的禮遇。呂不韋將他請到私宅對他說，皇太后正需要你這樣的男人，你如果能進宮，必定為太后所寵，那時榮華富貴享之不盡。

嫪毐聽呂不韋這樣一說，當即同意了。於是，呂不韋一方面進宮密奏太后，一方面出具告示，說是淫邪之徒，有傷風化，當處宮刑，拔其鬚眉，作為太監，進宮陪侍太后。

嫪毐進宮叩見太后，趙姬立即讓左右迴避，加以試驗。果然如呂不韋所說的無異。這是她平生中第一次得到性的滿足，惹得這位太后樂不可支，如獲至寶。從此朝朝暮暮，我我卿卿。呂不韋就此脫身了。可是過不多久，皇太后竟懷孕了。

這可怎麼得了！太后是遺孀寡婦啊！呂不韋想了想，讓她向嬴政說自己的身體不舒服，應當離咸陽京都到僻靜的地方去靜養。離了皇宮，到那時天高皇帝遠，一切便於處置。

趙姬聽後覺得不錯，便向秦王政說明此意。這個時候，秦王政已經二十三歲，經過十年來的總理朝政，已有了一定的處事能力，對一切軍國大事動輒請示母后，也有所厭煩。聽到趙姬這麼一說，立刻同意了，並且吩咐太監總管及內務大臣辦理此事。

趙姬雖然瞞著兒子，與嫪毒一起滿足了生理上的需要，但對於秦國的未來，仍然眷注。她一再叮嚀秦王嬴政要堅定執行先王制定的遠交近攻的戰略，因為在六國之中，韓國的實力最弱，先滅韓，再滅魏，次滅趙。而燕國離秦最遠，放在最後殲滅。這吞併六國之計不可亂套，要依次而行。秦王嬴政也覺得母后言之有理，表示一定按此方針執行。趙姬在臨離京時又一再囑咐，要吸取周朝的教訓，廢分封建制為郡縣制，把政權集中於中央，便於控制全盤。這種政治見解，確是高人一等，為中國幾千年來的中央集權奠定了基礎。

從此，趙姬住進專門為她在距咸陽西北二十里處修建的華麗雍宮。這是一座耗費鉅資、竣工神速、環境清幽、建築別致的行宮。

趙姬帶著和一些宮女進駐了雍宮之後，更加無所忌憚，儼然正式夫妻，朝歡暮樂。趙姬在這個時候已經把嫪毒當成了是從空中掉下的一件無價之寶，認為這才是人生最佳的歡樂，因而對嫪毒倍加珍愛。

嫪毒，這個市井無賴，一下子變成了人間神秘的新貴。

不久，皇太后生下了一個男孩。又過了三年，趙姬行將五十，但青春不減，月事如常，情欲不退，又生了一個男孩，並且秘密雇家庭保姆撫養。為了防止秘密洩漏，她一再警告宮娥侍女，誰要是走漏半點風聲便立即處死，並且株連九族。

皇太后一連生下兩個私生子，貼身太監原是野男人，這樣的宮廷醜聞誰敢亂說？然而，秦王嬴政非等閒之人，他暴戾陰險，自然叫密派的心腹侍臣密報消息。被密派的心腹宮女對此事左右為難，隱而不報吧，欺君之罪要殺頭。密報吧，這可是皇帝的親生母親——皇太后。自古家醜不可外揚，想來想去，還是覺得不說為妙。這樁醜聞，儘管秘密，最終還是走漏了風聲。秦王嬴政對此半信半疑，認為母后不可能做出這種傷風敗俗的醜事；加之現在的他所有精力都用在吞併六國的宏圖偉略上，兼之家醜不可外揚，何況是皇家醜。醜了寡人醜了國，對這件事只好裝聾作傻，忍而不發。

如果稍微安分一點，這件事情也就不了了之了。可是這個地皮無賴出身的嫪毒，仗著深得太后垂愛，又一連生了兩個男孩，並且深知一旦太后去世後，秦王政定饒不了他，就起了篡位之心。首先，他向太后要求讓秦王嬴政給他封侯。趙姬滿足了他的要求，讓秦王嬴政封嫪毒為長信侯，並加封為太原郡國、宮廷總管，凡宮中的車馬衣服、苑囿馳獵等事，全由掌管。這樣一來，更顯得氣焰囂張，有些分不清東南西北了，並且隨著權利的增大，他開始用錢收買人心，培植黨羽。當自覺擁有了一定的勢力之

春秋時漆繪斑鹿

後，與太后私下密謀，欲除秦王嬴政，讓所生之子繼位為君，由太后垂簾聽政。色迷心竅的趙姬居然點頭同意了。於是，大肆發展親信黨羽，陰謀發動政變。

小人得志，往往忘乎所以。一日，嫪毐與朝裏的王公貴臣飲酒，喝得酩酊大醉，因猜拳賭酒而引起了口角。自恃皇太后的勢力，目中無人，對那位大臣大罵道：「你算什麼東西，敢頂撞老子？我乃秦王繼父，你有眼無珠，不識高下，今後這大秦天下，都得聽老子的。」

這些王公貴臣聽了，立刻便告訴了嬴政，說嫪毐有謀反之意。

已經在位九年的嬴政，正值血氣方剛的年齡，聽到這話，無異於火上澆油，立刻派出親信使臣去追查此事。

其實，那些事情早已經是街頭巷尾眾所周知之事，真的想要調查，也費不了多少事情。嬴政所派出的親信使臣很快便將事情回報給了嬴政。

秦王嬴政聽完密使所說之後，當即下令逮捕！嫪毐也得到消息，不甘坐以待斃，於是假借太后趙姬的命令，發動禁軍抵抗。嫪毐的這一舉動無疑是以卵擊石，人數有限的禁軍怎是秦王所派眾多士兵的對手。當相國昌平君率領大隊官兵圍剿抵抗的禁軍，宣布嫪毐的罪行，禁軍當即潰散，只剩下嫪毐和他的百餘死黨，趁機突圍逃脫。

秦王嬴政怎能讓嫪毐就此逃脫，他下令全國搜捕，並懸賞若活擒來獻者，賞錢百萬，擒首來獻者，賞錢五十萬。官兵們見了重賞，便踴躍追捕。在好時，嫪毐和他的死黨二十餘人被生擒活捉，並被送往京師請賞。嫪毐被解到京師，就以謀反罪處以五馬分屍，其餘二十名賊黨全部駢誅，並且誅滅三族！眾所周知秦時的刑罰十分殘酷，嫪毐因小人得志，酒後狂言，招致這等酷刑，確也可悲！嫪毐服刑，秦王嬴政又下旨發兵包圍雍宮，搜出太后私生的兩個兒子，當場捕殺。此外把太后驅往棫陽宮，派禁軍監管，不准自由！呂不韋因為引薦入宮，串通作祟，淫亂宮闈，也受到了牽連，免除了相國的職位，全家被勒令遷往河南。

鬱鬱而亡

如果不是一個叫做茅焦的齊國人出現，恐怕趙姬會被一直囚禁在棫陽宮。嬴政對這件事情的過激處理，讓朝中一些老臣宿將感到不安，特別是王翦、白起、蒙驁他們。但是，他們又有什麼辦法呢？如果他們自己出面請求迎還太后，顧全國體，不是自尋死路嗎？於是，他們便慫恿其他臣子上書直諫。

脾氣性格暴烈的嬴政怎會聽得進他人的語言？對於那些提及這件事情的臣子，他都不由分說，當即命處死，並且諭告眾臣：敢諫者一律處死！出榜後，還有幾個不怕死的繼續上書勸諫，結果都落得自討沒趣，腦袋搬家！為此事直諫被殺者，共計有二十七人。

當臣子不再談及此事的時候，茅焦出現了。他跪伏金殿以死請諫。嬴政大怒，命武士設油鍋支立，將鍋裏之油燒得翻騰滾沸，想將茅焦丟下烹煮。茅焦卻絲毫不畏縮，舉步走到油鍋旁邊，納頭再拜說道：「臣聞生不諱死，存不諱亡，諱死未必得生，諱亡未必不死，生死存亡的道理，為明主所樂享有，現在不知陛下願聽否？」

秦王嬴政聽了，以為他別有高論，進諫的並非是皇太后的事，便讓茅焦將所要諫的事情說出來。

茅焦不卑不亢地說道：「臣聞治天下以仁德為先，以德服人者昌，以力服人者亡，治天下者民心為重。陛下今日行同狂悖，失去君王的理智，裂假父，捕殺同胞二弟，驅走仲父，軟禁母后，殘殺諫士，就是最殘暴的夏桀商紂，尚不至此！天下不明真相的，聽了此事都會指責陛下殘忍過人，而這事的真相卻又不便向天下公開。明智者應將此事巧妙隱蔽，為尊者諱，這是古人早就教導了的。如果陛下繼續將皇太后軟禁，這無異張揚其事，引起天下軍民人等異議，如果六國以此事為由，合力抗秦，各國百姓都會以死相拼，生身母親的養育之恩不念，何以為君？倘若天下人等齊力反對你這不認生母的暴君，我看天下的得失很難預料。」

茅焦在說完那些話語之後，就脫去外衣，準備往油鍋裏跳。站立在一旁的王公大臣一個個嚇得面如土色，不知該怎樣做才好。就在這個時候，嬴政站了起來，上前一把拉住茅焦，並且當面認錯：「愛卿，你敢如此當面罵孤，好膽識，朕佩服！謝你一片直言。」隨即獎賞黃金百兩，加封上卿。齊客茅焦以死勸諫秦王嬴政多施仁政、寬容其母后，秦王嬴政才撤銷了軟禁太后的命令並親往雍城向母親賠罪。趙姬也自知理虧，只好忍住心頭之痛，母子和好如初。

而呂不韋自從定居在河南之後，各國都知道呂不韋在秦國做了多年的相國，具有一定的能力，都紛紛寫信和派人請他去主持國政，聯合抗秦。嬴政聽到了這個消息之後，親筆寫了一封書信質問他：「你為秦國到底做出了什麼貢獻？能夠得到河南的封地，並且享受食邑十萬戶的待遇？你和秦國又有什麼密切的關係，竟然被尊稱為仲父呢？現在你可以帶著你的家人前往四川，不要再回來了。」

接到這封書信的呂不韋仰天長歎，他真的想將事情的真相全盤托出，告訴秦王嬴政，其實自己是他的親生父親，可是又怎麼能夠開口呢？再說國君的面子比黃金貴萬倍，秦王嬴政是一個脾氣十分暴烈和殘忍的人，如果將事情說出來，說不定會受極刑之苦。呂不韋感到絕望了，絕望之際飲鴆自盡！在他臨死時，他還喊了一聲：「趙姬，你好好保重，我先你一步走了！」

呂不韋的死訊不久傳到了趙姬耳中，聽到這個消息的她慟不欲生，但又不能自盡以殉。她想起與呂當初一見如故，想起他救拔自己於風塵，想起與他以往的恩愛……千絲萬縷，不由肝腸寸裂。自此每日以淚洗面，默語寡言，在鬱鬱寡歡中悲痛地苟活了三、四年而離開了人世，走完了坎坷的一生。

蘇小小　錢塘詩妓

蘇小小，南齊錢塘名妓、貌美才高，體弱早逝，死後葬於西湖畔

寄情山水清雅一生

蘇小小（生卒年不詳），南齊錢塘名妓，詩詞歌賦，無一不通，色藝傾絕當時。可惜是天妒紅顏，先遇薄情郎始亂終棄，後遭淫官累次欺辱，最終含恨用生命唱出了一曲淒美的哀歌。

湖山潤心靈

蘇小小的母親不幸淪落風塵，歷經了妓女生涯中的風霜刀劍，便暗中積攢些私房，憑著青春容貌，在西泠湖畔撐起一個妓院門戶。後來與一位性情溫和、家道殷實的富家子弟相交甚歡，可是對方家法森嚴，不許入門。兩人歡喜半載，迫不得已分手，可小小母親已珠胎暗結，後來分娩生下小小。

自古紅顏薄命，小小母親已承受了數年風塵歲月之苦，眼見從良的願望不能成為現實，在精神受到了巨大打擊之後終日恍惚無語。當時，南齊官吏借整理戶籍之機，魚肉百姓，闖到妓院，誣陷坊中戶籍不實，勒索了小小母親不少錢財。這真是雪上加霜，小小母親從此一

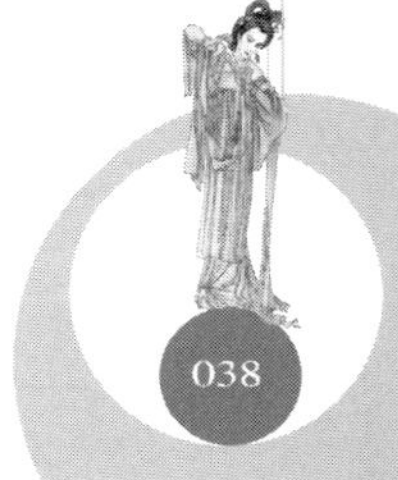

病不起，拉著小小的雙手把她託付給妓院姊妹賈姨娘，爾後帶著遺憾離開了人世。

小小就在明聖湖的山水滋潤下漸漸成長。幼年的小小，生得性慧心靈，身姿容貌就像畫中人一般。長到十三四歲，不僅姿色令人傾倒，而且能信口吐詞，句句珠璣，真可稱得上才貌雙全。她常常為母親的早逝落淚，但她把這些深深埋藏在心底，將全部的身心都傾注在湖光山色之中，足跡遍布武林的山山水水。

終日戲耍於湖光山色，為小小沉默、執拗的性格又平添了一股豪爽俠義之氣。像她這樣的花容月貌，肯定會引起一些紈袴子弟、官吏鄉紳的追逐。他們紛紛登門，有的想謀為歌姬，有的想娶為侍妾。可惜的是，縱使他們廢棄千金，也不能打動小小的芳心。受小小母親所託將小小撫養長大的賈姨娘，如今已是徐娘半老，韻色褪去不少，見小小這般固執，深感不安。一天，她把小小叫到面前，好言勸說：「姑娘，你該為自己的終身算計算計。我們娼妓家女子，嫁到富貴人家去，即使是做姬做妾，也還強似在門中朝迎夕送，勉強為歡。像姑娘這般才貌，還怕得不到人家的寵愛？」

然而，面對賈姨娘的好心勸解，小小卻答道：「我喜歡的是這武林的山山水水，嫁入豪門就像鳥入樊籠，只能坐井觀天，怎麼能比得上現在這樣的自由自在？再說富貴貧賤，都是命中注定，我真有藏之金屋的福氣，也就不會在娼家出生了。」

「姑娘，你的話錯了！想想你母親和我的身世……」賈姨娘想起傷心的往事感到痛苦不已，淚珠兒竟然倏倏地落了下來。

小小見狀，繼續說道：「姨娘，出生在娼家雖然可憐，但是並不一定可悲。再說豪華也不是耐久之物，富貴也未必就是終身倚靠，我進去容易，出頭就難了。」

賈姨娘掏出手絹，拭乾眼淚，望著小小，想將心中的話都說出來，可是又不知道從何說起。她想了想之後，說道：「姑娘，你還是三思而行。如果你主意定了，等我去尋一個有才有貌的郎君來，與姑娘梳櫳就是了。」

梳櫳是妓院行話。妓女在未接客之前是結髮為辮的，接客之後，才開始梳髻，叫做梳櫳。所以梳櫳又通常指妓女第一次接客。小小聞聽姨娘此言，頓時臉泛紅霞，低下頭來不再言語，緩緩走進裏房。

從那天開始，賈姨娘便四處奔走，想為小小找尋一個如意郎君。小小呢？仍然還是像以前一樣，獨自乘坐著馬車，遊走在武林的山山水水，把所有的情懷都融入到大自然之中。

偏遇薄情郎

陽春三月，湖光瀲灩，山色冥濛，天空掩映著朝霞，堤上一路垂柳，橋邊流水人家；湖中畫舫蕩漾，傳來陣陣笙歌。真可謂三十里湖光，南北峰煙霞，到處都呈現出勃勃生機，令

人心醉。

人們紛紛到郊外踏青，王孫公子，雕鞍駿馬；佳人才子，香車暖轎，在湖邊來來往往，如織如梭。小小的馬車夾雜在人群之中，她猛然看見前方有一少年，生得眉清目秀，齒白唇紅，洋溢著青春丰采，看年齡大約十八九歲，胯下一匹青鬃馬，毛色純淨，特別耀人眼目。小小望著那少年，不禁有些呆呆癡癡，心想，如果能嫁給這樣的公子，我蘇小小此生也就別無所求了。她想著想著，忍不住偷偷用眼角餘光朝那個貌美的少年掃去。恰好此時，少年也向她看過來。他們的目光在空中相遇。小小備感羞澀地將目光移向別處，一邊用手撩下車帷，一邊催著童子趕快驅車前行。

車子在緩慢地向前行駛著，而小小的心卻從此之後再也不能平靜，就像有一頭受驚的小鹿在不停地撞擊胸口。

這個俊美的少年是誰呢？他就是朝中顯宦阮道的兒子阮鬱。因他久慕明聖湖的秀美風光，在徵得父親同意之後，便獨自從京城奔赴錢塘，想不到在湖堤邊遇見小小。小小出塵的美貌，令他感慨油然而生：「湖光景致，令人陶醉。這少女更是超凡脫俗，令人一見鍾情！想必定是湖邊岸上人家的女兒。」

就在阮鬱為此失神之際，香車裏忽然傳出小小輕柔悅耳的聲音，那是一首樂府詩句：

「妾乘油壁車，郎乘青驄馬。
何處結同心，西泠松柏下。」

阮鬱勒馬回首，待到那油壁香車消失在柳綠花紅之後，便翻身下馬，向路邊的行人打聽小小的出處。經過再三探詢，才知道原來那個令他一見鍾情的女子名叫蘇小小，是行院妓女，今年雖然只有十五歲，聲名卻不小，是城中貴公子夢寐以求的「情人」。可是，她年少風流，性情執拗，一時還沒有被人梳攏。

阮鬱知道了這些情況之後，接著問明了路徑。在第二天一大早就來到妓院門前。這是位於西泠渡口的一所小院落，花遮柳護，十分清幽雅致。阮鬱拴好馬，輕叩門環，賈姨娘出門問道：「公子有何事到此？」

阮鬱連忙把昨日所遇之事告訴賈姨娘。賈姨娘看他一表人才，心中暗喜，忙領他斜穿竹徑，曲繞松廊，不一會功夫，轉入一層堂內。那堂雖不是雕樑畫棟，卻緊緊對著湖山，天然質樸，十分幽雅爽靜。

蘇小小聞見堂內聲音，從繡簾中嫋嫋婷婷走出。阮鬱第一次近距離仔細的看清了昨日那個令他神魂顛倒的女子。只見她貌若名花，肩如削成，輪廓鮮明而又圓潤，腰身細而柔軟，像一束絹帛，美髮如雲，眼含秋水，眉畫遠山，姿態美容難以用工筆描繪。

阮鬱見蘇小小今日裝束，與昨日模樣大不相同，更顯得豔而不俗，舉止文靜，體態嫻雅，不禁心中大喜，上前施禮道：「昨日見到姑娘，心中著實傾慕，今天姑娘又像故舊一樣迎接我，姑娘真是我阮鬱的紅顏知己呀。」

蘇小小見他謙謙有禮，笑著說道：「賤妾是青樓弱女，何足輕重。昨蒙郎君一見鍾情，我有感於心，因此便故意低吟了那首詩，不想公子真是有心之人。」

賈姨娘端進茶來，兩人對坐，愉悅品茗。小小呷了一口，說道：「男女之間相互羨慕，是從古到今的常理，既是聖人也在所難免。更何況是我們呢？」

說著話，阮鬱隨小小來到鏡閣。這閣造得十分幽雅，正當湖面開著一大圓窗，用潔白如冰的紗綢糊好，猶如一輪明月，正中貼著一幅對聯：「閉閣留新月，開窗放野雲。」

「草草一椽，絕無雕飾，不過借山水為色澤罷了。」小小脈脈含情地對阮鬱說。

阮鬱抬頭一望，窗外簷端懸著一匾，上題「鏡閣」二字；向下一望：桃花、楊柳、丹桂、芙蓉，把四周點綴得花團錦簇。在窗內流覽湖中景色，更是清晰明瞭，別具一番風味。而湖上遊人畫舫經過鏡閣，想要看到裏面的情景，卻被高高的圍牆所擋住。再看看房中，琴、棋、書、畫無所不具。房中當面有小小自題鏡閣的詩，寫的是真書，大有風韻。阮鬱連連稱讚，說得小小面色羞赧，忙用衣袖遮面，那模樣越發雋秀無比。這時，賈姨娘端進酒肴，給二人各斟上一杯酒，笑吟吟地說道：「今日阮官人青鬟白面，賢甥女皓齒柳眉，這真是感謝上天成全人意。」

賈姨娘起身走出房外，二人歡然而飲。小小看阮鬱已喝得微醉，於是拿過酒壺，對著已有些癡呆的阮鬱笑盈盈啟齒道：「郎君，時候不早，我想回房歇息。」

阮鬱聽得明白，雙手一躬：「今日得蒙芳卿相陪，實乃小生大幸，我離去了。」

阮鬱一向豪放不羈。回住地後，他便加緊籌畫，不幾天，備了千金聘禮來到西泠渡口，先拜見賈姨娘，拿出百金，感謝她說媒之勞。

從此，阮鬱與小小兩人恩恩愛愛，如膠似漆，每日不是在畫舫中飲酒共歡，流覽湖心與柳岸的風光；就是一個乘馬車，一個騎著青鬃駿馬，同去觀望南北兩高峰的勝景；在家之時，兩人吟詩唱和，奏樂對弈，時間自然是過得很快。

一日，隨從忽然焦急地遞上一封家書，並悄悄叫走了阮鬱。小小觀他臉色乍變，心中一陣納悶，回到鏡閣，坐在窗前對著湖中碧波沉思，不知不覺到了深夜。此時秋盡江南，西風搖著堤上的柳杖，上弦月掛在柳梢上，寒星點點，一陣涼風襲來，小小不由得感覺到了一絲涼意。這時，賈姨娘從後面給她披上一件衣衫，說：「姑娘，時辰不早了，還是早點休息吧……」

「姨娘，你先歇去吧，甥女一會兒就回房去。」蘇小小答道。

蘇小小不知道在那兒坐了多久，才緩緩轉回房中。走進房中的她來到書桌旁，順手拿起一本詩集，不知不覺吟出了陶淵明的一首雜詩：「人生無根蒂，飄如陌上塵，分散逐風轉，此已非常身……」

蘇小小深深地歎了一口氣，強打精神，眼睛牢牢盯在那字句上，腦海裏就如明聖湖水一樣，不時泛起清波濁浪。她不由得擔憂起來，心想：出生娼門，真是自己極大的不幸。現在，阮鬱一去整晚都沒有回來，是不是……

蘇小小擔心的事終於發生了。第二天中午，阮鬱才滿面焦慮地急急忙忙趕回。小小迎上前去，見他的那副神情，心中早明白了幾分，忙斟上一杯茶，遞給阮鬱。

蘇小小問道：「公子，怎麼昨晚沒有回來，是不是家中出了什麼急事？」

阮鬱長長歎了一口氣，無奈地說道：「家父親書，說朝中有急變之事，叫我趕快回去。芳卿，你看我應該怎樣辦才好？」

求歡（春宮畫）

蘇小小心中宛若明鏡。她清楚地知道，世上像這樣遭遺棄的不只一人，更何況一個出身娼家的女子，不管是不是托辭，看來阮鬱的離去是必然之事。她難以壓抑住心中的擔憂和憂傷，但是，她最終還是忍住了，不讓情感流露出來，對阮鬱說道：「公子，既然這樣，你還是趕快打點行裝，即刻赴京，免得惹你父親生怒。可歎的是我倆在一起已經有半年的時間，情同梁鴻、孟光，恩愛之深，令人難以忘懷。」

兩人纏纏綿綿，難捨難分，並肩來到鏡閣窗前，望著那滿含秋色的湖水，眼眶中都蓄滿了熱淚。

臨別之時，阮鬱動情地說道：「等我將家裏的事情處理好之後，我一定會盡快趕回來和你相聚。」

千秋俠義情

阮鬱就這樣走了，被家人逼回了京城。蘇州城內的公子王孫聽說之後，又紛紛打起蘇小小的主意，像是走馬燈一樣來到賈姨娘面前，妄圖獲得小小的青睞。一時間西泠的車馬朝夕填門，院落裏外十分熱鬧。落入風塵，蘇小小自知是命中注定。雖然她心中始終念著阮鬱，卻一直未見書信。那離別後的孤寂心情，讓她只能同落花啼鶯為伴。她又像以前一樣寄情於山水，於是，一有空閒，便乘著油壁香車，去尋找那些山水幽奇、人跡罕至的地方，獨自縱情地憑弔，藉以解除胸中的鬱悶。

她變得更加沉默寡語了。

時間匆匆而逝，轉眼又過了一年。當暮秋的紅葉像火燃遍滿山遍野的時候，小小來到石屋山中，走下馬車，細細賞玩迷人的山中景色。遠處的奇峰峭壁被蒙上一層薄薄的紗幕，愈顯得奇幻無比；近處一片火紅，更顯出山壁的清秀；湖岸邊的垂柳在寒風中抖動，顯出憔悴的顏色；空中不時飛過一隻孤雁，傳來陣陣令人揪心的哀鳴。

「姑娘，天氣有點冷了，還是回車上歇息吧！」推車的童子輕聲地勸道。

「這樣舒服些！你看這偌大的山水之間，只我倆，不是也顯得樂趣無窮嗎？」蘇小小說道。其實，她此時的心情比任何時候都痛苦。暮秋的景致觸動了她多愁善感的心，她不禁在想：一個娼家女子歷經風月之苦，卻不能享受人世之情，等青春一過，就像雲間月，葉中花一樣，雖有過一時之好，但都不能久長，雲間月盈而復虧，葉中花盛而再衰。

蘇小小哀歎一聲正要轉身上車，突然看見前面寺廟的門口有一個書生模樣打扮的人正低頭閒踱，一副心事重重的樣子。當他看到不遠處有一美貌女子立在車前的時候，原本快步地向這邊走的，僅僅走了幾步之後，就站住了。

蘇小小見到這種情景，猜測到對方肯定遇到了難題，並且是難以啟口的事，便主動過去詢問：「我是錢塘江的蘇小小。雖然出身微賤，但也識得英雄，先生為何看見我卻止步不前呢？」

那人聽後，連忙施禮說道：「久聞姑娘芳名，一直很想拜會。可是，又怕姑娘所交往的

打茶圍，舊時妓院內的一種休閒娛樂方式。

都是富貴之人。而我只是一介窮酸書生，怕被姑娘拒絕。沒想到姑娘竟然走過來詢問。真是見面又勝過聞名了。」

蘇小小聽後，連忙說道：「承蒙先生看得起。我只不過墜入青樓，徒有虛名而已。今天看見先生的風姿儀表，想必日後肯定大有作為。」

這書生便是鮑仁。他聽小小這句話，不禁仰天大笑，感慨地說道：「姑娘見笑了。我既沒有管夷吾那樣的奇才，也沒有姜太公那樣的機遇，孑然一身，饑寒都不能自主，還談得上有什麼作為?!姑娘不是失眼，就是過分地抬舉我了。」

蘇小小指著臨近山上的松柏，說道：「它們用之則為棟樑，棄之則為柴屑；一旦有人相識，便會自然而然地派上用場。」

鮑仁聽後，連連點頭。

蘇小小繼續說道：「現在天下南北分疆，朝廷內部互相傾軋、殘殺，社會動盪不安，百姓朝思暮想有道明君。這功名即使存在，也要人去取。先生隱居在荒山破廟中，難道功名會自己掉下來嗎？如果你自己不去努力爭取，豈不是辜負了天地賦予你的才華嗎？」

鮑仁沒想到一個風塵中女子，竟把人世間道理說得這樣透徹，不由覺得一震，對蘇小小更為另眼相看。他想自己出身寒微，雖飽讀詩書，卻身逢亂世，無法施展自身的才能和實現心中的抱負。如今人到而立之年，依然是一介困窮書生。歷經風霜來到了南方之後，更是潦倒不堪，只好寄身寺廟簷下。他不由得被蘇小小的話說動了，覺得自己不應該等著機會來尋找自己，而是應該主動地去尋找機會。

看著沉思之中的鮑仁，蘇小小知道對方已經被自己的語言觸動，便進一步說道：「先生不要怪我直言。我看並不是上天不栽培你，只怕是先生自己不努力罷了！」

被說到痛處的鮑仁不禁頓足捶胸，說「姑娘責怪我。我深感內疚，確實我想做一些有利於天下黎民百姓的事情。可是，動則運行千里，如今的我身無分文，行李也無

唐代螺鈿紫檀阮成琵琶

半肩，怎能去做呢？這幾月來，我在寺廟藏身，畫了一些字畫，準備換取一些趕赴京都的盤纏。」

蘇小小見他說得情真意切，不免感到心酸，想到一流亡之人，雖受盡饑寒交迫，風霜之苦，卻心中仍然有著打算。在心懷佩服的同時，也生了一絲絲的憐憫，於是啟齒說道：「如果鮑先生看得起在下，請屈尊到寒門，我必定在門前恭候。望先生能夠前來赴約，不要失言！」

鮑仁即刻答道：「知己一言，我豈敢失信。」

童子推起香車，送小小回去了。

片刻之後，鮑仁來到了小小住處。守門的小廝見他那副寒酸打扮，一陣吆喝。驚動了早在門口等候的推車童子，他一看來的正是姑娘所邀請的鮑仁，連忙上前相迎，領著鮑仁來到了蘇小小居住的鏡閣門前。

蘇小小已經在門口等了一段時間，見鮑仁來到，深深一禮：「鮑先生來了，山路崎嶇，我使先生受步履勞累，心中甚感不安。」

鮑仁慌忙答禮。他抬頭看那小小，身著大袖過二尺衫子，加上曲領擁頸，頭上雙環髻，髮頂抽環上聳，一身「飛天」打扮，傲然有如秋菊冬松。

「先生，請隨我進鏡閣之中。」蘇小小說道。

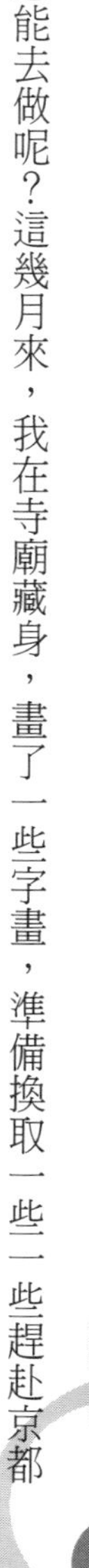

鮑仁忙說：「姑娘的珠玉之堂，我一個窮書生，怎敢入內落座。」

蘇小小聞言說：「我一個娼門女子，好比過眼煙花，怎敢怠慢英雄，先生不必推卻。」

鮑仁隨著小小步入鏡閣，在桌旁相對而坐。小小叫人安排些酒菜，一邊捋袖給鮑仁斟了酒，一邊說：「鮑先生，輕薄酒菜，不成敬意，請見諒。」

「姑娘與我陌路相逢，勝過知己，如此深情，我鮑仁終身不忘。」鮑仁客氣地說道。

「先生此言差矣。我若不是落入娼門，恐怕今生今世也難與先生相見。」蘇小小說著說著，不知道究竟是為了什麼，竟然忍不住淚珠兒在眼眶中打轉。

鮑仁深覺不安，掃了一下房間四角，連忙搭訕：「姑娘房中布置，足以顯示出主人高雅和不俗的性格。姑娘真是閨幃中的才女啊！」

「閒時無聊，喜歡撥弄撥弄，也沒弄出什麼名堂，還請先生指教。」蘇小小抑制住心中的傷感說道。

鮑仁起身走到書几前，抽出一束書簡。慢慢展開，一行行端莊秀麗的字體展現在眼前：「瀉水置平地，各自東西南北流。人生亦有命，安能行歎復坐愁！酌酒以自覺，舉杯斷絕歌《路難》。心非木石豈無感？吞聲躑局不敢言！」他情不自禁，走到窗前，望著窗外，吟誦起這首詩來。

「先生真好記憶，過目成誦，而且體會也這樣深刻。」蘇小小攏了攏鬢髮。

「姑娘有所不知，這首詩是我族祖鮑照所作，家父在我兒時就教誦於我。」鮑仁心中愧疚地說道。

「恕我無知，不知是令族祖大作。前不久，我偶爾得到此詩，詩中道出了我難言的痛苦，當今世上善人少惡人多，每讀一遍，心內一陣抽搐，但我真不想在這痛苦之中消沉下去。」蘇小小說。

「世路艱難千餘載，追溯起來遠矣。先祖對時世感憤不平，寫下《擬行路難》十九首，此詩排列第四。姑娘，來！咱們飲酒吧，或許能斬斷愁緒。」鮑仁說道。

共同的經歷、共同的命運使這對陌生男女相知相聚。

夕陽西沉的黃昏，湖面上泛起金光，沿湖的窗戶，一半開著，送進陣陣涼風，也送進湖上畫舫中的取樂嬉笑聲。蘇小小取過琵琶，輕輕撥動了幾下：「先生，妾唱一曲替你解悶澆愁。」

蘇小小坐定。她抽撥弄槽，彈抹復挑。隨著她鶯囀般的聲音，整個湖面頓時靜了下來。她唱的是當時流行的《神弦歌》。鮑仁靜靜聽著，從那神奇婉轉的旋律中，他聽到的是一個娼門女子痛苦的哭訴，想超脫出塵世，卻無法掙脫殘酷的現實逼迫的無奈。

突然，只聽戛然一聲，琴弦掙斷。

「姑娘，飲上這杯吧。你的心意我全領了，時候不早，我要告辭了。」鮑仁連忙站起來

說道。

蘇小小從座後取出兩包用紅紙紮好的銀兩遞與鮑仁：「區區百金，聊以壯行，我在家靜候先生的佳音。」

鮑仁俯身上前一揖，蘇小小慌忙說：「先生不必如此，想我們同命之人，患難時應該相扶。」

鮑仁再一次被感動，深情地說道：「姑娘的俠義之情，深於潭水。不是我用片言隻語能表達出來的，只能銘記在心。」

蘇小小沒有再說什麼，含著珠淚將鮑仁送了出去。轉回鏡閣，她趁著暮色向湖盡頭眺望。只見湖面燈影搖晃，月光正好從湖面上反射過來，波光蕩漾，和遠處酒樓上的幾盞明燈交相輝映。看到那水中的畫舫，想到此時仍在任意遊憩的紅男綠女，她突然轉身，俯在臥榻上放聲痛哭起來。她在痛苦地思索，這些年到底是快樂還是不快樂？到底得到了什麼？強顏歡笑，忍辱負重，含歌攬涕，憂愁纏身，難言之事充滿胸懷，但只能把痛苦深深埋在心底。她多麼希望能過正常人一樣的生活啊！哪怕就像荒野中的野鴨，對對相伴，也不願做空中失偶的孤鶴，哀鳴啼叫。看著那剛剛掙斷弦的琵琶，又想著適才和鮑仁敘談的愉快時刻，她雖為自己的俠義舉動感到由衷的快慰；可一想到眼前的自己，又失聲嚎啕起來。

哭泣的聲音驚動了賈姨娘，她慌忙走了進來，見到滿面淚痕的蘇小小，連忙把她扶坐起來，為她拭乾淚水，說：「姑娘受了什麼委屈，這般悲痛，快給姨娘說說。」小小仍在抽噎，沒有回答。

「這些年來，全靠你辛勤奔走，才慢慢有些積攢，好歹也成了一個家業，你卻為何又傷心到這般田地？」賈姨娘繼續問道。

蘇小小止住了抽泣，抬起眼來望著姨娘卻一句話也說不出，她怎好將心裏話向姨娘傾訴，只得低聲說：「姨娘，沒有大不了的事，我想哭個痛快。你歇息去吧！」

淚眼朦朧的蘇小小，一眼瞥見牆上鏡閣的詩、琴、棋，還有前不久掛上去的「青蓮」畫。往日的經歷在她的腦海中浮現，她想起了含怨去世的母親，想起了背棄而走的阮鬱。這一切讓她開始嚴肅地思考人生，想到了自己的歸宿，並且把世間的無情慢慢積蓄起來，變成了一股無形的憤世嫉俗的力量。

傲骨持潔淨

轉眼嚴冬已至，瑞雪紛紛揚揚地飄舞，落在屋頂、落在枯萎的柳枝上，整個明聖湖被一片銀色裹著。蘇小小來到桌前，鋪開一幅白絹，打開石硯輕輕地研了起來。

賈姨娘走進鏡閣內，知道蘇小小要畫畫，連忙取過披風披在了穿著單薄的蘇小小肩上。

蘇小小被驚動了，回首見是賈姨娘，慌忙說道：「天寒夜冷，姨娘怎麼還不安睡？」可是，就在她說著這些話語的時候，發現賈姨娘氣色有些不對。於是又問道：「姨娘有什麼緊要事吩咐，小小一定遵命就是了，何不叫人來傳喚？」

賈姨娘深深地歎了一口氣，說：「甥女不要催問，待我歇息片刻，再說給你聽。」

蘇小小急忙端過來一杯熱茶，遞給賈姨娘，然後和她相對而坐。

賈姨娘這才對蘇小小說：「姑娘有所不知，今天下午有一差人來過，說是什麼巡行錢塘縣的上江觀察使孟大人，得知姑娘名聲，點名要姑娘去陪酒。當時，我回答道：『我姑娘乃青樓佳女、名揚錢塘，怎能這樣隨便使喚，若要請我姑娘吃酒，可留下帖子，等她回來看了，好來赴席。』那差人悻悻而去，待到傍晚，那差人又來到坊間，口氣比先前強硬，我見這架式，就推說姑娘出外一直未歸。看來這個孟大人是不會就此甘休的。」

蘇小小聽了姨娘的話，倒放下心來。她用手使勁研了幾下墨，笑著說：「我一個青樓弱女子，就像是寒風冷雨中的花朵一樣，幾經吹打，幾經飄零，早已習慣了。不過，我倒要看看這孟大人是何模樣，姨娘不必擔心，我自會應付他的。」

第二天早晨，大雪初晴，陽光灑向地面，地上的積雪閃著碎銀的光澤。坐在車上的蘇小小，一路上雙眼凝眸，看著雪光映照下彷彿一片聖潔世界的湖水，喃喃自語道：「你雖美妙無比，卻引來多少遺恨。西施的美貌使吳國歸於滅亡；我得宜於你山水性靈，卻惹起眾多煩惱。湖水啊，我真是既愛憐你，又十分痛恨你。」

隨身侍童明白蘇小小此時的心境，他快速地推著車。不一會兒，他們來到了靈隱寺前。隨童將車停好，撩起車簾，蘇小小舉步下來，深深地吸了一口氣，又扯了扯斗篷，逕直朝寺內走去。門外一僧人正在掃雪，見遠處走來一位女施主，忙放下掃帚，雙手合揖：「風雪嚴寒，有勞施主，請寺中安歇。阿彌陀佛。」

蘇小小走到菩薩面前，順著蒲團跪下，雙手合十，默默地祈頌著。然後起身將點燃的香火插進壇內，又是一陣跪拜，起來後將大把銀兩放在供桌前。主持僧忙邀蘇小小到一旁歇息，幾個僧人在一旁坐定，手持法器，按照施主的意願做起法事來，一陣鼓樂齊鳴，十分莊嚴、肅穆。

從寺廟出來，蘇小小在童子的攙扶下登臨雪後的北高峰。在一塊平地上，她一面俯首觀賞雪景，一面吟詩飲酒作樂，一直賞玩到傍晚。

這天，上江觀察使孟浪又差人守在妓院門口，一直等到夜靜更深，才見一輛小車緩緩而至。正當他準備強行要將蘇小小帶走的時候，見到的卻是酣酣大醉的蘇小小。無奈之下他只好轉回了。

差人回到孟浪船上，因為害怕被大人降罪，便添油加醋地亂說一通：「小人前去傳喚，那娼妓卻酩酊大醉，不能起來，我看她全不把大人放在眼裏。」

孟浪一聽此話，勃然大怒：「一個娼妓，居然屢喚不應，真是放肆！我不羞辱她一場，難以解除胸中的怨氣。」但轉念一想：「我親自去拿她，她把我當成客官，一定不會害怕，如果讓府縣去緝拿，她才知道厲害。」於是，孟浪便叫人請來了府縣的官員，把自己的意思說了出來。

府縣聽後，暗暗吃驚，想到蘇小小在錢塘名氣，便派人暗中告訴妓院，勸蘇小小快找當地顯宦求情、解釋，隨後自己穿青衣，蓬首請罪。這樣也許可避免飛來橫禍。

然而，他們哪裏知道蘇小小早就有了應對之策，她不顧姨娘的催促，來到鏡前，梳雲掠月，裝飾得如畫如描。這更急壞了賈姨娘，因為按府縣差人意思：今日是陪罪，需青衣蓬首。

蘇小小淡然一笑，說：「蓬首垢面青衣，豈不是自己輕薄自己？裝束表示恭敬，我這樣前去，即使有罪也會自消。」

賈姨娘知道蘇小小性格，不再說什麼，只是在心中暗暗擔心。蘇小小吃了一些侍兒端上來的早點之後，便乘車來到湖邊。

孟浪早在船上看到了蘇小小的香車，見到沒有府縣衙役跟隨，知是蘇小小親自而來，忙叫手下將蘇小小帶到船上。當他一見到蘇小小那身裝束打扮，頓時眼呆了，心也酥了，到嘴邊的硬話一下變軟：「既然你來了也就算了，但你今日來，是求生還是求死？」

蘇小小不慌不忙地答道：「愛之欲其生，惡之欲其死，這都在大人意念之中，賤妾怎麼能夠自己定奪？」

孟浪聽了，不禁大笑起來：「風流聰慧，果然名不虛傳。但這不過是口舌詭辯之才，不是真實學問。如果你能當面賦詩，我不但不加罪，反而贈給厚禮。」

蘇小小請孟浪出題。孟浪想了想指著茶几上的一瓶紅梅，說：「今日賞梅，就以此為題。」

蘇小小聽了，也不假思索，信口吟道：「梅花雖傲骨，怎敢敵春寒？若得分紅白，還須青眼看。」

這詩句雖是在諷喻眼前發生的事情，顯得不卑不亢，可是，孟浪不但不生氣，反而高興異常。他死死地盯著蘇小小，叫人擺下酒宴，邊酌邊想：我一個觀察使，府下侍女、姬妾也有不少，可一個個呆板，見到我噤若寒蟬，全不像有血有肉、富有感情的人。眼前這個蘇小小的一舉一動，一顰一笑，竟像湖水一樣自然、靈動。遠望，皎潔似朝霞中升起的太陽；近看，似水中挺立的芙蓉。他見坐在對面的蘇小小神態高傲，有著凜然不可犯的肅氣，又想到府中那些姬妾們為了取悅自己，爭妍鬥豔，與眼前的小小相比顯得是那麼地虛偽。

這時，蘇小小命隨車童子遞過琴來。她輕輕轉軸撥弦，如訴如怨的琴聲頓時響徹在清澈的湖面之上。四周白雪覆蓋，寒氣中夾雜著她的幽思，琴韻像湖水靜靜地流淌。人們的思緒被琴聲牽著，彷彿能感受到彈琴人脈搏的跳動。

琴聲突然戛然而止。全船人如夢中方醒，孟浪眨著醉眼，呼喊著蘇小小：「芳卿，憑這般才貌，何必再受風塵之苦，不如隨我回府……。」多年的風塵生涯，讓蘇小小飽受了常人難以忍受的辛酸和苦痛，她何嘗不想擺脫呢?但是，她有理想，渴望自由。她雖身在妓院，卻非高牆禁錮，金屋緊鎖。她從那桃紅柳綠、山清水秀以及豐富多彩的芸芸眾生中，獲得無數難以言喻的樂趣。只要她高興就可到湖裏泛舟，到南北二峰登臨，去靈隱寺中求神拜佛。但是，一進高牆深院，這一切人間樂趣就會頓時消失。在這風霜刀劍的人世間，她學會自衛了，於是說道：「像我這樣的人，塗脂抹粉，巧言令色，為的是獲取錢財，大人此話豈不羞辱賤妾嗎？」

一句話把那孟浪回敬得臉紅一陣，白一陣，又不好發火，更使得原本想要整治蘇小小的孟浪，被蘇小小純潔無華的美以及傲然自尊的神色所征服。

蘇小小不畏孟浪權勢，自尊自愛的事蹟轉瞬間傳遍了全城。人們競相稱讚蘇小小的貌美和應變之才。從此，蘇小小的聲名越來越大。然而，蘇小小卻陷入更加痛苦的思考中，她暗暗想：「我在坊間多年，享盡了富貴榮華，嘗遍了風流滋味，很少受到人家一毫輕賤，這真是僥天下之大幸了。人生若夢，可自己的歸宿又在哪裏呢？」她真想尋個桃源歸去，就像巫山的神女、洛水的神女一樣遠離塵世。然而面對她的卻是無法逃避的沉重現實。她要擺脫青樓，必須尋找到一個真心實意愛她的男子，哪怕是受窮受苦也無所謂。可是，世間真的有這樣對待自己的男子存在嗎？於是，她不是房門反鎖，就是推託有病纏身，辭去一切來客。不是到廟宇中求神拜佛，就是乘車在湖邊盤桓。

西泠傳美名

一晃又過去了幾年，蘇小小已經二十二歲了。

這年的仲夏七月，她與一姐妹相約前去賞荷花。原本風和日麗天氣，轉瞬間烏雲翻捲，下起雨來。雨滴灑在湖面上，泛起陣陣漣漪，圓圈慢慢擴大，一朵被另一朵吞噬進去。蘇小小二人合撐一把雨傘，趔趔趄趄走進玉泉亭，找了一潔淨處坐下。

雨中的玉泉池，比平時更顯晶瑩，池中的荷葉像碧綠的傘蓋，又似一位亭亭玉立的少女的綠裙；清水在它們腳下洗濯，發出淙淙的聲響。在這一片綠色之間，又有許多白色、紅色的蓮花，不但有並蒂的，還有三四蒂的。白蓮已謝，花瓣兒落在水中任意漂流，荷梗上只留下蓮蓬，果實滿滿的。而那些紅蓮正含苞欲放，雖被雨水打得左右搖擺，但仍然挺立著，格外地嬌豔。

蘇小小看得呆了，斜倚在亭欄邊，用手抹了一下額上的雨珠。那姐妹見此情景，忙上前將她扶至避風的地方，並關心地說：「姑娘，擔心染了風寒，等雨停了下來，我們盡早回

春宮畫

坊。」

蘇小小指著玉泉池，無限感慨地說道：「姐姐，你看荷花，出於污泥，仍潔淨非凡。尤其是那弱小的紅蓮，開得是那樣嬌豔。我愈看愈想看，哪顧得上風寒。」

這位姐妹明瞭蘇小小的心意，安慰地說：「這些年來難為你了，眼看身子一天天消瘦下去，還望姑娘多多保重。」

蘇小小卻繼續說道：「姐姐，看著那紅蓮，就想到我們娼家女子，不知歸宿在何處？」

她的話引起了對方的感慨。這位姐妹在長長歎了一口氣之後，說：「姑娘不是常說，我們這些人用色侍他人，能得幾時好。不就像那白蓮，瓣兒落盡，美色全失。我們侍酒陪飲、追歡賣笑，全都是為他人遣興陶情，解悶破寂。我想還不如趁早從良，興許能找個滿意的，也不至再受人怠慢。」

蘇小小深有同感地說：「姐姐說的是，怎奈我們這般人，若找個以勢凌人的壞種，一入侯門，像進入深淵，加上家法又嚴，那才真是抬頭不得，一半做妾、一半做婢，只好忍辱度日，倒不如而今超脫塵世，就像紅蓮一樣，任憑風吹雨打，依然傲然挺立於青泥之上。」

說到此處，二人不禁黯然神傷，倚偎在一塊，眼淚像斷線的珠子滴落在對方的手背上。晚上回到鏡閣，蘇小小感到頭腦發熱，胸中發悶，渾身上下不舒服，便打開窗戶，想讓涼風吹吹發熱的全身。哪知白天受的是暑熱之氣，經風一吹，變得全身乏力。她急忙想上床歇息，不料跌倒在地。賈姨娘聞聲趕進房內，見她昏迷不醒，老淚縱橫地守在小小床邊。好不容易等到蘇小小清醒了過來，姨娘撫摸著她的手說：「你這麼點年紀，在青樓享有盛名，正好嘲風弄月，快快活活地過上幾年，不想得了此重病。真是上天不仁啊。」

蘇小小微睜秀眼，親切自然地說：「姨娘不要錯怪上天，上天厚待我，他讓我紅顏而死，不至於出白頭之醜。你應該高興，不要悲傷。」說完，她腦袋一偏，又倒在枕上昏昏睡去了。

月光如流水般瀉進鏡閣，瀉在小小的身旁，照得滿屋寒光、四處慘白。賈姨娘點燃蠟燭。蘇小小臉上毫無血色，但神情卻十分坦然，眉宇間還流露出傲然之氣。賈姨娘含淚整理著小小的詩稿，掛好琵琶，然後坐到床邊，等待蘇小小再次醒來。

蘇小小醒後，見到賈姨娘，想掙扎坐起來，但力不從心，淚眼汪汪地強笑著說：「剛才好一陣舒服，我到了雲端。在那兒見到了母親，見到了眾多姐妹。真的，我還在那兒見到洛水神女，她們是那樣飄逸、瀟灑，有時在水邊嬉戲，有時在沙洲遨遊；有的採明珠，有的拾翠羽。她們是那樣無拘無束，來無影、去無蹤。賈姨娘，她們叫我明天就去，我特地回來辭別。」

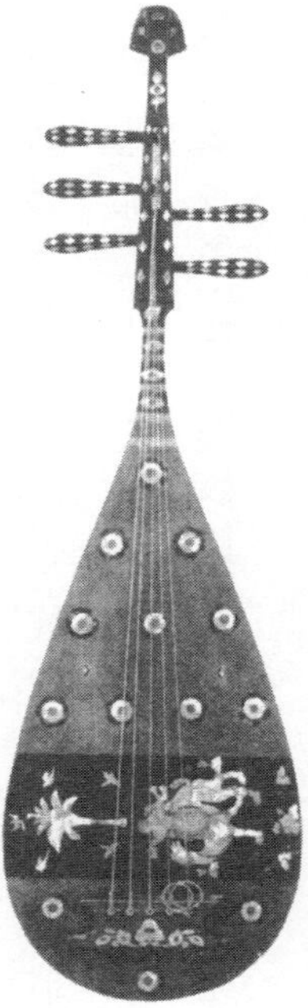

賈姨娘聞言，悲痛不已，淚水滴到蘇小小手上，也落到小小那顆明潔、冰涼的心上。然而，蘇小小已進入了一個清靜無比的境界，已經沒有了任何雜念。她完全超脫了。

賈姨娘見她病得這麼重，知道她命在旦夕，忙問她有何事未了？後事料理從豐從儉？

蘇小小坦然地說：「我無未了之事，交乃浮雲，情猶流水。至於蓋棺之後，我已物化形消，何以談得上豐儉，這都由姨娘安排。身邊財物，分給眾姐妹。兒只有一個心願：生於西泠，死於西泠，埋骨西泠，這才不負我蘇小小一生對山水的愛好。」說完，她雙眼緊閉，奄然而逝。她臉上還掛著絲絲笑意，沒有歎息，沒有悔恨，更沒有怨懼。世道維艱，人生坎坷，但她在這崎嶇的小路上仍艱難地行走。她愛湖水，愛垂柳，愛人生，直到生命的最後一息。湖水含悲，失去了一個用心愛戀她的女兒；岸邊的垂柳搖曳著被秋風薰黃的枝條，俯向

唐代大弦琵琶

湖面，為她垂首默哀，它們失去一位朝夕相伴的友人。西泠渡口，堤邊小道，再也不會出現香車的轍印和蘇小小歡樂的笑聲了。

鮑仁接受了蘇小小的勸告和資助之後，進京赴考，榮登三甲，幾經周折，終於被任為滑州刺史。他忘不了蘇小小的知遇之恩，赴任後便差人到西泠傳信面拜。但差人回稟，小小病逝。鮑仁立即換了白衣白冠，轎也不乘，騎著一匹快馬趕到了蘇州。當他來到蘇小小靈前，胸中的苦痛悲戚如衝破大堤的洪水，傾洩而出：「蘇芳卿啊，你是個千秋具慧眼，有血性的奇女子。你知我鮑仁是個英雄，慨然贈我百金去求功名，而今我功成名就，來謝知己，誰知你竟辭世而去。芳卿既去，叫我鮑仁這一腔知己之感向誰訴說？豈不痛哉？」

賈姨娘見狀，忙好言相勸，把他領進鏡閣之內。閣內陳設的一切無不勾起鮑仁終身難忘的回憶。他耳畔又彷彿響起小小那清脆悅耳的歌聲，但現在她再也用不著唱那《神弦歌》了，她已到那神秘的世界去了。

依照蘇小小的遺願，鮑仁決定在湖光瀲灩的西泠為小小建墓，他親自督促當地名匠興工動土，同時不避官府之嫌，親自發帖、邀請全城鄉紳士大夫，都來為蘇小小開喪出殯。出殯那天，全城各界人士都被鮑仁這一義舉感動，再加上蘇小小在青樓中的為人，因此場面十分動人。賈姨娘與眾姊妹緊隨小小棺後，童子推著香車，在湖邊緩緩行進，他要讓小小再好好地把這山山水水飽覽一遍。

李師師　美豔絕倫冠群芳

李師師，宋代名妓

才色絕倫冠群芳

李師師，北宋末年有名的妓女。四歲開始隨鴇母李姥姥苦學技藝，及至長大，善詞曲，工歌唱，非一般煙花女子能比。當時的風流才子，如柳永、張先、晁沖之、秦少游等，無不拜倒在她的石榴裙下，你來我往，纏綿悱惻，製造出許多風流韻事。她又是一個紅塵中的俠義女子，義救梁山泊起義將領燕青，兩人之間又生出一段哀怨情緣。她還被風流皇帝北宋徽宗所寵幸，封為頤麋。

家逢奇禍入勾欄

李師師擅貼花鈿這種獨特裝飾

李師師本姓王，出生在北宋都城汴京（今開封）的一個小康之家，父親王寅經營一座染坊。師師一出生就注定是個苦命人，剛出生母親就去世了，由父親一人獨自撫養。王寅對這個嬌巧伶俐的女兒疼愛有加，給她取名師師。

李師師自幼極其聰慧，八個月即能開口說話，十個月就學會了走路，不到三歲，已經把《三字經》背得滾瓜爛熟。特別是李師師在音樂方面的天賦極高，小小年經已會唱不少歌曲，而且學會了演奏琵琶，她演奏《陽關三疊》、《平沙落雁》，常常讓大人聽後潸然落淚。

如果不是因一場奇禍，王師師是絕不會成為李師師的。

在小師師四歲那年，王寅因承染宮內錦絹延期交貨之罪，被逮下獄。他本就身體不好，入獄不久，竟一病不起死於獄中。無親無戚的小師師被鄰居送到當時收養孤兒或棄兒的「慈幼局」。不久，被到局中物色「搖錢樹」的李姥姥抱回，改姓不改名，就叫做李師師。

北宋時期，特別是宋徽宗在位的那些年，由於宋徽宗本身就是個沉溺於琴棋書畫、聲色犬馬之中的風流皇帝，所以，京城東京的妓院、勾欄特別多。就連大街上開的茶肆，樓上也養有妓女，這種茶肆叫做「花茶坊」。至於那種不入勾欄，只在鬧處攔客的被叫做「打野呵」的妓女，就更多了。李師師的鴇媽李姥姥是「打野呵」出身，由「打野呵」而進入「花茶坊」，後經多年慘澹經營，才在東京的「紅燈區」金錢巷置了一座「鎮安坊」，做了老鴇，有了獨門獨戶的規模。

李姥姥的鎮安坊是汴梁城裏最有名的勾欄院，紅牌姑娘雲集。李師師在這裏慢慢地長大，變成了一個豔壓群芳的大姑娘。這期間，李師師學習掌握了勾欄姑娘所需要的各種技藝，吹拉彈唱樣樣精通。不僅如此，她還頗好讀書，擅長吟詩作畫，與其他姑娘相比，更顯清雅脫俗。後來，李師師遇到當時被稱為「詞聖」的周邦彥。周邦彥對她的音樂天賦極為歎賞，也很同情她的不幸遭遇，於是就主動指導她琴藝和歌唱。由於得到名師指點，只幾年的時間，李師師的各種技藝又精進不少。

李師師十六歲那年，正式掛牌開唱。開唱這天，鎮安坊內外被圍得水洩不通，甚至道路都被堵塞了。在簡單的開場儀式之後，李師師就來到坊內中間留出的空地。但見她風流玉立，豔冶無匹，猶如畫中璧人。前來觀看捧場的人們見了都驚羨不已，不住地喝采。隨後，李師師就面對著看客展開喉嚨，唱起了她從事這個行業後的第一首歌。她淺吟低唱，歌喉婉轉，餘音嫋嫋繞場不絕，人們聽得如醉如癡，滿場靜得就像沒人一般。一曲唱罷，人們才如夢方醒，全場歡呼雷動，要求她接著唱。於是，李師師就一曲接著一曲地唱，人們繼續如癡如醉地聽……

李師師一炮走紅，從此在勾欄中獨領風騷，成了京城最出名的名歌妓。

弱女行俠救英雄

金錢巷距離重樓嵯峨的皇宮僅一箭之遙。

每當入夜時分，一幢幢小樓的角門前，都挑出一對對朱紗粉燈，陣陣綠竹弦管的妙曼清音，伴著粉紅色的燈光，充溢在逶迤曲折的風流巷裏，點綴著北宋王朝病入膏肓、夕輝返照的昇平氣象。

一天夜晚，一條黑影飛快地穿街過巷，猶如鷹隼般敏捷地閃進金錢巷。

巷內閃爍不定的燈光，映出了閃入巷內黑影的身形。那是一個精悍、俐落的青年漢子，一身藕色儒服，清癯的面容，聳起的眉稜下是一對機靈的杏核眼。看得出來，這絕不是一位伏案塗鴉、捧卷吟哦的士子，而是一位身負不凡武功的江湖豪客。只是他不似一般江湖豪客那樣粗獷之態畢現，反有一種一般身負武功之人難得的清俊之氣。此時，這位儒服青年閃進一段院牆的拐角處，把身子蔽進燈影裏，寂然不動。金錢巷口不遠處，傳來一陣雜遝的腳步聲。他知道，官兵已經尾隨而至，很快就要追到這裏了。他機靈的眸子轉了幾轉，一閃身，幾個縱步，來到一段粉牆跟前，向四周略加掃視，雙膝一彎，「嗖」地一聲縱上牆，隱身在探出牆外的楊樹枝條叢中，凝神屏息地聆聽院內的動靜。

寂靜的院內隱著一座小巧的閨房繡樓，一樓寂無人語，二樓燈火柔和。檀板輕拍，琵琶琤琮，一曲輕柔的《玉蘭兒》伴著柔和的燈光從二樓飄出來：「鉛華淡佇清妝束，好風韻，天然異俗。彼此知名，雖然初見，情分先熟。爐煙淡淡雲屏曲，睡半醒，生香透玉。難得相逢，若還虛過，生世不足！」

聽到這輕歌曼曲，隱在楊枝叢中的儒服青年臉上現出猶豫的神色，他正想跳下牆頭，找一處清靜的院落，但雜遝的腳步已經進入巷內了。一眨眼功夫，幾個擎著火把的官兵擁到了儒服青年隱身的院牆下。他一咬牙，縱身躍進院內，悄無聲息地貼近樓邊。樓門虛掩，儒服青年沒有從樓梯上樓的打算。只見他略一吸氣，腳跟一踮，飛燕般地上了二樓，貼近窗櫺，伸舌舔破窗紙，向客室內張望。

「師師姑娘，難得你還記得老身與你初次見面寫的這支小曲！」面窗而坐的是一位鬚眉皆白的老者。看來他六十有餘，雖然保養得很好，但那肩胛還是顯老地聳著。只是從他清雅的臉上所流露出的書卷氣，可以看出是位飽有才學的文士。此時，他微微地瞇縫著藏在濃眉下的那雙不顯老態的眸子，滿足地發出一聲悠長的慨歎：「人生難得一知己，誰知知己在紅塵！」這位老者就是周邦彥。

「先生謬讚了，真讓妾身消受不起。」背窗而坐的是一位淡妝女子，雖然還不見她的容顏，但從那一襲裹身輕綃薄紗衣所勾勒出的線條，完全可以想像出這一定是位令人銷魂的女人。何況她的嗓音是那樣輕柔，像豔陽暮春時節花綻鶯飛原野上的和風，輕柔得讓人心醉。

屋內的一番對話，使窗外窺視的儒服青年頓時明白，屋內淡妝女子就是名滿東京的李師師。

「老身昨夜又有所感，填出新詞一闋，師師姑娘請看。」周邦彥從袖中抽出一紙素箋，站起來，遞給李師師。

李師師接過，款款地踱到燈前，展開素箋吟誦：「『眉只春山爭秀，可憐長皺。莫將清淚濕花枝，恐花也如人瘦。清潤玉簫閒久，知音稀有。欲知日日倚欄愁，但問取亭前柳。』唉！好一首《洛陽春》，曠代詞人，先生真是當之無愧的。」不知為什麼，讀完周邦彥的新詞，李師師不經意地幽幽地歎了一口氣。

巷內人聲鼎沸，雜亂晃動的火把像跳躍著的流螢。儒服青年輕捷地攀上廊柱，溶在樓簷的陰影裏。

「外面發生了什麼事，這樣喧嚷？」李師師放下素箋，注意到了外面的動靜。

「京城禁地，此地離皇城又這樣近，巡查嚴一些也是必然的。好了，我也該走了。」

「妾身送送先生！」

送走周邦彥，李師師款款上樓，推開客室門，卻一下子愣住了。客室中正站著一位清秀俊朗、形貌偉岸的青年。那青年見到李師師，急忙躬身說道：「攪擾李姑娘了，在下梁山泊燕青，因被官兵追捕，乞望在姑娘這裏暫避一時。」

李師師望著那青年，竟一時失神。青年再次說道：「能否讓在下在姑娘這裏暫避一時。」

李師師回過神來，說道：「能救助梁山英雄，小女子真是萬幸。英雄請暫且到樓下廚房裏躲避一時吧。」

藏好了燕青，師師在閨房中呆坐，想著自己一煙花女子，終日賣笑、迎來送往，雖說如今獨佔花魁，但終究此身無依，現在上天送來一位梁山英雄，不知……

妙齡才色動帝君

師師正在思忖間，樓梯上忽然傳來李姥姥的腳步聲，李姥姥推門進來，歡喜地說道：「我兒啊，來了四位貴客，孩兒一定接待接待。」

李姥姥見師師欲推卻，又說道：「這四位貴客可不比常人，又是初次光臨，我兒不好推托呀！」

師師只得點頭應道：「讓海棠帶上來吧。」李姥姥一面叫侍女海棠，一面喜滋滋地下樓安排去了。

李姥姥分明說是有四個客人，可海棠帶上樓來的，卻只有一個。這是怎麼回事呢？李師師滿腹狐疑地在燭光下打量這位客人。這人年紀看上去有四十多歲，頷下是一把修剪得很整齊的髫鬚，寬圓的臉很有神采，衣帽色彩雖不是那樣斑斕，但看得出質料都是極上乘的。此人雍容而不矜持，華貴而不俗氣，瀟灑之中透出幾分大方。李師師青樓生涯，見過各色人物，但這樣氣派的人卻少見。李師師的狐疑又增添了幾分。

春宮畫

那人很隨便地落了座，客氣地對李師師寒暄了幾句，自稱姓趙名乙。見李師師羞怯之中暗藏著狐疑的神色，趙乙表現得更加溫文爾雅。他說他是個生意人，但並不忙，可以常常來看李師師，問李師師歡迎不歡迎。

「客官初次登門，妾身為您歌一曲吧！」李師師感到趙乙的問題不好回答，就從壁上取下瑤琴，彈唱一曲《萬里春》：「千紅萬翠，簇定清明天。為憐他種種清香，好難為不醉。我愛淙如何？我心在個人心裏。便相看忘卻春風，莫無些歡意。」

李師師的歌喉琴藝，不說在金錢巷第一，就是在東京，也是少有匹敵的。聽了她柔綿婉約的彈唱，趙乙如癡如醉，不自覺地和拍相擊。

李師師一曲唱完，趙乙尚沉浸在美妙歌聲中。忽然院門外人聲鼎沸，院門被擂得隆隆作響。一陣隆隆之聲過去之後，又似霹靂般一聲巨響，厚重的院門倒了下來。隨著倒下的院門濺起的塵煙，一簇飛蝗似的火把在院中亂竄。

「守住大門，一個也不准跑！」火把叢中，為首的差官孫榮、竇監齊聲大喊。

剎那間，這座東京有名的妓院，被東京殿帥府的官兵圍了個水洩不通。

樓下，李姥姥、海棠渾身亂抖；樓上，李師師心裏怦怦直跳！

宋徽宗趙佶

這棟樓裏，不動聲色的只有兩個人：趙乙和燕青。

「慢來，慢來！」正在危急時分，海棠帶著一個身穿團花藍罩袍，腰繫灰絲帶，一身商人打扮的乾瘦老頭擠了上來。這老頭瘦是瘦，卻不見什麼病態，像肉長在殼子裏頭的螃蟹一樣顯得硬朗、精神。「京城之地，你們夜闖民宅，到底要幹什麼？」

孫榮從上到下把擋在自己面前的老頭打量了一遍，硬是看不出這位仗著什麼有這麼硬的口氣。

「老東西，你是幹什麼的？我們奉殿帥府高太尉之命，前來捉拿朝廷要犯，你敢阻擋？」孫榮一聲冷笑之後，藏著惡狠狠的殺氣。

「胡說！這裏哪來的犯人？還不快快退出去！」老頭一點也不在乎什麼「殿帥府高太尉」

之類的招牌，反倒怒氣沖沖地喝斥起來。

「一個行蹤詭秘的傢伙跑進了這裏，他就是婊子的客戶，你還敢頂撞！快，連這老東西一併綁了！」竇監忍不住了，又叫又跳。

「行蹤詭秘」這幾個字，顯然激怒了商人打扮的瘦老頭，只見他頓著腳叫罵：「反了反了！你們這兩個大膽的奴才，真正是不要命了！」

見這老頭居然敢指手畫腳暴跳如雷地辱罵，孫榮、竇監氣得七竅生煙，連聲大喊：「快拿下！快拿下！」

幾個士兵竄上前，動手動腳就要綁人。

「該死的奴才！萬歲爺在裏頭歇腳，你們竟敢到這裏衝撞聖駕，真是罪該萬死！」正在這時，從屋裏跑出一個胖胖的也是商人打扮的中年漢子，他人還未出屋，尖尖的刺耳的嗓音就衝進了院子。

孫、竇兩人聞聲尋人，定睛一看，不由得嚇得魂飛魄散——這不是宮裏殿前最得寵的宦官太保少保節度使承宣觀察童貫麼？萬歲爺真的在李師師這裏！不得了，這回真是難逃一死了。

這童貫可是徽宗面前首屈一指的紅人，不只是高俅高太尉，連蔡京蔡太師都怕他三分！童謠說得好：「打破筒（童），潑了菜（蔡），便是人間好世界。」

眨眼間，孫榮、竇監渾身篩糠般亂抖，骨軟筋麻地跪倒在地，口稱死罪，一個勁地磕頭！眾士兵也紛紛扔掉兵器火把，跪了半個院子。

李師師看到眼前這一切，也呆住了。她絕沒有料到當今天子以萬乘之尊居然微服喬裝，逛到這青樓之中來。這真叫芳心亂紛紛！照一般的道理，不說是當今皇帝，就是達官顯貴，光顧淪為煙花的賣笑女子，那應該是喜從天降、曲意奉承而唯恐不及的。何況這的確是真的：當今皇上就在繡房裏！

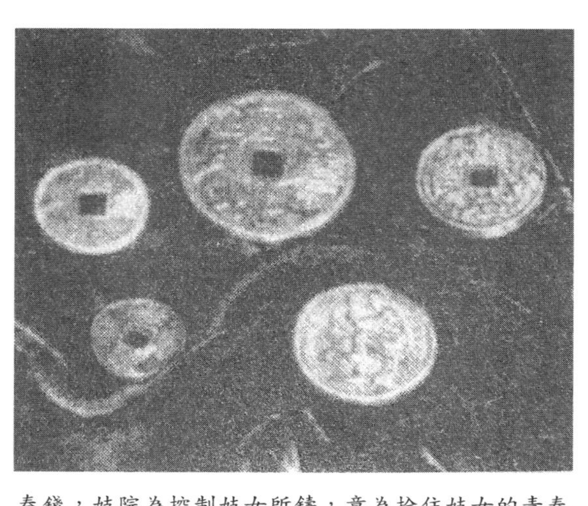

春錢，妓院為控制妓女所鑄，意為拴住妓女的青春意。

可是，李師師畢竟是李師師。這位身在風月場的女子，自有她自己的獨立人格：本來生在良家，出生即喪母，父親死在驕奢淫侈的官家手中，她對那些權貴縉紳，哪裏有半點奉迎的熱情？何況她天生絕色，且詩詞歌舞、吹拉彈唱無一不精，恃才傲物也是有的。可如今卻是風流皇帝闖了進來！這到底是禍還是福？

李師師感到很悲哀。她呆呆地站在廳前，臉上掛著生硬的笑。

「李姑娘受驚了！請先上樓去吧，這班東西由下官發落就是！」童貫輕蔑地瞥了一眼跪在院子裏的一群奴才，轉身走到李師師跟前，恭謹地揖了一揖。

李師師只得對童貫應酬地道了謝，由海棠陪著回到裏屋。

「廚房裏還好吧？」李師師惦記著燕青向海棠問道。不知是怎麼回事，她與燕青，雖然是萍水相逢、不期而遇，但她對他卻有一種自然而然的親近感。她知道，梁山泊聚集了一大批和當今皇上作對的人，聽出入青樓之中的人們說，這些人都是殺人不眨眼的漢子，可是重義氣，從不濫殺無辜。可官家呢？自己老實本分的父親不是叫他們害死了麼？與梁山泊的綠林好漢相比，官家才是殺人不眨眼的魔鬼！再說，燕青身上沒有一絲兒魔鬼的影子，那清俊儒雅，不是那些權貴老爺、紈袴子弟所有的。

風華正茂的李師師對燕青生出了一種不可名狀的情愫。

「我剛才看了，那人睡得正香呢，怕是真累了。」海棠隨口回答，笑瞇瞇地瞟了李師師一眼。那笑，在李師師看來，是大有深意。

見李師師款款地上了樓，化名趙乙的當今皇帝宋徽宗還在流覽她房中四壁的字畫，彷彿外面沒有發生任何事情，或者是外面發生的事情與他毫不相干。

宋徽宗如果不當皇帝，一定是個相當不錯的藝術家。他琴棋書畫無所不通，詩詞歌賦無所不精，花鳥魚蟲無所不愛。他的書法自成一格，後世稱為「瘦金書」，他的水墨丹青，追溯起來，竟是國畫寫意的開山祖。可惜他是個皇帝，是個溺於聲色犬馬之中的昏君。

「我主在上，臣妾李師師見駕。願我皇萬歲萬萬歲！」雖然是個一塌糊塗的昏君，但帝王自有一種不凡的氣度，所以，上得樓來，李師師不由自主地行起參拜的大禮。

「呀呀呀！我今日並非以天子身分到這裏的，怎麼行起宮中之禮來了？這樣反倒違了我的本意，沒有一些兒味道了！快快起來罷！」宋徽宗猛然聽見李師師的聲音，連忙上前攙起李師師，並回頭瞪了跟上來的李姥姥、童貫一眼。

李姥姥、童貫慌忙告罪，知趣地退下樓去。

燈下，宋徽宗放肆地打量李師師：高條條的身材並不顯高，水盈盈的眸子並不顯媚，雲鬢如霧，粉面含羞，渾身上下，真是增一分則有餘，損一分則又不足，完完全全是地上天人。頓時，宋徽宗只覺得六宮粉黛皆如土，三宮后妃個個俗，不由心旌搖盪，舉杯向李師師勸酒：「卿家果真是京都第一美人，以前只是聞名，如今見面更覺勝似聞名！」

李師師懾於威勢，離席道謝，喝乾了跟前的那杯酒。

宋徽宗喜不自勝，笑上眉梢：「卿家不必多禮，我雖為天子，卻是愛寫喜畫，卿家書法丹青，京都有名，只把我當做畫友罷！」

宋徽宗口裏說得極雅，手卻伸出來，借攙

北宋玻璃金蓋附把手瓶

北宋窄袖短上衣、長裙、長披肩

扶之機，托起李師師的粉腮，像是在欣賞屬於自己的一個物件一樣目不轉睛地看，良久之後，才端起一杯酒，一飲而盡：「秀色可餐，秀色可餐，誠如斯言，斯言不謬也！」

「皇上謬讚，妾身哪裏消受得起！妾煙花陋質，能一睹天顏，已是萬幸，能侍奉皇上，更是妾身做夢也未曾想到的福分。」

當夜，徽宗在師師殷勤勸飲之下，酩酊大醉，睡在了師師的繡床上。

第二天一早，徽宗就早早回宮了。徽宗一走，師師就急急來到了廚房。

師師看著燕青，不覺芳心蕩漾，一時竟然無語，停了片刻，才輕啟朱唇，「賤妾素仰慕梁山英雄聲名，今日能助英雄躲過此劫，也是妾身的造化，英雄若不厭棄，請到樓上一敘，妾身願為英雄撫琴一曲。」

燕青雖知芳心有意，然而他此時心繫家國命運，怎肯輕易留情。於是說道：「姑娘情意燕青心領，只是燕青身為亡命之人，不敢在此久留，當趁天明之時早早出城。」

師師聞聽此言，心中不捨，星眸怔怔望著燕青。兩人相視片刻，燕青轉身出樓門，縱身上牆，輕盈而去。

師師望著燕青身形離去，心神晦暗，呆立半晌，默默上樓去。

承恩澤智助舊識

當晚，周邦彥又來與師師談詞說曲。海棠邊把周邦彥往樓上引，邊小聲地告訴周邦彥昨夜徽宗駕臨的事情。

周邦彥雖然當個小官，可文人天性，寄性琴棋書畫時多，用心人情世故卻少。所以，他並不知道昨夜宋徽宗到這裏來的事。現在聽海棠一說，不由心裏一沉，暗暗歎息起來。就周邦彥看來，青樓歌妓，自然是賣笑的營生，放蕩遊狎，也是情理之中的事。但那都是對平庸脂粉而言，而對李師師這樣色藝雙絕不可多得的女子，卻又不同了。這就如同園苑之中的花草，凡花俗草，折之踏之未必可惜，而那些如「姚黃魏紫」的國色天香，就只能保持距離地玩賞，如果隨意攀折、褻瀆，就是罪過了。但是，現在褻瀆名花的不是別人，是萬乘之尊的當今皇上，那就只有歎息而不可能問罪了。帶著這種心情，周邦彥今晚硬是提不起精神。他很想像往日那樣海闊天空地，與李師師一起在藝術的海洋裏馳騁，激濁揚清褒貶品評，但總顯得有些尷尬。李師師似乎也有同樣的感覺。所以，說了幾句之後，竟是相對無言。

「咿，誰來了？」周邦彥有心辭去，又有些留連不捨，他踱到窗前，忽然看見李姥姥跪

在院階上，迎接幾位衣帽光鮮很有氣派的客人。

「哎呀，是皇上，這可怎麼辦？」李師師走過來一看，認出了來人正是今早才離開的宋徽宗一行四人。本來，妓院勾欄，只要有錢，是人人都可以來的。但既然被皇上看中了，就是御用之物，誰還敢染指？所以，李師師一想到徽宗看見周邦彥與自己在一起，周邦彥性命難保，一時緊張得說話都不連貫了。

「李姑娘休要驚慌，老夫從後門出去就是了。」說是不慌，周邦彥也不是個有膽子的人。

「不行！」不知怎麼，李師師此時又鎮靜下來了，她畢竟是個見多識廣的女子。樓梯吱吱作響，宋徽宗就要上來了！

「院子周圍必定有御林軍守著！快，周先生，委屈您先躲在床下吧！我想法子把皇上引開，一會再出去！」李師師急中生智，當機立斷做了決定。

「李姑娘，李姑娘！」周邦彥什麼時候鑽過床腳？但聽到宋徽宗在樓梯上喚李師師的聲音，情急之下，不容他多想是身分要緊還是性命要緊，連忙爬到床底下躲起來。

李師師剛剛把周邦彥藏好，宋徽宗就走了進來。李師師嫣然一笑，正要伏地接駕，宋徽宗一把扶住，順手從身後一名隨從手裏接過一個朱漆盤子，捧到李師師面前：「卿家不必多禮。你看，這是中午由廣東送來的貢品，你嚐嚐！」宋徽宗身為天子，也一個勁地獻殷勤。

李師師恭恭敬敬地接過盤子，現出一副興高采烈的天真模樣，揭開盤蓋，見裏面裝著八個又大又圓的柳丁。

「這是你愛吃的東西！李姥姥說過。以後可以天天送給你！」宋徽宗說著，坐到一把椅子上。

李師師趕緊謝恩，從抽屜裏拿出一把精緻的水果刀，剖開一個柳丁，一瓣瓣地掰開。見宋徽宗目不轉睛地盯著她的纖纖素手，李師師拈起一瓣柳丁，蘸了鹽水，送進他的口中。在飄飄然之中，宋徽宗也往李師師的櫻唇裏塞進一瓣橙瓣。

「師師呀，我早上退朝，填了一首新詞，你唱唱看！」

李師師接過宋徽宗遞過來的宮廷專用的帛箋，見是一首《探春令》，就調好錦瑟，曼聲地唱出來：「簾旌微動，峭寒天氣，龍池冰泮。杏花笑吐香紅淺，又還是，春將半。清歌妙舞從頭按，等勞時井宴。記去年，對著東風，曾許不負鶯花願！」

對宋徽宗來說，真是良宵苦短，不知不覺已是三更了。昨夜留宿這裏，京城就傳出流言，還有一首什麼詞。雖然貴為天子，可以馬上查出是誰寫的，但畢竟是人言可畏，所以，當童貫進來請示是否起駕回宮時，宋徽宗真是兩難。

李師師卻是另一番心情。她巴不得宋徽宗趕快離去，因為床下還躲著個六十歲的周邦彥呢！但她非但不能流露出一絲厭倦的神氣，還要做出歡歡喜喜的嬌媚模樣。而宋徽宗一見李

師師那千嬌百媚的可人樣，卻立刻打消了猶豫之心，回頭吩咐說：「夜深路滑，寡人今宵就宿在這裏，你們在樓下安歇了，明晨早些回朝便是！」

聽到宋徽宗留宿不去的命令，最急的就要數周邦彥。剛才，他躲在床下，又嚇又憋，一陣大汗淋漓。可當他聽到李師師彈唱皇上的新詞時，卻又是讚歎又是好笑，把那個嚇字丟到爪哇國裏去了。他讚李師師的曼妙歌喉，笑宋徽宗那俗不可耐的詞作。現在，聽到皇上通宵不走，自己不是要憋悶一夜麼？一陣著急之後，周邦彥轉念一想，這也算是難得的奇遇，回憶剛才師師與皇上的對話，他竟在肚子裏為一首《少年遊》新詞打好了腹稿：「並刀如水，吳鹽肚雪，纖指破新橙。錦幄初溫，獸香不斷，相對坐調笙。低聲問，向誰行宿？城上已三更。馬滑霜濃，不如休去，直是少人行！」

也虧周邦彥好興致，等宋徽宗離去後，他從床底下爬起來的第一樁事，不是整理衣衫，而是搶到放著文房四寶的几案邊，刷刷刷，記下在床底下打好腹稿的那首《少年遊》。

「李姑娘，拙詞留作紀念。此地雖好，小老兒卻不能常來了！」周邦彥這才撣了撣身上的灰塵，急急忙忙地向李師師告辭。

這以後好些日子，周邦彥與徽宗都沒有來，師師獨自在家彈琴練曲，她也不想出門。她不願看到衣衫襤褸、蓬頭垢面的逃荒人和滿街哀聲求告的乞討聲。每出門一次，看到的和聽到的，都引起她對自己身世的歎想，久久傷悲。由於有了宋徽宗這個天下最大的嫖客，李姥姥的確也很得了些好處。不光是綾羅綢緞、珍珠寶石，宋徽宗還許諾李姥姥擴大目前這幢青樓的規模，向皇城那邊發展。這些許諾硬把個李姥姥喜得像年輕了許多，整日對李師師像寶貝一樣地疼愛，對於她懶得應酬接客，根本就不放在心上了。

這天傍晚，李師師拿出周邦彥那首《少年遊》，調好琵琶，輕輕地吟唱。唱著唱著，她的思緒就散開了：周邦彥這老先生真是詞壇的癡才，於心慌意亂的窘境之中，居然還能寫出這樣好的詞！唉，可惜不是真正的少年遊！如果不是宋徽宗，而是情緣中的少年，那才不枉了這《少年遊》！想到這裏，燕青那精悍的身影、清俊的面容、灑脫的風采，倏然印在腦海裏，使李師師一陣心跳之後，又增了難以消解的悵惘之情。

「師師，抱著琵琶不唱歌，呆想些什麼？」宋徽宗上樓來，李師師還沒回過神來。

「皇上請恕妾失迎之罪！」李師師連忙收斂神思，臉上盪起一片笑意，站起來作勢要下拜。

「呵呵！免了免了！」看來宋徽宗今天心情不錯，他扶住李師師，踱到几案邊，「《少年遊》？嗯？哼！誰寫的？」

見宋徽宗讀那首《少年遊》，李師師好生懊悔沒有收起來，聽到宋徽宗接連幾個「嗯哼」，知道大事不好，連忙跪下：「這是開封府監稅官周邦彥老先生一時興至……」

「嗯，周邦彥，倒是個詞家！」宋徽宗知道周邦彥的名氣，也曉得他是個垂暮之年的老頭子，還不至於成為自己的情敵，怒氣稍稍減了一些。可一轉念，宋徽宗再咀嚼一下詞句，怒火又升上來了：「詞中所寫，是我與你那天晚上所作所言之事，他如何知道得這樣清楚?!」

無奈之下，師師只得雙膝跪下，把周邦彥來談曲，碰到皇上不敢見駕而躲到床下的經過敘說了一遍。她只想為周邦彥開脫，因為她知道周邦彥雖有詞名，但官小位卑，不敢見駕是很自然的。

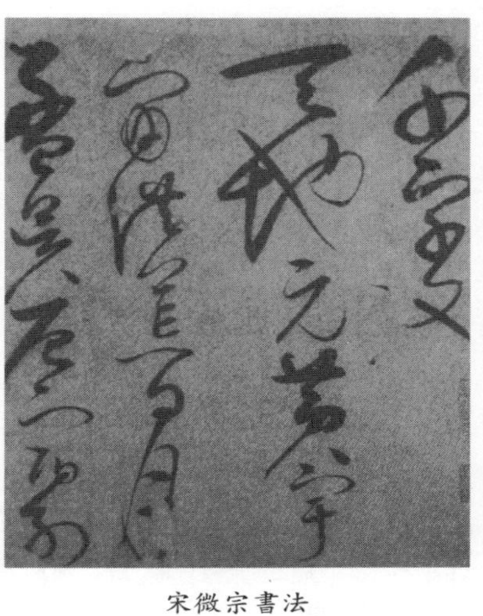

宋徽宗書法

「啊，既是這樣，那就罷了！」宋徽宗見李師師一臉惶恐，更顯得楚楚動人的模樣，心中一盪，就把話題轉到別的事上去，李師師才鬆了一口氣。

其實，宋徽宗並沒有放過這件事。第二天早朝散後，宋徽宗單獨留下蔡京。

「開封府可有個監稅官叫周邦彥的？」

「啟奏皇上，是有個周邦彥，是個大詞家，早年先帝就極賞識他的《汴京賦》。」蔡京雖是個奸臣，但對於詩詞書畫上也是極愛且有相當造詣的，只是他不知道，皇上為什麼突然關心起這個芝麻官來，想必是欣賞他的詩詞吧。

「有人奏本，告他怠忽職守，荒廢政事！」宋徽宗可沒有蔡京那種想法，他只是要找個

「莫須有」的罪名，加到周邦彥頭上。

「啊，啊，容臣細細察訪，嚴加治罪！」蔡京很有些莫名其妙。就他所知，周邦彥官雖不大，而且也很放蕩，但官聲還好，沒聽說過荒廢政事的事。這一定是周邦彥這老小子風流案子撞到皇上風流事上去了。

蔡京不敢怠慢，回府召見京兆尹，吩咐京兆尹參報周邦彥課稅不登，職務不理，請求懲處。

京兆尹暗暗替周邦彥惋惜，但又不敢不辦。

幾天之後，尚書省傳下聖旨，說周邦彥荒廢職守，不堪任用，革除職務，即日押出京都，不許在東京居住。

趕走周邦彥，宋徽宗感到一陣輕鬆，朝野上下，誰還敢再傳說他眠花宿妓之事？輕鬆之餘，他去看李師師。自從李姥姥的妓院經宋徽宗暗調庫銀擴建後，與皇宮就只有一牆之隔了，宋徽宗授意在皇宮那邊開了一個小暗門。因此，他再到李師師那裏，不必躲躲閃閃等到天黑了。

這天，徽宗又興致勃勃地來到了鎮安坊，可令他失望的是李姥姥告訴他，李師師出門看姐妹去了。

「皇上安歇片刻，小女兒就快回來了。」李姥姥生怕宋徽宗抬腿就走，連忙挽留。她心

裏有一條原則，只要宋徽宗戀著李師師，她李姥姥就會在天堂裏過日子。

宋徽宗微微點頭，隨手一擺，讓李姥姥與隨從都下樓去，自己則隨便地流覽掛在李師師房中的書畫。

「師師，你到哪裏去了，我苦等了好幾個時辰！」李師師回來了，滿臉愁容，宋徽宗以為她身子不適，起身安慰。別看宋徽宗是九五之尊的帝王，治國事不行，但於這惜香憐玉上，還是個行家：「是不是你親眷之中有人窮苦無依？拿出些銀兩……」

沒等宋徽宗安慰的話說完，李師師款款跪下，淚流滿面：「請皇上恕妾之罪！周邦彥今天被押解出京！妾念他為妾譜了許多歌詞，今為妾填詞而獲罪，且又年事高邁，好生不忍，所以到都門以杯酒相送！」

宋徽宗不由心中一怔。天子親自治罪的人，李師師居然敢去送行，可見她是有膽識有義氣的女子。再說，周邦彥又有什麼罪呢？宋徽宗心裏這樣想，口裏卻問道：「周邦彥說了些什麼？」

李師師是何等機警的女子！見宋徽宗這樣問，她覺得周邦彥的命運有了轉機：「心裏好生懊悔呢。他說他是罪有應得，天子聖明呢。臨行，他還為妾教唱了他的新詞《蘭陵王》。」

「真的？你還背得下來麼？」宋徽宗很有點佩服周邦彥了。躲在床下，能作詞，戴罪服刑，也能作詞。

「容妾理弦而歌吧！」李師師站起，理了理烏雲般的頭髮，取下琵琶，唱出哀而不怨的《蘭陵王》：「柳陰直，煙裏絲絲弄碧。隋堤上，曾見幾番，拂水飄綿送行色。登臨望故國。誰識京華倦客。長亭路，年去歲來，應折柔條千尺。閑尋舊蹤跡。又酒趁哀弦，燈照離席。梨花榆火催寒食，愁一箭風快，半篙波暖，由頭迢遞便數驛。望人在天北！淒惻。恨堆積。漸別浦縈回，津堠岑寂，斜陽冉冉春無極。念月榭攜手，露橋聞笛。沉思前半，似夢裏，淚暗滴！」

聽李師師唱完，宋徽宗很有些感動。他感到在周邦彥的《蘭陵王》裏，有一種「小雅怨而不亂」的情緒。周邦彥的確是個不可多得之才。

「嗯，這人是個人才。看在你的份上，就免了他的罪罷！嗯，宮裏正缺個『大晟樂正』，周邦彥去做這個差事，正是得其所哉！」宋徽宗一句話，就使囚犯的周邦彥一躍成為音樂研究機構的長官。

上元時節又逢君

宋徽宗日日宴樂，夜夜新郎，可北宋朝廷卻到了腐敗不堪的地步了。童貫、高俅一夥在宋徽宗面前日日報平安，宋徽宗也樂得溺於酒色之中，安享他的「太平盛世」之樂。他已決定冊封李師師為「明妃」，名正言順地接進宮裏去。

就李師師來說，她對得到皇帝的寵愛並不怎樣興高采烈，至於進到深宮，李師師認為那無疑是進了地獄。而李姥姥則是兩樣心情，她興奮，她躊躇滿志，她趾高氣揚，因為整個金錢巷，哪一處比她更榮耀？榮耀得連金錢巷都改了名！所以，離元宵節還有十幾天，她就吆五喝六，忙乎著張燈結綵了。

元宵節的前一天晚上，李姥姥正在種滿奇花異草的院子裏指揮奴婢們試點花燈，忽然，幾個太監模樣的人從皇城那邊院子裏走來，抬著沉甸甸的兩個箱子。

「姥姥，皇上差奴才們送來兩箱宮製花燈，請收點！」一個頭兒樣的太監向李姥姥稟告。抬箱的太監們打開箱子，把花燈一一拿出來，李姥姥一看，簡直都傻了跟：藕絲燈、暖雪燈、勞苡燈、火鳳銜珠燈、龍鳳呈祥燈，天下太平燈……另有幾十件宮廷器皿。

「謝皇上恩！謝各位公公辛苦！」李姥姥要請太監們喝茶吃果子，見太監們堅辭不受地告辭了，就急忙吆喝換燈。

元宵夜就在這喧嚷繁華中到來了。

元宵的花燈，是北宋都城東京的一大奇觀。屆時家家門口有燈，特別是官宦人家、青樓妓院門口，花燈的製作從形狀到色彩，更是花樣翻新，爭奇鬥妍。從去年開始，宋徽宗忽發奇想，要炫耀他的「盛世」的光彩，命全城百姓人等，從十二月初一就開始裝點花燈，直到次年正月十五日止，名之曰預賞元宵。金錢巷內的妓院勾欄，都掛出了繽紛的花燈，人出人進，熱鬧得很。唯有李姥姥門口，雖有異樣華貴的花燈，但卻大門緊閉，顯得冷冷清清。對於這種名妓門前的冷清，人們早就習以為常了。誰還敢效法周邦彥呢？

只有一個人例外。他就是燕青。

此時，他帶領梁山泊起義領袖宋江向樊樓趕來，一身華貴的隨從打扮，更添了幾分老練沉著的氣概。近年金人勢強，不時有兵犯境。宋江雖與眾好漢佔山聚義，卻總思歸順朝廷，到邊關去立功。這次，宋江乘元宵京城開禁之機，帶領燕青、戴宗等幾人來到東京，想走李師師的門路，探一探朝廷對梁山泊起義好漢的態度。上次燕青進京，到山寨安在東京作據點的綢緞店接頭，適逢官府識破綢緞店的真正作用，燕青遭追捕而巧遇李師師並得到她的救助，李師師這個名冠一時的青樓女子，給燕青留下了深刻的印象。

燈火通明的樊樓外，燕青裝作一名公子哥徘徊了幾遭，見四周無人，他一閃身上了牆頭，隨即又縱下牆頭，隱身在一晦暗處，傾聽樊樓那邊的動靜。

樊樓內，橙色的宮燈透出柔和的光，給李師師的閨房塗上了一層富麗的色彩。很明顯，房裏的陳設已非往夕能比了，多了一些宮廷的華貴，少了一些清淡。李師師坐在書案邊，展開周邦彥那首因禍得福的《少年遊》，輕輕歎息。海棠在旁邊焚起一爐檀香，一縷沁心入脾的馨香在室內繚繞。

「李姐姐，好端端的元宵夜，發哪門子愁呢？」海棠已長大了，一雙眸子水靈靈的。由於李師師對她極好，她早就改口叫姐姐了。她知道今夜皇上要來，擔心李師師的情緒會惹皇上不高興。

「海棠，你滿意眼下的生活嗎？」李師師沒有抬頭，沒有回答海棠的問話，卻反問海棠。

「嗯，怎麼說呢……」海棠早就懂事了。她知道李師師借名氣大，多次阻止李姥姥要海棠接客的打算。李師師不願讓海棠走自己這條看似榮耀其實是人家玩物的老路。海棠從內心感激李師師，她極想離開樊樓，但一來孤苦無依，二來捨不得離開李師師這樣好的異姓姐姐。

兩人正說著，樓下傳來李姥姥與人爭執的聲音。

「姐姐請放寬心，我下樓看看是怎麼回事。」

海棠來到樓下，看到李姥姥正和一個富貴人家的隨從在說話。

「姥姥，在下的主人久慕李姑娘盛名，不遠千里來到京都，沒有別的奢想，只要見姑娘一面。」燕青見樓內沒有動靜，就直接進樓了。樊樓如今奴婢眾多，又燈火通明，他不好施展輕功上樓，只好與李姥姥打交道。

「你難道不知道我這樓裏不接俗客？」李姥姥一副居高臨下的派頭，「我家姑娘是當今明妃，這個你也不知道？算了，我也不追究你是怎麼進來的，免得都添麻煩，你還是從哪裏來就到哪裏去吧！」聽得出來，李姥姥是煙花行的慣家，雖是欺凌人的氣勢，但也不願開罪於人。何況，眼前這位青年富貴飄逸，明擺著是有錢人家子弟。再說，院門關著，他能悄無聲息地跳牆而入，不僅膽大，而且肯定還是個江湖俠士之類，這就更不能得罪了。可是，要接待是萬萬不行的，皇上來了撞著怎麼辦？

海棠一看到燕青，就覺得眼熟，心中很納悶。忽然，她記起來了，這不就是年前皇上初訪李師師那天夜裏，師師姐介紹過的「兄弟」麼？海棠來不及多想，忙對李姥姥說：「媽媽，這人好似師師姐的兄弟，我認不準，讓師師姐來看看。」

是燕青！李師師聽到這一消息頓時心跳不已。她正準備下樓，但一閃念，周邦彥當年的境遇使她止步了。

「姐姐，見一面就讓他走，有什麼要緊？」海棠雖然不知道燕青的身分，但明白小夥子是師師姐的意中人，她為師師姐高興，極力慫恿。「不見一面，不知哪一天才能見呢！」

是呀，他浪跡江湖，每天都有性命之虞，自己現在又如在皇宮內苑一般，錯過機會，何日才能相見？李師師想海棠說的有道理，一咬牙，出現在樓梯口。

「喲，果然是我的兄弟！快快上樓！」李師師笑盈盈的，招呼燕青。

「姐姐，我家主人硬是要見你呢。不然，我怎麼好這時候來打攪姥姥呢！」燕青聽李師師這樣稱呼他，略微一怔，任務在身，也來不及多想了。

「姐姐這裏是不見外人的。兄弟，還是我們姐弟說說家常吧！」李師師「外人」二字咬音很重，是在提醒燕青這裏無異於皇宮內庭。同時，她的殷情款款，也溢於言表。

「姐姐看在兄弟的份上，應酬一下吧！」燕青看出了李師師對自己的情意，他來不及去品味也不願去品味，但他明白，這是可以利用的。

「好吧，略見一見。」果然，李師師略一遲疑，竟答應了，「姥姥，擺果酒，時辰還早，您老放心！」

李姥姥聽到師師這樣說，心中雖不樂意也只好答應。

在宋徽宗時常光顧的樊樓，在李師師的閨閣裏，李師師接待了宋江。酒間，宋江委婉地表達了農民起義軍願以抵禦外敵為重，到邊關禦敵以報國的心情。三盞過後，宋江豪情勃發，就在李師師的書案上，揮毫寫下了他表白心跡的《念奴嬌》：「天南地北，問乾坤何處，可容狂客？借得山東煙水寨，來買鳳城春色。翠袖圍香，鮫綃籠玉，一笑千金值。神仙體態。薄倖如何消得！回想蘆葉灘頭，蓼花汀畔，皓月空凝碧。六六雁行連八九。只待金雞消息。義膽包天，忠肝蓋地，四海無人識。閒愁方種，醉鄉一夜頭白。」

對宋江表白心跡的陳述，李師師沒有用心去聽，她的心思都在燕青身上，在宋江揮毫題詩的時候，李師師那雙明如秋潭的眸子，始終不離燕青的臉。燕青何嘗不明白李師師的心意！可男子漢大丈夫，在此國事危難之時，應思報效國家，沉溺煙花，大丈夫所不為！何況現在大事在身，哪裏容得情絲纏繞！好在李師師理解自己的處境、身分，還沒有「落花有意，流水無情」的歎想。

「師師我的兒，宮裏那邊有燈燭光，怕是……」李姥姥喘喘地爬上樓，不知是急的還是累的，說話有些不連貫。

宋江、燕青已欲下樓，李師師滿含幽怨地對燕青說：「兄弟，天涯浪跡，要多保重，姐身雖汙，素心尚在，相見有日，莫忘……」說著，已經是淚濕粉頰了。

燕青回過頭來，想說點什麼，但又不知說什麼好，他又望了李師師一眼，只說了一句：「善自保重！」就轉身追趕宋江去了。

孤雲浮遊度餘生

形勢變化很快，宋徽宗的太平夢很快就破滅了。西元一一二六年冬月，宋徽宗滿腹心事地來到樊樓明妃李師師處，三盞兩盞幾杯悶酒喝過之後，對李師師說：「師師，金人攻入內地，不肯講和，我已下了詔，準備讓位。唉！我當個不操心的太上皇，與你在一起的日子就長多了！」聽得出來，宋徽宗的話裏，沒有什麼高興的成分。

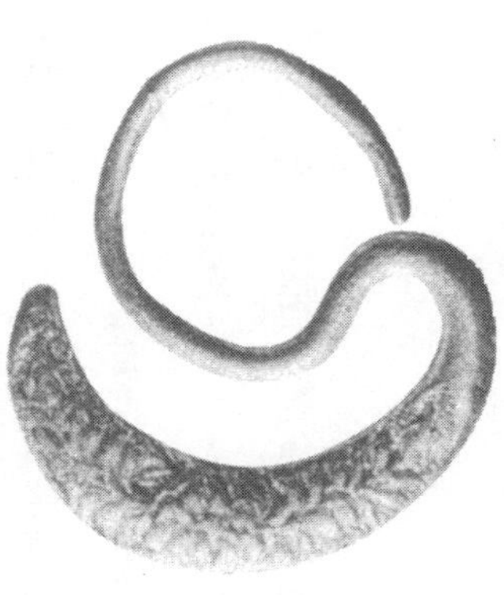

北宋時的耳環

李師師沒想到局勢竟變得這樣不可收拾，她心裏蒙了一層陰影，口不應心地接著宋徽宗的話說：「但願如此。」

就在這一年的十二月二十六日，宋徽宗正式退位，太子宋欽宗繼位。不到三天，傳報金兵將渡黃河，東京城內，掀起一股大疏散、大撤退的狂潮。儘管宋徽宗反覆勸說，李師師始終堅持不隨皇室轉移。如果真的要走，她願意回到鄉間，找一小庵，削髮為尼。開始，宋徽宗老大不高興，堂堂明妃，流於民間，成何體統。後一想，自己也是泥菩薩過河，自身難保，再說她本是青樓女子，散淡慣了的，也只得聽任她疏散到民間。

一年以後，金兵攻破東京，宋徽宗父子都做了俘虜，在北上的俘虜隊伍裏，除了兩個亡國之君外，還有趙氏王室和男女百姓共三千多人。在吱吱嘎嘎向北而去的馬車裏，宋徽宗回首往事，宮廷的輝煌，衣食的精美，明妃李師師的笑靨，歷歷在目，懊悔之餘更添悲苦。在燕山南面一處頹敗的寺廟壁上，留下了宋徽宗「瘦金書」的手跡，記載了他當時的心情：「九葉鴻基一旦休，猖狂不聽直臣謀。甘心萬里為降虜，故國悲涼玉殿秋。」

至於師師，則離開樊樓，漂泊到了臨安，在舊時好友羅惜惜所設的行院教曲為生。後來宋徽宗的兒子宋高宗也從建康遷都到臨安。李師師開始對宋高宗抱有很大的希望，以為他定會報親仇國恨，迎回徽宗。可是後來見他只圖自己安逸享樂，根本不想恢復中原，徽宗最終死於五國城，她最後的一線希望也破滅了。當時她本想自殺，幸賴羅惜惜多方勸慰，才打消了這樣的念頭。過後不久，她就傷心地毅然離開了這個山外青山樓外樓的臨安，漂流到比較安謐的湖南一帶去。她從西興渡過錢塘江到金華，從金華到玉山，乘船入鄱陽湖，到南昌，再由南昌一直西進，到達潭州，然後由湘江北上，最後停留在當時稱作巴陵的岳陽城。

若干年後，有人在湖南洞庭湖畔見到過李師師。據說她嫁給了一位商人，容顏憔悴，已無當年的風采了。詩人劉子瞻為此心生感慨，曾賦詩一首：「輦轂繁華事可傷，師師垂老過湖湘。縷衣檀板無顏色，一曲當年動帝王。」

李香君　俠肝義膽

李香君，明末秦淮名妓，因體態嬌小玲瓏，膚色瑩白如玉，被名士戲稱為「香扇墜」

國色三絕香扇墜

李香君，明末秦淮名妓，因體態嬌小玲瓏，膚色瑩白如玉，被名士們戲稱為「香扇墜」，自幼被鴇母李貞麗收養，十三歲時，投在著名唱曲家蘇昆生的門下，學習唱曲，才藝上獲益匪淺，熟練掌握了師父的拿手戲玉茗堂四夢（湯顯祖之《紫釵記》、《南柯記》、《邯鄲記》和《還魂記》），其歌聲婉轉清越，字字珠璣，盡得老師真傳。雖然李香君在「秦淮八豔」中沒有陳圓圓、顧媚等豔麗嫵媚，才情比不上柳如是，但是孔尚任的《桃花扇》一問世，李香君對愛情的忠貞、性格的剛烈便舉世皆知，為人津津樂道。

才子佳人初逢盒子會

明崇禎十六年（西元一六四三年）三月，正是明政權風雨飄搖之季，而作為留都的金陵卻呈現出一片畸形的繁榮景象。侯方域侯朝宗，這個具有憂國憂民之心的官宦子弟，站在秦淮河岸邊，望著眼前柔柳如絲、畫舫極美的景致，免不了心中有陣陣的感慨，不由地輕聲地哼唱出了唐李商隱的那句：「商女不知亡國恨，隔江猶唱後庭花。」

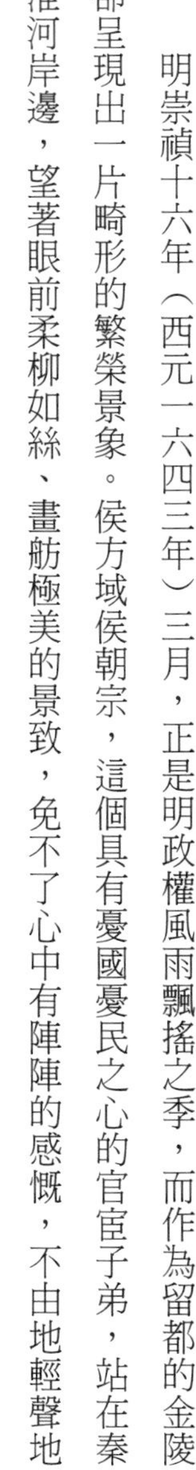

「嗨，朝宗兄，臨岸遊秦淮，好別致的雅興呀！」一個聲音從他的身後傳來。

侯方域聞聲回頭，看見是同鄉蘇昆生，便趕忙見禮。

「侯公子，如其臨淵羨魚，為什麼不退而結網呢？」蘇昆生指著在秦淮河中穿梭來往的畫舫，語帶雙關地開起了玩笑。這位蘇昆生在當時也算得上是一位奇人。他原名周如松，自幼學藝，專攻唱曲，曲藝精熟。各路詞曲，經他唱來，無不字正腔圓，聲情並茂。在他剛到金陵的時候，就被蓄養藝人，本身也是文人的阮大鋮聘為樂坊教習。後來當他得知阮大鋮原是閹黨餘孽，是被金陵正派文人所不齒的人物之後，便當即拂袖而去，到了有名的煙花之地媚香樓當了教習。原本想暫時棲身的他沒有想到的是竟然遇到了李香君，面對這個聰明伶俐的女弟子，他不想離去了，也就在媚香樓待了下來。今天的他與侯朝宗的相遇完全是偶然，他正準備參加秦淮河舊院一帶青樓歌妓們自發組織的、在逢年過節時舉辦的「盒子會」。沒想到竟然在途中遇到家鄉故人。於是，便邀請侯朝宗一同前往。

侯朝宗，世家子弟，復社成員。

侯朝宗，雖然也是復社中的人物，但畢竟是官家子弟，並且年少，因此還沒有真正地對哪一位青樓女子動過情，不過，他也曾和文友們一起挾妓遨遊或與歌妓一起吟詩飲酒過。在聽到了蘇昆生的邀請後，免不了有幾分心動，便問道：「什麼是盒子會？」蘇昆生一一向他作了詳解，並且告訴他，盒子會就是秦淮舊院一帶青樓的歌妓們結成手帕姐妹，就像香火兄弟一般，每逢時節，便做盛會。在赴會之日，各自攜帶一副盛有各式各樣鮮物異品的盒子，一同飲酒玩樂，並且在會上，她們還會各獻技藝，或撥琴，或吹笙。不過她們會將小樓鎖住，只允許男子在樓下觀賞卻不能入內。一聽說有這樣的美事，侯朝宗怎會不欣然前往呢？

他們一邊向秦淮舊院走去，一邊聊著天。途中蘇昆生免不了要向自己的這位老鄉誇耀自己的得意女弟子李香君。

「要說我的徒弟，那真是我有福了。教了不知多少歌娘，還沒有一個像她這樣聰慧的。她唱《牡丹亭》裏《驚夢》中的那一段：『遍青山啼紅了杜鵑，荼蘼外煙絲醉軟。牡丹雖好，他春歸怎佔得先。閒凝盼，生生燕語明如翦，嚦嚦鶯聲溜的圓。』真是絕了。還有，這個李香君啊，不僅才藝高，悟性好，那容貌更是美如天仙，最難得的還是人品，她雖然身在青樓，賣笑生涯，卻不肯隨便對人唱曲。如果遇到像你這樣風流倜儻、正氣昂然的人物，還顯得好些，如果所遇到的是一些紈袴子弟，或者是閹黨子孫，對不起，她就變得冷如冰霜，連理睬都不理睬……」

侯朝宗聽著蘇昆生對李香君的介紹，心中忍不住產生了好奇，很想一睹被自己老鄉讚不絕口的李香君到底是怎樣的人物。竟然忘記了觀賞兩岸悅人的景致，腳步不由得加快了。雖然侯方域、蘇昆生走得不慢，但是畢竟出門太晚，當他們趕到媚香樓時，盒子會已經散了，侯方域只好在心頭發出了一陣惋惜。

看到侯朝宗那副悵然若失的樣子，蘇昆生安慰地說：「侯公子不必太惋惜，下次再來鑒賞也一樣。盒子會散了也好，這樣侯公子倒是可以上樓聚一聚了。會會小徒李香君，聽她唱幾支新曲，不是更好嗎？」

侯朝宗之所以同蘇昆生前來觀賞「盒子會」的盛景，除了是對這種妓業盛會的好奇，更重要的是被蘇昆生一路上所說的關於李香君的一些事情而心動，想一睹李香君的容顏。蘇昆生的話不正中他的下懷嗎？他怎麼會拒絕呢？於是他們便向坐落在秦淮河臀離長橋不遠處、深藏在一片翠綠染就的楊柳叢中的媚香樓走去。

迎接他們的是媚香樓的鴇妓李貞麗。她也是秦淮煙花場中的風雲人物，與復社著名人物陳貞慧的關係極好。當她見到蘇昆生帶來一位衣冠華美的陌生英俊儒生時，眼中不免流露出詢問的神色。

「這位是侯司徒的公子侯朝宗，是位才高八斗的才子，是我老家的世家子弟，與陳公子等一起被稱為南京四公子的侯方域，侯朝宗公子。」蘇昆生連向李貞麗介紹。

彼此見完禮後，侯朝宗向李貞麗說明了自己的來意，告訴她自己是在路上遇到蘇昆生說起盒子會，又聽他說起李香君姑娘才藝雙絕，賢淑無雙，因而前來拜會。

李貞麗聽後，顯得十分熱情，便讓人趕緊去請李香君前來。片刻之後，李香君便到了。當珠簾揭開之後，侯朝宗眼前一亮，看到的是一個光彩照人的姑娘。她身材嬌小、媚而不妖；臉龐秀麗，卻不俗氣，全然沒有一絲兒青樓賣笑女的氣質，倒像是藏之深閨的端莊溫柔的小家碧玉。

侯朝宗看呆了，他真的很難相信在煙花風月場中還會有這種氣質的女子。

站在一旁的李貞麗看到侯朝宗那副驚羨的樣子，抿嘴一笑之後，連忙讓李香君向侯朝宗問好。

李香君朝侯朝宗道了萬福，對李貞麗說道：「媽媽，這位侯公子孩兒我見過。」

李貞麗不由得感到奇怪了，因為她知道李香君十三歲起跟蘇昆生學唱曲，藝成至今，只在樓內以歌娛客，很少走出媚香樓，怎麼會認識侯朝宗呢？就在李貞麗感到不可理解之時，李香君說出了其中的原因。原來所指的是曾讀過侯朝宗的一些作品。

李貞麗這才恍然大悟。這時，一直在旁沒有開口的蘇昆生看出了這對年輕人都互有傾慕之心，便想撮合他們，於是開口說道：「呵，這樣就對了！我說呢，侯公子，李姑娘這樣喜愛公子的詩作，何不今日再吟一首，作個見面禮呢！」

這時侯盒子會雖然已經散了，但仍然有幾個手帕姐妹還沒有離去，她們在聽到蘇昆生提議之後，都想湊湊熱鬧，想見識見識大名鼎鼎的美公子侯朝宗的文才，於是研墨的研墨，鋪紙的鋪紙。面對這種情景，侯朝宗又怎能拒絕，再說他又怎麼能不在自己心儀的女人面前表現一下，以博美人的歡心呢？他環顧四壁，周遭的粉牆上，除掛有一幅《芍藥春睡圖》外，另有幾處題詠，都是直接寫在牆上的。一幅《崇蘭詭石圖》就像是磁鐵吸住了他的目光。旁邊還有小詩一首。

他忍不住凝目望去，看清了那首詩的內容：「生小傾城是李香，懷中婀娜袖中藏。何緣十二巫峰女，夢裏偏來見楚王。」再看落款：「莆田余無懷詩，武塘魏子中書，貴陽楊龍友寫。」

「絕，絕妙，堪稱三絕！」侯朝宗口中讚歎，胸中詩句已成，急不可捺地走到鋪著宣紙的案邊，提管揮毫，筆走蛇龍地寫道：夾道朱樓一徑斜，王孫初御富平車。青溪盡種辛夷樹，不數東風桃李花。

當侯朝宗寫完最後一個字之後，喝采聲隨之響起。

蘇昆生拈鬚點頷直誇獎，「好，真是倚馬可待！」

李貞麗雖為鴇妓，卻與文人長相濡染，在詩歌上也有一點造詣。「好，真不愧是名家風範！」

「呀，呀，你們都說好，我們看是偏心眼兒！」研墨的歌妓尖聲笑著取笑道。

「是呀，我們都是那不美的辛夷樹，獨有香丫頭香！」鋪紙的歌妓也笑咯咯地打趣李香君。

侯方域聽到這些話之後，按捺不住心中的情感，偷偷地向李香君望去。站在那兒的李香君粉頰暈紅，就像是一朵含蓄待發的桃花。她看到侯朝宗如此含情脈脈地注視著自己，又聽身邊姐妹們的打趣，不由得變得有些羞澀，不自覺地抬起衣袖，遮住宛若桃花般豔紅的臉……

她心中在想著什麼呢？

畫舫深情寄語警情郎

從那次之後，侯朝宗便隔三岔五地前往媚香樓。先是藉口拜望同鄉蘇昆生，後來乾脆就是找李香君。他們在一起的時候不是促膝清談，就是吟詩唱曲。日子就這樣一天一天地過著，時間就像是在他們底下燃著一堆篝火，讓這對互生愛慕的青年的感情急速升溫。

這天，侯朝宗在家中翻了幾篇墨卷之後，覺得有些索然無味，便放下書本逕直朝媚香樓而去。他來到了媚香樓，當門開之後，便問開門的小丫頭。

「李姑娘在家麼？」侯朝宗問道。

小丫頭答道：「不巧得很，剛才來了一位王將軍，說是找公子吃酒的。見公子不在，就硬是要約李姐姐遊秦淮。李媽媽拗不過，也是撇不下面子——那王將軍出手非常闊綽，就催李姐姐一同走了。恐怕這個時候才開船呢！」

聽了小丫頭的話後，侯朝宗感到一陣失望，感到一陣茫然。心中感到失落的他，彷彿就像夢遊一般，漫無目的地沿著秦淮河岸向前走著。

十里秦淮，是歷史上著名的風流淵藪。古人所說的六朝金粉，幾乎全都集中在這一帶。兩岸的沿河人家，櫛比鱗次，門卷珠簾，都是所謂「河房」。河泊畫舫，豪竹哀絲，呈現一派玉軟溫香的旖旎風光。侯方域就這樣不知行走了多久，突然間他叫住了一艘小遊舫，跳上去之後，便讓船家划動，他想逐波尋訪泛舟的李香君足跡。

水面上到處是穿梭的畫舫，從裏面傳出來的絲竹之聲就像空氣一樣瀰漫。侯朝宗站在穿行於眾畫舫之間的小船上，望著眼前的一切。可是，他又怎麼能知道此時的李香君在哪一艘畫舫之中呢？就在他感到茫然時，卻聽到了一個熟悉的聲音。

「那不是侯公子嗎？侯公子！」喊他的是李貞麗，她正站在前面不遠的一艘豪華的畫舫上。侯朝宗心中一喜，連忙吩咐船家靠上去。

「侯公子好雅興，怎麼獨自一人遊秦淮？是在尋詩麼？」待侯朝宗上了船後，李貞麗一邊打趣，一邊讓李香君給侯朝宗斟酒。

被李貞麗催逼而來，心中早就不怎麼爽快的李香君看到侯方域隻身遊秦淮，猜測到他必定是尋自己來的，內心不禁一陣喜歡，忙立起身來，撇下王將軍，笑吟吟地為侯朝宗遞上一杯酒。

此時的侯朝宗眼中只有李香君，他目不轉睛地看著李香君，就像在欣賞著一幅絕妙的佳女圖，竟然忘記了伸手去接李香君遞上來的酒。一旁的王將軍卻絲毫不知趣地插了一句：「在下姓王，南下公幹。早就聽說過侯公子是當世奇才，不想有幸能在這兒相遇，真是榮幸之至。」

侯朝宗這時才宛若從夢中驚醒過來，連忙還禮道：「侯朝宗乃是河南一介書生，怎能擔當得起奇才之名?將軍太瞧得起在下了。」他在說這些話的時候，眼角的餘光並沒有從李香君的身上離去。他不知道為什麼在他說這句話的時候，李香君好像顯得有些不怎麼高興，竟然櫻唇一噘，回到桌邊。可是在這個時候，他又怎能詢問呢?只能極其不願意地與這位不識相的將軍周旋。

氣氛難免顯得有些尷尬和不自然。李貞麗畢竟是鴇母，較為世故圓滑，連忙說：「這位王將軍，到公子寓所拜訪未遇。尋到媚香樓來了，心可誠呢!再說，這位王將軍，一見面就是五十兩白花花的銀子呢！」

侯朝宗聽後，不由得更加奇怪了，心想自己與他素未謀面，對方因何這樣對待自己。他就客氣地詢問原因。

這位王將軍告訴侯朝宗，說是從阮大鋮處知道他的，並且聽說阮大鋮對侯朝宗很是佩服。更讓侯朝宗難以容忍的是對方在提及阮大鋮的時候，還一口一聲地稱「圓海公」，這阮大鋮可是復社人所不齒的人物。侯朝宗還沒有說什麼，卻聽到一旁沉默許久的李香君問道：「將軍從阮大鋮那裏來的麼？」

「是，是。在下與圓海公是世交。」王將軍聽不出李香君話語之中所藏的意味。

「哼，那可榮耀了！阮大鋮可是個大名人呢！」李香君嘴角一翹，一聲冷笑，「又會拜乾爹，又能拜乾媽，既作閹兒，又當『客氏幹』，真正的大名人呢！」說著說著，李香君把臉一扭，再也不拿正眼看那位王將軍。

侯朝宗沒有想到李香君竟然如此愛恨分明，當場就如此冷嘲熱諷，心中既對李香君嫉惡如仇的性格表示由衷的欽佩，也不免覺得對這位素昧平生的王將軍顯得有些失去禮節，便出來打圓場道：「將軍不必太過於介懷。阮大鋮原也是極熟的，只是我等復社諸友都鄙其為人，故絕交已久了。」

這位王將軍並非是不識趣之人，見到場面尷尬，也就只能吩咐船家靠岸，棄舟而去，在臨行前，王將軍扔下了幾句不軟不硬的話：「侯公子，李姑娘，三十年河東，四十年河西，但願青山常在，綠水長流，後會有期。」

見到心中所厭惡的人離去，李香君又變得熱情起來，臉上蕩漾著宛如梨花般的笑，順著王將軍的話說道：「青山一定常在，綠水肯定長流，嚇唬誰呢？」與剛才判若兩人。

當王將軍已經漸漸遠去之後，李香君卻變得凝重起來。她斟了一杯酒，遞給侯朝宗。侯朝宗感到有些奇怪，接過李香君遞過來的酒杯，疑惑不解地注視著她。

「公子，剛才那位將軍必定是阮大鋮的說客，您要多加注意，耳朵可要長硬點。妾方才斟了一杯酒，給那人攪了沒喝成。現在再敬公子一杯。所說的有所唐突，還希望您能夠諒解我的一番心意。」李香君凝望著侯朝宗凝重地說道。

「李姑娘哪裏話。小生只是以為與人交往，那溫良恭儉讓五個字，是少不得的。」侯朝宗答道。

李香君接著說道：「孔聖人的話自然不錯，卻也要看是對誰才是。妾雖處青樓，總還明白物以類聚、人以群分的道理。妾早年和家母在一起就識得陳定生先生，他具有高尚的情操，還聽說吳應箕吳先生是一個鐵骨錚錚、不向權謀折腰的好男兒，他們都是公子的好友，既然如此，您又怎能與阮大鋮之輩結交呢？公子是名門望族之後，又飽讀詩書，其中道理我想你比我要明白得多。」

溫情款款的話語之中，藏著錚錚的骨氣，無一不是提醒侯朝宗要與阮大鋮保持距離。坐

在一旁的李貞麗害怕這些話會引起侯朝宗的不快，連忙制止李香君說：「你怎麼能這樣說侯公子！」

「不，不。李姑娘說的對極了，對小生真如醍醐灌頂。」侯朝宗打心眼裏佩服地說道，從心底發出了由衷的感慨。「李香君，真吾畏友也！」

怒還嫁妝高潔驚權貴

這天，正當李香君在房內跟隨蘇昆生練習彈瑟時，媚香樓來了一個特殊的人物——楊龍友。他是位書畫家，並且文武雙修，雖然是鳳陽督撫馬士英的妹夫，但三十而不立，功不成名不就。因此放浪山水，時常留連青樓名場。所有與他相識的人都知道他是個熱心腸的老好人，既與阮大鋮有交往，也與吳應箕、侯朝宗等人很談得來。這次他前來媚香樓主要是為在前一天復社成員在丁祭的時候，同阮大鋮發生的衝突和矛盾而來。他想從中予以調和，因為他知道吳應箕、陳貞慧這幾個人，是絕不會寬恕阮大鋮的。只有侯方域，既是復社中堅，又生性柔和。再加上媚香樓鴇媽李貞麗託他再三，說李香君至今沒有上頭，又告訴他李香君與侯朝宗互有情意，希望他能在侯朝宗那裏說穿，早成好事。如果能夠促成此事，不是能夠獲得侯朝宗的好感，達到緩和復社與阮大鋮之間的矛盾嗎？

就在李香君學彈瑟的隔壁房間內，楊龍友與李貞麗正在談及此事。

「既然他二人你有情，我有意，我這月老就便宜了。」楊龍友手托茶盅，在觀賞侯朝宗初次見到李香君所題的那首詩，說：「朝宗兄滿腹經綸，李姑娘貌美如仙，兩人正是天造地設的一對才子佳人！」

「那倒是！李香君這孩子外表嬌小溫順，不是叫她香扇墜嗎？可骨子裏頭卻硬得很。都破瓜之年了，還不肯輕易梳櫳。這侯公子是她真正能看上的。」

正說著，李香君從旁邊的房子裏出來了。

「楊老爺好！媽，您和楊老爺談什麼談得這麼熱鬧呢？講出來讓孩兒也高興高興。」因為楊龍友是這兒的常客，能書善畫，平日來此除了喝酒吟詩外，是極規矩的。所以李香君對他印象甚好，說話也就很隨便。

「香扇墜兒，可真是讓你高興的事呢。」楊龍友也不掉文，向李香君開起玩笑來，「你媽託我作媒，我向她要喜酒喝呢！」

「媽，你看楊老爺一向挺正經的，今兒這是怎麼啦？」李香君走到李貞麗跟前，一臉嬌羞。

「楊老爺是貴人，是在說正經的呢！」李貞麗見李香君眉頭一皺，趕忙說明，「孩兒別急，難道你就不喜歡侯公子嗎？」

李香君見說中了心事，不由得感到了有些羞澀，在向楊龍友回眸展顏一笑後，捂著臉就進了裏屋。一直在一旁靜聽的蘇昆生，這時也開了口：「楊老爺可要多多撮合！」

楊龍友見到此情此景，不管李貞麗熱情留他吃酒的挽留，當時就興沖沖地跑到侯朝宗的寓處。當他趕到的時候，侯朝宗正面對視窗負手吟詩：「竹外桃花三兩枝，春江水暖鴨先知。蔞蒿滿地蘆芽短，正是河豚欲上時。」

「朝宗兄，好詩情！」楊龍友喝采道。

「喲，龍友兄，今日怎麼有空閒光臨，令我這裏滿室生輝喲！」侯朝宗很欽佩楊龍友的才華，而且不像其他社友那樣，認為楊龍友是騎牆的角色。

「你就不要客套啦！還是先擺上幾碟開胃口的菜，開一罈好酒，讓我潤潤喉嚨。我不僅讓你滿室生輝，還會讓你滿臉生輝！」

侯朝宗向來不甚飲酒，因此在寓所之中很少備有酒水，便邀楊龍友到附近的酒樓。落座之後，便詢問到底有何事？沒想到楊龍友卻賣起關子來，不願一語點穿。侯朝宗和楊龍友相交已久，知道對方為人一向爽快，今日這副模樣，肯定有要事要說，便叫來客店小二，對楊龍友說道：「龍友兄，你就不要賣關子啦！今天菜由你點，我們一醉方休。」

「好！我聽說『馬祥興』有『四絕』，四絕取一，就要美人肝！」

「美人肝」這道名菜，還頗有點傳奇色彩。據說有一次，一個巨賈到馬祥興菜館訂席，一時廚師想破腦瓜子還是差一樣菜，配不足菜譜。急切之間，這廚師靈機一動，點子動到平素人們從不作菜上席的鴨胰臟上。這鴨胰臟，南京人稱「胰子白」。徵得老闆同意後，廚師加意爆製，上盤時取名曰「美人肝」。誰料這樣從不上席的東西竟獲得食客的交口稱讚，並從此盛名傳播，身價百倍成為壓軸的名菜。其實，這「美人肝」製作並非易事。一鴨一胰，做一盤「美人肝」，需鴨四五十隻，且鴨既要肥嫩，又要新鮮。爆製也需極謹慎，火候不到，軟而不脆，火候過頭，皮而不嫩。一盤成功的「美人肝」，端上桌極是好看：盤是翠綠的，菜是淡紅的，另襯以蔥白，油光透亮，晶瑩悅目，很有點「萬綠叢中一捧紅」的效果。不多一會，客店小二帶著「馬祥興」的兩名堂倌，挑著一擔食盒，抱一罈狀元紅，過來了。

「呵，好一桌鴨席！」楊龍友是識貨的美食家，待堂倌一鋪排開，立即讚不絕口。當小二們退去之後，楊龍友這才笑吟吟地問：「朝宗兄，客居金陵，對此風土人情，感受如何？」

「山清水秀，人傑地靈。不說別的，就是這方言，也如糯米一般，又糯又甜，連下裏巴人也是如此呀！來，喝！」候朝宗說道。

「下裏巴人自然不消說得。在下久居金陵，總覺這六朝金粉地的意旨所在，全在裙釵之中。或許是靈秀的山水養出一批玉砌粉堆的女子。別的不說，就是這十里秦淮的青樓河房，那李貞麗、鄭妥娘、卞玉京……」楊龍友「醉翁之意不在酒」，說到此處，故意打住，觀看侯朝宗的臉色。

侯朝宗夾起一塊「美人肝」，停箸不食：「龍友兄文武兼修，文章丹青無一不精，小生如雷貫耳，想不到對金陵粉妝也極有考究，看來學問也雜得很呢。」

「世人談起學問，多在八股一途。在我看來，天下之事，無一不是學問。就說金陵青樓脂粉隊，也是大可考究的。也許侯兄會竊笑我，我則有自知之明。怎麼說呢？對色，我是好而不淫，就是這個好字，我也常常捫心自省，是不是會褻瀆了。」

「楊兄清論，宏旨頗深，小生真真是失敬了。」在聽完這句話後，侯方域不僅對楊龍友的學問更加欽佩，而且對對方有如此之高的境況多了幾分敬意。他接著說：「這足見龍友兄潔身自好，小生實在佩服。然則飲食男女，人之大欲，淫之為過，好則人之常情也。仁兄不必太過拘泥。」

「朝宗兄有所不知。在下半生落磊，功不成，名不就，空有抱負，於國事又有何補？人事紛紛，為人尚且不易，有何性情去做風流客？常在風流場中，聊以混日，空負了風流二

盒子會

明代摺扇

字。」楊龍友嚥下一片鴨舌，把一盅酒一口灌下。爾後，有點困難地睜開布滿紅絲的細長眼，望著侯朝宗略帶瓜子形的俊秀臉龐。他看見侯朝宗微微上翹的圓圓眸子布滿了擔憂的神色。

「朝宗兄，在下知道，不少朋友認為我是個騎牆派。而我也看不見有什麼牆。今天我來這兒並非是故意討擾你這一頓酒。我點這『美人肝』，就是意在給你送個美人兒。這個美人兒，全南京沒人有福消受。你肯定想問是哪一個？她就是被人稱作香扇墜兒的李香君！你難道不記得了：『生小傾城是李香，懷中婀娜袖中藏。何緣十二巫峰女，夢裏偏來見楚王。』我是受李香君之母李貞麗之命來做媒的！」楊龍友雖有了七八分的醉意，但沒有忘記這次前來的使命。

聽了楊龍友的話，侯朝宗的眼前又浮現出李香君嫻雅嬌小的身姿，雙飛入鬢的柳眉下秋水盈盈的杏眼，玉雕般的玲瓏鼻，熟透了的櫻桃般的唇，嫉惡如仇的快語，溫柔款款的情意，他不由顯出了一副神魂出竅的呆模樣。

「朝宗兄，點頭還是搖頭，都可以，就是不能呆呆的！」楊龍友是個極其機敏的人，雖醉眼朦朧還是看出侯朝宗心猿意馬的神態，開起了玩笑。

「啊，龍友兄，真真是多謝了。」侯朝宗自知失態，趕快正容喝下一口酒，「李香君姑娘是脂粉隊中不可多得的女子，小生哪有不肯的道理？只是客居金陵，囊中羞澀，一應置辦，倉促之間恐難周全。她雖是青樓女子，禮數總還是應該周到。」

「朝宗兄何必太迂？在下雖不能顯富，一套妝奩，還是奉送得起的，只要朝宗兄不嫌棄就是。」楊龍友爽快地為侯朝宗解了難。

侯朝宗本想謝絕，但又擔心楊龍友說是瞧不起他，也就不再推辭。

既然如此，就要送送定情的信物作為聘禮啊！一時之間侯朝宗不由得又犯起難來。突然間，他靈機一動，想到了李香君被人稱作「香扇墜兒」，便有了主意。於是便將前日在媚香樓所寫的詩題在自己常用的香扇上……

在楊龍友的鼎力操辦下，侯朝宗與李香君這一對鍾情已久的青年，終於結成了鴛鴦之好。李香君知道，自己是青樓歌妓，與侯朝宗的結合，並非從良，但作為豆蔻年華的青春女子，能得到侯朝宗的愛，已讓她感到了莫大的幸福。

「公子，妾身雖處青樓，可給君的身子還是潔淨的。望君莫負妾一片真情才好。」鴛鴦

明代的金爵、金盤

帳中，兩情歡洽之餘，李香君真如一塊溫潤嬌小的香扇墜兒，偎依在侯朝宗的懷中。

「小生雖說不上學富五車，可情義二字，卻時刻裝在心中！」侯朝宗溫柔地撫著李香君的肩，信誓旦旦。

「公子，你身為富貴才子，何以愛上青樓的妾身？」

「啊，這世上最說不透的，就是這個愛字。如若說透，就不成其為愛……」

暫且不說侯朝宗、李香君是怎樣兩情相悅，就是鴇媽李貞麗，也是喜滋滋的，因為李香君色藝雙絕，是棵搖錢樹，但久不梳櫳，就是鴇媽的一塊心病。如今多虧楊龍友這個鳳陽督撫的妹夫，陪送了昂貴豐厚的妝奩，為李香君找了個當今名士，治好了李貞麗的心病。所以，一大早，李貞麗就吩咐小丫頭準備梳妝打扮的一應物件，準備侍候李香君、侯朝宗起來梳洗打扮，又準備好酒席，用來招待前來向侯朝宗賀喜的朋友。

客人們陸陸續續前來，他們大多是侯朝宗復社中的好友，都是當時的名士，有吳應箕、陳貞慧、楊維斗、劉伯宗、沈昆鋼、沈眉生等。他們一改平日儒雅風度，一個勁地嚷著要喜酒吃。就在熱熱鬧鬧之際，楊龍友來了。

「喲！各位都在，那我就沾光有酒吃了。」楊龍友進門就打哈哈。他知道復社一般文士對他有成見，不得不虛應事故。

「龍友兄這就說反了。你是大月老，坐上席的人物，我們一應都是沾光的。」吳應箕對楊龍友確實有看法，但因他促成侯李良緣，也就不顯得過分排斥，言語中也有所禮貌。

侯朝宗從房裏出來向各位見禮，李香君跟在後面，向大家道了祝福。一陣客氣之後，酒席開始了。

酒席上，復社社友頻頻向侯朝宗、李香君敬酒。侯朝宗擔心李香君喝醉了。三巡之後，就為李香君代飲，但他酒量本不大，一來二去，就有四五分醉意了。李香君喝過幾杯之後，臉上桃花愈顯得嬌柔無限。

「香姑娘，梳櫳之後，再加如此錦綺綾羅，更是天仙也難以比得上。」吳應箕瞧了李香君幾眼，由衷地對侯朝宗說，「朝宗兄，粉妝玉琢，真乃珠聯璧合，天緣也。」

「可不是麼！這還得虧了楊老爺從中促成，還陪送好一套妝奩！」李貞麗接過話，「香君，你還沒謝過楊老爺呢！」

李香君站起來，斟了一杯酒，嬝嬝婷婷地走到楊龍友跟前：「楊老爺，水酒一杯，表妾謝意！」

「酒是要喝的，謝是不能領的。嗯，不能領的。」楊龍友見復社眾人談得熱鬧，他插不上嘴也不願插嘴，自顧悶頭喝酒。現在，他已喝到九成，醉態可掬了，口舌不清地說：「對，謝字是不敢領的，要謝，就謝……謝圓海……公。」

如果不是沉醉，楊龍友是絕不會說出「圓海公」三個字的。儘管這三個字說得不連貫，但對酒席上的幾位復社文士，聽起來不亞於驚雷，他們震驚了。大家看看楊龍友，又看看李香君，而侯方域，由於已有些酒意，卻沒有聽清楚。

李香君同樣十分震驚，見眾人看著她，盡是詢問的神色，她想問侯朝宗，而侯方域明顯不知道內情。李香君相信，侯朝宗絕不會騙她。不要與阮大鋮之流交往，是她早就叮囑過的，而他也是刻骨銘心記著並稱她為「畏友」。

「楊老爺，為什麼要謝圓海公呢？」見楊龍友的酩酊醉態，李香君靈機一動，要套出真情。

「那妝奩，連姑娘身上穿的……戴……的，都是圓海公孝敬公子姑娘的，沒別的……意思，他只是想……表白……表白……友情……情。」楊龍友雖說得結結巴巴，意思卻十分清楚。

聽了楊龍友的話，李貞麗倒是無所謂，但看到眾人連李香君在內，都把目光轉向侯朝宗，她就有些著急了，想說點什麼緩和一下氣氛。可是陳貞慧卻拿眼光制止了她。她看得出來，眾人的目光疑問中夾雜著憤慨和不屑。侯朝宗這次才聽明白了楊龍友的話，也深感吃驚。他明白社友眼光的含義，可是他又怎樣去解釋，又怎麼能解釋得清楚。於是，他就向李香君示意，叫她再問問楊龍友。而楊龍友，又顫顫地吞下一杯酒。

「楊老爺，請吃這糖醋春筍片，最解酒的。」李香君夾起一塊春筍片，放到楊龍友跟前的碟子裏，繼續軟聲細語地問道，「送妝奩的事，您與侯公子商量過麼？」

「商量……過，不……不過，他只知道是我送的。哈哈，香扇墜兒，你這幾天可別告……訴我的朝宗兄……兄！」楊龍友說道。

李香君深深地吐了一口氣，坐了下來。

眾人連同侯朝宗也都吐了一口氣，李貞麗已感到輕鬆了。

「春杏，叫輛車把楊老爺送回府去！」李貞麗想把楊龍友先送走，讓大家徹底輕鬆。

「慢，等等！」李香君沉著臉站起來，轉身向樓上房間走去。當她從樓上下來的時候，已然不是剛才濃妝的模樣。只見她一身平日衣衫，跟在身後的春杏、秋菊兩個丫頭，一人拎著個包袱，一人提著個箱子。

「楊老爺，您該回家了！」李香君走到楊龍友跟前。楊龍友抬起紅通通的醉眼，不解地盯著李香君。

「這是那套妝奩衣物，是誰的您就給誰。妾可要去好好地洗一洗穿戴過這些東西的身子了！」李香君說道。

看著春杏送走趔趔趄趄的楊龍友，看著李香君如漢白玉雕成的端莊的臉龐，吳應箕不由得心中生出了敬意。他走到李香君跟前，深深地一輯：「李香君姑娘，你真是紅顏巾幗，不讓鬚眉，讓人好生佩服！」

「朝宗兄，我等諸社文友由衷地恭賀你，不獨恭賀你得了一位佳人，更恭賀你有了這天字第一號的畏友！」吳應箕轉身又對侯朝宗深施一禮。

見大家展顏相賀，李貞麗也勁頭十足：「來，重換杯盤，開懷暢飲！」

所有的不快，隨著楊龍友的離去煙消雲散。媚香樓的酒宴又重新恢復到了剛才歡樂熱鬧的氣氛。

明代長隨奉御出入宮禁的牙牌

從此侯朝宗和李香君這對有情的年輕人聚在一起，開始了幸福美滿的生活。就在這年的秋天，政局發生了很大的變化，一件意外事情拆散了這對有情人。

在那年，李自成、張獻忠的農民起義軍如星火燎原，以摧枯拉朽之勢大敗熊文燦、楊嗣昌、丁啟睿、呂大器等。李自成所到之處，更是勢如破竹，直逼北京。山海關外，清兵壓境，正與吳三桂眉來眼去，覬覦北京。歌舞昇平的留都南京，也不那麼太平了。鎮守荊襄一帶的明將左良玉見天下大亂，以錢糧短少為藉口，欲順江東下直迫南京。由於侯方域之父曾對左良玉有恩，於是侯朝宗受託以父親的名義修書左良玉，阻止他進兵南京。那知鳳陽督撫馬士英極其昏庸，聽了阮大鋮夾憤藏私的挑唆，竟以私通左良玉罪名搜捕侯朝宗。在阮大鋮向馬士英進讒言的時候，楊龍友在場。楊龍友雖然是馬士英的妹夫，又與阮大鋮交厚，但要殘害復社文友，他也極不願意。當馬士英與阮大鋮正在深談時，他匆匆趕到媚香樓向侯朝宗通風報信。

自從李香君還回嫁妝之後，楊龍友便一直沒來過媚香樓。李貞麗見他正想奚落幾句，沒曾想到楊龍友開口便詢問：「侯公子在嗎？請快轉告侯公子，有人告他私通左良玉，最遲明天就要捕拿他了。叫他速速避禍，越快越好！」楊龍友匆匆說完，轉身就離去了。

夜深沉，秦淮河上秋月慘澹。當侯朝宗聽到這個消息之後，不想離去也沒有辦法。在媚香樓裏，他與李香君面對面地坐在昏暗燈下，離情別緒，使他們好長一段時間相對無言。

「我該走了，免得連累你，連累諸社友。」侯朝宗艱難地吐出這句話，站起來撫著李香君柔弱圓潤的肩頭。

「阮大鋮是記了妾的還回嫁妝之仇。公子放心地走，妾從今不下此樓一步！」李香君玉齒咬唇，忍住淚水不讓流下來。她轉身打開箱子，取出侯朝宗送給她的那把香扇。這把扇子上，多了一個晶瑩剔透的小巧扇墜兒。

「公子遠走，歸來無期，這扇墜兒就請帶在身邊。見了它，就如同見了妾身一般……」說著說著，那兩汪清淚，終於湧出了李香君的星眸。她控制不住自己，忘情地撲到侯朝宗的懷裏，柔弱的雙肩，抽抽搐搐地在抖動。

血色桃花顯忠貞

一年後，黃河不知名渡口的小鎮——觸四合，正沐浴在一彎殘月慘澹的清輝裏。臨近渡口一家簡陋客店的客房內，儒服素冠的侯朝宗負手臨窗而立，久久寂然不動。清白的月光，映出了他清癯而又憔悴的面容。

他離開南京已經一年多了。這一年多的時間對於歷史，本是極短極短的一瞬，但是，歷史在這極短極短的一瞬中卻發生了翻天覆地的變化。去年五月，清兵在吳三桂的接應下，進入山海關，攻入北京。崇禎皇帝縊死景山，江山改姓，再也不復稱作明朝了。清兵揮師南下，勢如破竹。受史可法派遣到高傑軍中協助防守黃河的侯朝宗，因高傑剛愎無能兵敗而不能存身，乘舟沿黃河東下，欲回南京。他知道馬士英這個奸臣容不得他侯朝宗；他更知道，當年的福王朱由崧如今建都南京的弘光皇帝，是絕對沒有希望的。況且，在馬士英當年議立福王寫信徵求史可法的意見時，侯朝宗代筆寫了福王「三大罪五不可立」的回書，弘光帝豈能饒過他。但是，侯朝宗實在太想回南京了。

他之所以想回南京，實在是想見李香君。這種想念紅顏知己的心情，促使他恨不得一步就能回到她的身邊。哪知就在白天，在這兵荒馬亂的黃河渡口，侯朝宗卻意外地遇見了渾身泥濘、衣衫襤褸、狼狽不堪的李貞麗和蘇昆生。

他們身上帶著李香君給侯朝宗的信和那把作為定情物的香扇。儘管千里輾轉，香扇馨香如故，詩句墨跡如故，但是詩行落款的左側，添了一枝腥紅活靈的桃花。桃花扇旁，李香君的素箋攤在桌上。搖晃不定的燭光，照亮了李香君娟秀的字跡：「……落花無主，妾所深悲，飛絮依人，妾所深恥。自君遠赴汴梁，屈指流光，梅花二度矣。……妾之處境，亦如李後主所云：終日以眼淚洗畫而已。……遠望中州，神飛左右，未裁素紙，若有千言，及拂紅箋，竟無一字，回轉柔腸，寸寸欲斷。附寄素扇香囊，並玉、金鈿各一。吁！桃花豔褪，血痕豈化胭脂，豆蔻香銷，手澤當含蘭麝。妾之志固如玉蘭，未卜公子之志，能似金釵否也？

弘光元年二月，香君手緘。」

「侯公子，天時不早，請歇息吧！」

「香君姑娘是女中人傑，公子想開些。」

李貞麗和蘇昆生換洗完畢，進來勸慰侯朝宗。侯朝宗轉過身來，臉上依然一片憂戚。

「蘇師傅，李媽媽，請坐。」侯朝宗剔亮燭光，招呼蘇昆生和李貞麗，他想從他們嘴裏，知道別後李香君的一切。

原來自侯朝宗離開南京後，李香君真的就像是臨別時所說的一樣，從此不事脂粉、不掃娥眉，不僅不出媚香樓一步，而且輕易不出房門。開始李貞麗看不過眼，先是旁敲側擊叫她接客，然後是催逼她濃妝娛賓，都被李香君搪塞了過去。隨著時局的變化，李貞麗也就不催逼了。在那段時間，李香君除了為鴇媽做些針線活之外，就是對著那把香扇出神。這樣度日也算安穩。哪知道一場禍事悄然發生。

由於是馬士英的姻親，加上議立福王時他投了贊成票，半生不得志的楊龍友居然得了個禮部主事的芝麻官。這對楊龍友來說不知是喜還是憂。但對於李貞麗，如今的楊老爺真成了老爺。而且楊龍友每次來，必有大事。正如俗語說的，他屬於「成也蕭何敗也蕭何」那類人。所以，李香君可以避而不見，作為媚香樓主人的李貞麗，卻不能視而不見。

「楊老爺，恭喜呀，恭喜。」因為楊龍友大小是個官，所以李貞麗再也不像原來對他那般隨和，而是堆起了生意人慣有的那種笑臉。「升了官啦，該請妾身喝杯喜酒才是呀。」

「恭喜什麼?官就是管，管就是官。在下既不想管人，也不想被人管。」楊龍友的脾氣秉性沒有改多少，反應十分冷淡。

「官總是官，楊老爺管我們，哪還有不服的?」

「在下今日來，不是來管的，是受人差遣來說媒的。」楊龍友見話不投機，只好早早地切入正題。「在下的親戚馬士英先生的親戚田仰，現任淮揚巡撫，聽了圓海公的介紹，聞李香君姑娘的芳名，硬是託我來當這月下老。」

「楊老爺，李香君這丫頭虧了你當月老，與侯公子梳櫳。自侯公子走後，她是足不出戶，臉不見笑的。您這第二遍月老恐怕當不成呢！」李貞麗實情實說，「楊老爺也該曉得，從新皇帝登基，秦淮歌舞，有哪一天歇過，可又有哪一處見到過我的香丫頭？」

「是的是的。李香君姑娘為侯公子守節之事，在下早有耳聞。只是，只是這差事怎生消得？」楊龍友也顯得有些為難。

「楊老爺，妾身這廂有禮了！」正在楊龍友搓手為難之際，珠簾一掀，李香君款款地走了出來，手中拿著那把香扇。

現在的李香君，雖然溫柔嬌弱的風範依在，但是在溫柔嬌弱之中，卻另蘊著一些莊重，全然沒有那種使人生出狎近念頭的模樣。

「楊老爺，您的話妾身都聽清楚了。自侯公子去後，妾心已不在軀殼之中。眼下就這副軀殼尚且不得安生，又連累老爺為難，妾身也是不安。也罷，讓楊老爺交差去吧！」

李香君話音剛落，還沒等楊龍友和李貞麗醒過神來，她便幾個碎步奔向樓柱，一頭撞在紅漆的樓柱上！

「啊！」楊龍友與李貞麗同時一聲驚呼。

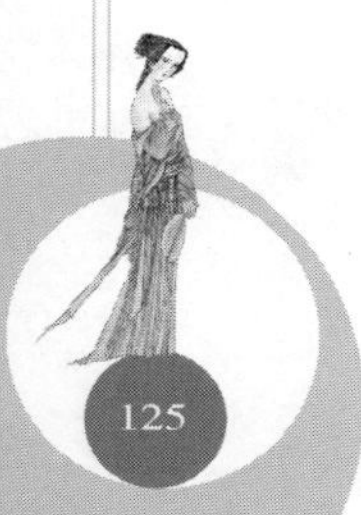

李貞麗快步搶上，扶起李香君。李香君臉色如紙，呼吸急促。她忙喚來春杏、秋菊將李香君抬進房裏。

楊龍友呆呆地站在樓柱前，盯著地板上斑駁的血跡。忽然，他注意到了散開在地板上的香扇。這把記載著侯朝宗與李香君愛情歷史的香扇，侯朝宗詩的墨跡新鮮如昔，那落款的左側，醒目地一朵殷紅。毫無疑問，那是李香君的血，是這位青樓烈女的鮮血！他捧起香扇，看著那滴表示李香君抗爭權貴而付出的尚未全乾的血。他一時心潮難平，疾步走向桌邊，抓起筆，幾筆點染，勾出一枝腥紅的傲骨桃花，待墨跡血跡稍乾，楊龍友捧著桃花扇，進到李香君的房內。

此時，李香君正躺在床上，頭上沿額一匝包著素帕，素帕上沁出點殷紅。當李香君見到楊龍友走近來，正待別過頭去，卻見他手中捧著那把香扇，便沒有移動受傷的頭。

「李香君容顏已毀，楊老爺正好以此交差，還要怎樣呢？」李香君啟動著沒有血色的嘴唇，下了逐客令，「媽媽，把扇子遞給我！」

「啊，桃花！」接過扇子的李香君看到了楊龍友點染的那枝桃花，眼睛一亮。

「李香君姑娘，在下心意，全在這枝桃花中了。就是將來朝宗兄歸來，想必他也能理解。」楊龍友此時的語氣極為誠懇，「李香君姑娘，在下一生落魄，但是胸中報國之志未失。姑娘的為人氣節，更令在下胸中難平。姑娘保重，但願後會有期，在下再不是今日這般

模樣！」聽得出來，楊龍友的話語中，有一些悲壯的味道。

聽完李貞麗的敘說，侯朝宗撫著扇面上那束殷紅的桃花，一聲沉重的歎息之後，抬起頭來：「李香君怎麼又進了宮呢？是不是阮大鋮那閹兒子搗的鬼？」

蘇昆生點點頭，長長地歎了一口氣，對侯朝宗講了李香君進宮的始末。

就在李香君的傷剛養好沒幾天，一群兵丁簇擁著一位清客模樣的人來到媚香樓，說是新任光祿寺卿阮大鋮宴客，請媚香樓名妓李香君連同師傅蘇昆生一同前往彈唱娛賓。見來者不善，李貞麗和蘇昆生都勸李香君去虛應一應。李香君本是堅決不同意的，但她略一沉思，當即收拾絲琴，爽快地與鴇媽、師傅一同到了阮府。

現今的阮府，已經與往日截然不同。門外粉漆一新，門內張燈掛綵。那閹人餘黨阮大鋮，居然紗帽紫袍，神氣得不得了。

「蘇昆生，你鼠目寸光。當年棄我而去，投到青樓，日子過得還好麼？怎麼，不說話？也罷，看在昔日的份上，先賞你的坐罷。李貞麗，也賞你的座罷。李香君，聽說你是秦淮名妓，又是侯朝宗的婊子，我倒要你今天站著唱幾支曲子。」阮大鋮一邊向眾賓客打哈哈，一邊挖苦李香君三人。

「怎麼，不開口？記不得詞兒了？那算什麼名妓！也罷，老夫新近填有一詞，賞你唱罷！」阮大鋮見李香君不開口，就炫耀地從袖中摸出一方素帛，拋向李香君。

李香君上前兩步，有意無意地踏在那素帛上，說道：「妾自有新詞！聽妾唱來！」

阮大鋮本待發怒，但見李香君臉綻笑靨，心裏一蕩，忍住了。

「堂堂列公，半邊南朝，望你崢嶸。出身希寵貴，創業選聲容，乾兒子重新用，絕不了魏家種！」李香君撥弄著琴弦，悲憤地唱道。

「大膽的婊子，罵得好，罵得好！來人呀！」阮大鋮被激怒，把方才那一點邪念沖得乾乾淨淨，不住地叫嚷道：「拉下去，掌嘴！打死！嗯，且慢。這婊子正是要尋死殉情，我讓你死也死不了，活也活不好。先關在馬廄裏，待明早送進宮去，看你敢不敢罵皇上？」

「砰！」侯朝宗一掌擊在桌上，打斷了蘇昆生的敘說，把流淚的燭火震得晃個不停。

「閹種不絕，國無寧日，家無寧日！」他悲憤地說道。

侯朝宗雙眼怒張。看得出，如果阮大鋮現在站在他跟前，他一定會活活地撕了他。

「是呀，好端端的世界，硬是讓這班奸臣賊子給斷送了。」蘇昆生也發出深深的感歎。

「侯公子不必心焦，要多保重才是。如今天下大亂，說不定南京失陷，樹倒猢猻散，你與李香君那孩子還有相聚的日子。」李貞麗心疼李香君。這已經不是因為她失去了一棵搖錢樹而心疼了，儘管李香君不是她的親生女，但國破家亡所激起的這種愛，總是真摯的。

李貞麗到隔壁房瑞安歇去了，蘇昆生在這房裏睡下了。侯朝宗心潮難平，走到窗前，負手而立，手心裏攥著李香君臨別時給他的那個玲瓏剔透小巧的香扇墜兒。此時，一彎慘澹的殘月，已被西山魑魃的夜色所吞沒，只有桌上不到半寸高的淚痕斑斑、紅紅的燭光，勾勒出侯朝宗清癯的身影，也把香扇上那朵血紅血紅的桃花染得更紅更豔。

李香君，這個明末清初骨氣干雲的風塵癡女子，在天下大亂之年，究竟命運如何？有的說，清朝入關平定天下之後，她與侯朝宗再度相逢，見侯朝宗參加清廷鄉試，衣錦得意，就一怒之下撕扇絕情而去。有的說，她見國破心灰，割斷情絲塵念，到一座叫做棲霞山的道觀中做了黃冠女真人……

陳圓圓　傾國名姬

陳圓圓，明末清初秦淮河名妓，吳三桂為了奪回她而引清軍入山海關，中國的歷史從此改寫

改變歷史的傾國紅顏

人們往往用「傾國傾城」來形容女子的絕色容顏。可是，這「傾國」不只是使全國的人為之傾倒，還可能使泱泱大國因之而傾覆。紅顏傾國的典型遠有妲己、西施；近有楊貴妃、陳圓圓。明末為民請命的闖王李自成歷盡千難萬險打下的「大順江山」，就因為搶了一個陳圓圓，觸怒了邊關守將吳三桂，以至於吳三桂衝冠「一怒為紅顏」，引清兵入關，讓大順國在須臾之間灰飛煙滅。既然這位傾國傾城的陳圓圓有這麼大的本事，下面我們就領略一下這位明末名妓的風采。

雛妓本為良家嬌

陳圓圓，本姓邢，名沅，字畹芬，小名園園，是常州奔牛鎮上的一個小家碧玉，生得嬌秀俏麗，深得父母喜愛，無奈父母早亡，從小與祖母相依為命。祖母疼愛孫女，曾送她到鎮上的私塾讀書，私塾先生為她改名為沅。陳沅十四歲那年，祖母生了重病，家中沒有了收入，為給祖母治病，陳沅左借右貸，不久便負債累累。後來，人們不願再借錢給這個無力償還的小姑娘了，沒錢給祖母買藥，小陳沅只得四處求告親鄰。這時，鎮上一個常年在外經商的小販回來了，聽說陳沅家的處境，便來到她家，裝出一副好心地對她說：「陳姑娘不必著急，我在外面有些門路，可介紹你到蘇州做事，賺了錢就可以養活你們祖孫倆了。」

走投無路之下，陳沅相信了那小販的話，同意隨他去蘇州做事。臨走前小販還借了些錢給陳沅安置好祖母，陳沅心裏十分感激。可到了蘇州陳沅才明白，那小販是將她賣到教坊中做歌妓，賣身的錢一半給了她安置祖母，一半讓那個小販收進了腰包。既然走到這一步，小陳沅也沒有了掙扎的餘地，只好聽憑命運的安排。在教坊，陳沅學習了歌舞琴畫，天資聰慧的她很快就在教坊中嶄露頭角，歌舞尤佔魁首。

初入賣笑行當，甚為乖巧的小圓圓就被看作天生尤物，惹人憐愛。據說金衢道貢二山的兒子若甫在去金華途中偶遇圓圓，當即為之傾倒，拿出三百兩贖金將她贖出。不料帶回家後，若甫的內人醋意大發，堅決不容。貢二山看到陳圓圓後說：「這是貴人，命不該留我們家。」於是又送圓圓歸去，並不索回贖金。

在明末江南，做不了出色的女演員就成不了名妓，所以勾欄中人對串戲之類是很看重的。作為無名的「雛妓」，孤苦幼小的陳圓圓為了學唱弋腔俗調，經常向民間老藝人請教，教曲的老師也十分憐惜，精心點撥她。據《婦人集》形容，陳沅生來「蕙心紈質，淡秀天然，」而且「色藝擅一時」，天生一副好嗓子，工聲律無一不佳。

陳圓圓從小讀書識字，後來又唱歌學戲，漸漸能寫得一手好詞。她的遺曲《畹芬集》、《舞餘詞》，詞意淒切，感人至深。她填過不少「長短句」，如有一首《轉運曲．送人南還》寫道：「堤柳堤柳，不繫東行馬首，空餘千縷秋霜，凝淚思君斷腸，腸斷腸斷，又聽催歸聲喚。」寫得別恨鬱鬱，黯然銷魂，頗有唐代詞人韋應物的遺韻。

年少的圓圓雖周旋於勾欄場所，畢竟未全失天真，也寫過一些生樂俏皮的詞，如一首「醜奴兒令」中就有「聲聲羌笛吹楊柳，月映官衙，懶賦梅花，簾裏人兒學喚茶」的句子。

陳圓圓俏麗絕倫，能歌善舞，陸次雲在《圓圓傳》中稱之為「聲甲天下之聲，色甲天下之色」。十八歲時，她在蘇州登臺演出，自稱為「玉峰女優陳圓圓」。她演的是花旦，曾經扮飾過《長生殿》的楊貴妃、《霸王別姬》的虞姬和《西廂記》的崔鶯鶯，演得「體態輕影，說白便巧」。一時間，她成了走紅的歌妓，四方名士齊湧蘇州，爭睹她的容顏。

當時陳圓圓很想借廣泛交際的機會，結識一些名士，出籍從良。

明末社會，江南才子追求浪漫，很多人也是征歌逐妓，縱情於聲色場所。冒辟疆，乃江南名士，與陳貞慧、侯方域、方以智，號稱江南四公子，他們在政治上反對閹黨，針砭時弊，激揚文學。但在生活上卻和一些妓女們日相唱和，留連風月。

崇禎十四年（西元一六四一年）春，冒辟疆與陳圓圓初逢。

少年倜儻的冒辟疆第一次見到陳圓圓就為其所迷。那次正值她演出弋腔《紅梅》。在他

明末清初的瓷瓶畫

聽來，陳圓圓口中唱出的燕俗之劇，咿呀啁哳定調，無疑似雲出岫，如珠走盤，令人欲仙欲死。陳圓圓更是相中了這位書生意氣的江南才子。

到了及笄之年，陳圓圓把自己完全託付給了冒辟疆。她對冒說：「我是風塵女子，殘花敗絮，蒙公子錯愛，願終生以報。」她一直癡心地等待著心上人來迎娶。

可惜的是在黑暗的封建時代，一個女子如花似月的美麗，往往會給自己帶來重重災難。尤其是在災荒之年，遭遇兵荒馬亂，年輕女子的命運，就更是朝不保夕。

正所謂自古紅顏多薄命。一六四二年，正當冒辟疆從外地趕回蘇州準備與陳圓圓喜結連理的時候，陳圓圓已被老色狼田弘遇叼走。田弘遇，名戚畹，陝西人，做過揚州把總的官，娶揚州娼家婦為妻，故亦稱廣陵人。女兒被崇禎選封為貴妃後，田弘遇官封左都督，在皇親國戚中飛揚跋扈，不可一世。

為掠取陳圓圓，田弘遇可算是煞費了苦心。早在崇禎十四年（西元一六四一年），田弘遇去南海普陀山進香時，就要買陳圓圓。可是，沒料到花費了一大把銀子買回來的卻是一個冒牌貨。正因為如此，還有一個頗為戲劇性的小故事。

據說，在同年八月，冒辟疆從衡陽省親回到西湖，就向人詢問陳圓圓。當聽說陳圓圓已被田弘遇掠走後，竟然當場差點昏了過去。然而，當他來到蘇州，偶遇到一位朋友，在閒聊時談到陳圓圓的他頓足長歎：「有佳人難再得呀！」不料，朋友卻告訴他：「你弄錯了。前被劫去的是個假的，她本人藏匿的地方距此甚近。我同你去看她！」冒辟疆喜出望外，連忙催促朋友領他前去，果然見到了圓圓。

看看，陳圓圓的魅力是如此巨大，弄得一個名噪一時的風流才子如此的神魂顛倒。對於以後吳三桂「一怒為紅顏」，引清兵入關也就勉強能夠說得通了。這只是一句戲言。至於吳三桂是不是真的因為陳圓圓而引清兵入關，一些史實學家早有論斷，也不是在這兒所要敘述的。在這兒還是講述陳圓圓究竟是怎樣被田弘遇這隻大色狼所掠走的。

第二年二月，田弘遇再次前往普陀進香，在回來經過蘇州時，想起去年的經歷，他心有所不甘。於是，再次以勢逼娶陳圓圓，沒料到卻遭到蘇州市民的反對。一向張狂的田弘遇怎肯示弱，軟硬兼施，一面拿大話嚇唬人，一面又不惜出數千金加以賄賂。反正就是一句話：這隻老色狼是要定了陳圓圓。當時的地方官害怕事情鬧大而不好收拾，便出面調停，這才讓這隻老色狼如願。

見到絕色的美人到手，田弘遇這隻老色狼恐怕當時笑得嘴都像是飄一樣。可陳圓圓呢？見到站在自己面前的是一個六十四歲的糟老頭子，估摸著她心中叫苦連天，因為她所愛的是風流倜儻、玉樹臨風的才子冒辟疆啊！而不是站在自己面前的這隻老色狼。縱使她心中有一百二十個不情願，又有什麼辦法呢？她唯一所能做的恐怕就是怨恨自己生得太過美麗，用眼淚洗去心中的悲傷吧！

難道說田弘遇真的是因為羨慕陳圓圓的美貌，想要佔為己有嗎？如果真的是這樣的話，這隻已經年過花甲的老色狼也就真的有那麼一點點不知羞恥了。他之所以花費這麼大的力氣去掠奪陳圓圓另有原因。田弘遇之所以掠奪陳圓圓是為女兒田妃考慮的。在明朝的末代皇帝朱由檢登上皇帝寶座以後，國勢正走下坡路，不僅內政腐敗，東北邊患日緊，而且中原各地蟲災旱災頻繁，鬧得赤地千里，人竟吃人；階級矛盾日益尖銳，農民起義的烈火已燃遍大江南北、黃河上下，並且向京畿燒來。儘管這個「君非甚暗」的崇禎皇上也在不斷地撤樂、減膳和下「罪已詔」，但始終挽救不了太祖以來的十七朝皇業，更穩定不了大明千萬里江山。他心憂如焚，情緒愈來愈壞，脾氣暴躁到了極點。田妃為了解除崇禎的苦悶，轉移一下他的視線，便託請父親去江南尋麗人。

這次為田弘遇所擄掠的婦女、名妓有楊宛、陳圓圓和顧壽等，當時以陳圓圓和顧壽身價

春宮畫

最高。看來這位老色狼的胃口還是挺大的。

為了討主子歡心，田弘遇將陳圓圓送進皇宮，準備讓皇帝聊以解憂。晉見時，陳圓圓穿著紅霞仙子裳，蛾眉淡掃，但身處「薰天意氣連宫掖」關頭的崇禎哪有心思目睹傾國傾城的江南姝麗。他連看都沒看一眼，只淡然地說：「國家治理到這個地步，我哪有這種閒情逸致？」便揮手下令將其送走。陳圓圓也只有帶著明眸皓齒無人惜的萬分委屈心情回到了田家。

田家本來是驕奢淫逸的權貴府第。雖然陳圓圓是個很不錯的弋腔演員，但弋腔（弋腔即弋陽腔，源起於江西弋陽）在明朝末時已從南方流行到了北方，由於基本聽眾是廣大市民階層，便被士大夫認為是文詞俚俗、不登大雅的俗唱；他們所欣賞的雅音，乃是文詞典雅，聲調宛轉的昆腔。在上層社會的宴集中，如果以弋腔來娛樂座客，是被認為大不敬的。因此，陳圓圓所擅長的那種俚俗之調自然不能登皇親國戚的大雅之堂。這就需要改學新腔，拿出昆曲的戲，方能適應田府裏那班貴族官僚的需要。

瓷瓶畫

在這「侯歌舞出如花」的環境裏，通過田府樂工的傳授，加上靠自己的聰慧，陳圓圓學成了在人間幾成絕響的《高山流水》。加之她一向舞姿婆娑，因此深受田國丈的賞

老鴇訓妓圖

識，將她比為「金谷園裏的綠珠」，常常讓她在飲宴中表演，正所謂「教就新聲傾坐客」了。

陳圓圓成了田家的家庭歌舞姬。但她是一個愛好自由，不慕虛榮的姑娘，雖然穿的是綾羅綢緞，住的是樓臺殿閣，心情卻是鬱鬱不樂。歌舞之餘，就吟詩填詞，或是唱唱《高山流水》曲，以懷念她少年時期的知音。

崇禎十五年（西元一六四二年）秋天，李自成率領的農民起義勢如破竹，一舉攻下洛陽，京師為之震動。情急之下的崇禎把駐守在山海關的寧遠總兵吳三桂叫到京城，以國家重任相託。吳三桂當即慷慨受命，以忠貞相許。

吳三桂字長白，錦州抱沙嶺人。父親吳襄，以養馬見長，官至參將，又是寧遠衛世將祖家的女婿。吳三桂從小相貌奇偉，勇略過人，長於騎射，好狩獵，很受舅父祖大壽的器重。在祖家的影響和培養下，吳三桂很快成了出色的武將，擔任寧遠衛中軍。有一次，吳襄出關偵察，被清兵包圍，他單騎救出父親。自此山海關內外，頗聞其名，監軍太監高起潛還把他收為養子。因此，「召對平臺」，確實事出有因。

農民起義軍在一六四三年十月攻破潼關，轉瞬之際全陝披靡，以摧枯拉朽之勢，很快打到北京附近。京中豪門權貴和富家巨室無一不萬分惶恐，害怕起義軍一旦攻下北京，將無以自安。田弘遇焦頭爛額，陳圓圓乘機獻計說：「大人最好結交一些有實力的武將，好有個依靠。」田弘遇左思右想，最後想到了手握重兵的吳三桂。大學士魏藻德應請前來商議對策，也力主抓住實權在握的吳三桂，並建議通過請吳總兵來田府觀樂與之拉上關係。田弘遇隨即下請柬請吳三桂。

吳三桂早就聽說在田府有一個絕色的歌舞妓陳圓圓，不僅生得容顏俏麗，並且歌舞俱佳，早就想一睹美人芳容。沒想到田家竟然下請柬相請，豈不正中下懷。可是這位吳三桂雖然在接到請柬的時候，就按耐不住心猿意馬，但是他還是故作姿態地推辭一番，直等到田國丈四請四迎，這才戎服臨宴。試想一下，如果在那個時候，田弘遇見吳三桂三番五次的推託，便不再相請，恐怕這位要後悔得腸子都要清掉，他可能會因為錯過一睹美人的容顏而難以入眠。

初春的夜晚，夜空中星光閃爍，田府雕樑畫棟的「碧雲軒」燈火輝煌，田弘遇備辦了豐盛的晚宴，迎來了「白皙通侯最少年」的吳三桂。酒過三巡，總兵大人故意站起來告辭，田國丈一把將他挽留住，並邀入幽靜的邃室，以歌兒舞女、管弦絲竹相見。

此時，吳三桂直截了當地問：「聽說玉峰歌妓陳圓圓曾入貴邸。這批歌姬中是否有她呢？」話語未落，忽然一個天姿國色的歌女手抱琵琶，姍姍走出。

她豆蔻年華，飄然若仙，雲鬟堆叢，宛如輕煙密霧，飛金巧貼，鳳釵半卸，耳墜如虹，上著白藕絲對衿仙裳，下穿紫綃翠紋裙，腳下露出紅鴛鳳嘴雙鉤。她立在那班「殊秀舞女」之前，撥動琴弦，彈了一曲抒發自己幽怨之情的《昭君怨》。接著即席唱了一首《飄零怨》：「把酒承歡，豪筵徹夜；歌扇舞衣，消磨無價；似這般飛逝了少女年華，堪嗟！誰憐我禁閨巷永，橫塘路賒，驚傳呼：少年客乍到豪家，未必竟終身有託，禍福憑他。算來身世總飄零，思忖也心魂驚怕。罷！罷！罷！只恐宿緣注定，無錯無差。」這唱曲的女子正是吳三桂欲一睹芳容的陳圓圓。

幾時青鳥脫樊籠

聽罷圓圓的唱曲，吳三桂不覺心蕩神移。他解戎裝，易輕裘，請求與這個歌女相見，並對田弘遇說：「國丈！這陳圓圓真稱得上一笑傾城，再笑傾國了。」田弘遇不知如何回答是好，魏藻德從旁悄悄地對田說：「事到如今，樂得做個順水人情。何況再好的東西，一旦到玉石皆焚之時，也不可能堅閉存留的呀！我們正愁急中無計，姑且作條美人計罷！」田弘遇只好叫陳圓圓敬酒。

陳圓圓移步至吳三桂座前，吳總兵乘機低聲問道：「你在這裏想來一定很快樂吧？」

陳圓圓小聲答道：「像紅拂那樣的歌妓尚且不喜歡隋朝的越國公楊素，而出逃到李靖那兒去，何況像我這樣守著一個不及楊素的人，您想我會喜歡嗎？從內心講是綠珠哪能藏金谷，紅拂何心事越公啊！」

吳三桂像

吳三桂似乎聽出了陳圓圓話中的意思，察覺到這位絕色的美女對自己有那麼一點點的情意，不禁含笑點了點頭。就在當他「揀取花枝累回顧時」，山海關邊事告緊。家人呈進邸報，上面只寫了九個大字：「代州失守，周遇吉陣亡。」儘管吳三桂萬分留戀「花明雪豔，獨出冠時」的陳圓圓，可迫於軍令，不得不悵然離座。

臨行，田弘遇慘然失色，歎了口氣對吳三桂說道：「我是行將就木的人了，一旦李自成打進北京，將軍您看如何是好？」

吳三桂眼睛一轉，乘機說：「國丈如肯將圓圓相贈，那麼我對您恩賜的報答將重於對國家的報答，保護田府定先於保國。」

田弘遇本身便是一隻大色狼，對於傾城傾國的陳圓圓也十分留戀，怎肯就此捧手相送呢？他想了想說：「我已老了，沒有多少年的活頭了，死後必定將她送給你！」

吳三桂一聽到那句話，臉色不由得變了。田弘遇見此情景，哪裏還敢說什麼，只好忍痛割愛。見到美人到手，吳三桂立馬恢復了常態，即喚人給田弘遇送上早已備好的千金酬金，並且命令部將夏國相擇上好馬匹將陳圓圓接回家中。可是，沒有想到的是，夏國相卻對吳三桂說：「將軍，現在是什麼時候！關外建州統治者野心勃勃，正伺機進窺中原，想滅我大明。在這個時候，堂堂山海關總兵卻回到京城流連風月，沉醉於醇酒婦人，這不是使人們太失望了嗎？我勸將軍還是不要收留陳姑娘為好。」可是一向剛愎自用的吳三桂對這樣的肺腑忠言，哪裏聽得進呢？

崇禎一連下了幾道手諭，催促吳三桂星夜赴任，速回山海關駐守。雖軍中不准隨帶姬妾，但吳三桂卻仍執意要攜帶陳圓圓同行，最後還是吳襄擔心兒子帶著陳圓圓去寧遠會貽誤軍機，便力加阻撓，才把陳圓圓留在家中。

吳三桂赴山海關不久，崇禎十六年（西元一六四四年）三月十九日，李自成親率大順軍攻入北京城，崇禎吊死在景山。農民起義軍進入北京後，少數將領被勝利沖昏了頭腦，以為自此天下太平了。於是，開始沉醉在紅燈綠酒之中。牛金星忙於招攬門生，籌備登極大典；劉宗敏則嚴刑拷打降官，搜羅贓款。

就在進京當日，身為大順朝文武百官之首的「帥標權將軍」、「領哨劉爺」劉宗敏，便佔住了好佚遊、恃寵甚橫的田貴妃父田弘遇淫窟。說句實在話，這位劉將軍是曾有「寡人之疾」的，早在崇禎十四年正月，大順軍拿下洛陽時，他就對明朝致仕南兵總尚書呂維祺孀居自守的弟媳楚氏非禮，使楚氏自縊而死。

在劉宗敏進入田府的第二天，「數十女人」隨著一個美而豔的國公家媳婦在大白天前呼後擁地到了劉宗敏的下榻之處。於是，在田府的劉宗敏終日擁妓歡笑、飲酒為樂，陷入了胭脂堆內。與陳圓圓一起被田弘遇所掠的楊宛、顧壽也遭劉宗敏追索。楊宛被劉帶去，顧壽乘混亂與幾名男優私下約好偷偷逃走了。

雖然有這麼多的女人相伴，可是這位好色成疾的劉大將軍卻仍然不怎麼滿意，認為沒有那種令他心動不已的絕色美女。在剛進京佔據宮殿時，劉宗敏就急切地向內監打聽：「上苑三千，何無一國色？」內監說：「有一個圓圓，絕美無雙天下少有，聽說在田弘遇家。」劉宗敏聽後，便回到田家，又要索取陳圓圓，當得知被贈給吳三桂了，現留在吳襄府內之後，便把吳襄抓來，嚴刑拷問要對方交出陳圓圓。

吳襄詐說陳圓圓早已到寧遠去了，因氣候不適，死在寧遠了。可是劉宗敏哪肯相信，反而追逼得更緊，最後竟殺死七位優人，採取遍索綠珠圍內的辦法，抄了吳襄的家，果然找到了陳圓圓，便「強呼絳樹出雕欄」了。

據說，劉宗敏強行得到陳圓圓還有另外一個版本。在李自成率領農民起義軍攻下北京之後，陳圓圓便被擄進皇宮。面對美人，李自成想要逼迫其就範，可是陳圓圓以死相抗寧死不從，無奈的李自成只好下令將陳圓圓關押在後宮。當色急攻心的劉宗敏像一隻發情的公貓在滿北京城尋找絕色美女，沒有尋找到滿意美女的時候，聽說有一個國色佳人陳圓圓時，便發了瘋一樣派人四處尋找，先是到田府，後到吳府，最後才打聽到原來被李自成擄到宮中。便怒氣沖沖的前去索要。因此，兩人還差一點鬧翻。這只是一些野史和街頭巷尾的傳聞，至於是否真的是這樣就不得而知了。

不管傳聞怎樣，但是最終的結果都是一樣的，就是這個絕色的美女沒有能夠逃脫好色成性的劉宗敏劉大將軍的魔爪。

劉宗敏得到陳圓圓後，李自成聽說她善歌舞，便請她表演。陳圓圓倒是加意用心地唱了一曲，可是李自成卻大呼不好。原來李自成是陝西米脂人，聽不懂吳儂軟語。陳圓圓只好改唱秦腔。李自成聽後眉開眼笑，拍案大樂，便命令一群歌姬操阮箏琥珀唱西調，自己也拍掌隨和，嘻鬧得「繁音激楚，熱耳酸心」，並且特意問陳圓圓：「這個樂調好嗎？」

「此曲只應天上有，非南鄙之人所能及。」陳圓圓答道。

試想一下，大順軍內某些高級將領已經沉溺在紙醉金迷的神色之中，剛剛建起的大順政權能夠存在多久？

衝冠一怒為紅顏

李自成攻破北京城，明朝滅亡的消息很快傳到了山海關。吳三桂聽後怒火中燒，當即刑牲盟眾，發誓要興復明室。李自成這才感到劉宗敏捅了亂子。於是，一面責怪劉宗敏的魯莽，告訴劉宗敏不可再對吳襄、陳圓圓造次；一面命牛金星代筆寫了《吳襄招三桂書》，派唐通攜招書連同李自成敕諭、萬兩白銀、千兩黃金、千匹錦緞前往山海關招降，封吳三桂為侯。

然而，牛金星代筆寫的信對吳三桂毫無尊崇之意，通篇都是挖苦和訓斥。收到信後的吳三桂雖尚不了解京中情況，更不知陳圓圓為劉宗敏所得，但是也並不特別不高興。他想：我手握幾萬兵馬，何必俯首聽令於你呢？但是因為顧慮到全家三十八口都捏在他人手中，又要為自己今後前途考慮，經過一番權衡輕重，他還是動了投闖之念，便給吳襄回信說：「今我父諄諄以孝督責，兒不得不遵父命。」

就在吳三桂打算降闖的時候，已經投靠了清人的祖大壽以看望外甥為藉口，混進關來，替多爾袞說情，慫恿外甥投降清朝。恰恰在這個時候，吳三桂派往北京的探子回來了，帶來了府中被闖將劉宗敏所抄，父親被抓，陳圓圓被劉宗敏霸佔的消息。吳三桂不聽則已，一聞

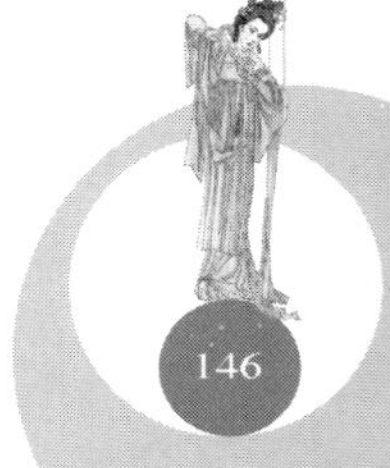

明末清初服飾復原圖

此言，火冒三丈，怒髮衝冠，拔劍斷案大罵道：「真是豈有此理！一個鐵匠竟敢強佔總兵夫人，這叫我還能歸順他們嗎？大丈夫不能保全自己的家室，為人所辱，我還有何臉面再見京中父老兄弟！李自成啊李自成，我與你有不共戴天之仇。我意已決，發兵剿闖！」罵完，他咬破中指，仿效戰國時代楚國申包胥哭秦廷的方式，通過祖大壽的疏通，向清統治者借兵。他向多爾袞表示：「敝遭不幸，李闖犯闕，攻破京師，先帝殉國，九廟成灰；全國臣民，痛心椎血。三桂身受國恩，報仇雪恥，責無旁貸。怎奈京東地方狹小，兵力微弱，只能冒昧向貴國作秦廷之泣，望殿下予以一臂助力。」

多爾袞趁機要脅，強迫吳三桂率部投降，拱手讓出大明錦繡江山。吳三桂此時已抱定了「且作七日秦廷，不負紅顏負汗青」的想法開門揖清，滑入降清抗闖、引狼入室泥坑的吳三桂按照多爾袞的意願，下令全體官兵一律手纏白布，接受多爾袞的調遣。

清兵入關後，多爾袞立即封吳三桂為平西王，作前鋒嚮導，誓師出征，與李自成率領的農民起義軍相遇於一片石（今河北臨榆縣北七十里）。大順軍倉促應戰，遭到嚴重挫敗，損兵折將，屍橫遍野，於四月二十六日敗歸。回到北京，李自成下令殺了吳襄、吳襄妻祖氏、子吳三輔及其家人三十四名，把吳襄首級掛在城樓上示眾。而陳圓圓則於亂中藏身於一個平民百姓的家裏。四月二十九日，大順軍離開北京西撤，一直退到西安。

吳三桂回到北京老家，立即派人四處尋找陳圓圓，後來部將在一個小村裏發現了她。聽說找到陳圓圓，吳三桂喜出望外，立即下令結五彩樓，備好香輦，列旌旗鼓樂，親自前往迎接。正所謂「蠟炬迎來在戰場，啼妝滿面殘紅印。」

雖屢遭坎坷，陳圓圓風鬟霧鬢仍不減往日嬌容。一見面，吳三桂便問「圓圓！真沒有想到會在此地找到你，這不是在做夢吧！」

陳圓圓見到吳三桂已降清，更是百感交集，她淡淡地回答說：「月秋！你已不是大明的山海關總兵，而是滿洲人的平西王了！」

吳三桂打算繼續追擊李自成。陳圓圓向他敘述闖王對她禮遇的經過，並說：「李自成是英雄人物，軍紀嚴明。秋毫不犯，有些將士不聽號令，他也管教得緊。他們之所以扣留我，目的是為了要招你投降，所以你不必再追擊了。」吳三桂復得陳圓圓，目的達到，所考慮的倒是如何對陳圓圓安置一番，忙於「峽谷雲深起畫樓，陝關月落開妝鏡」了。於是，吳部留在北京，等候清世祖的到來。

滇中豪苑居寵姬

清世祖一入京師，就著手建立全國性的清朝政權；賜吳三桂白銀萬兩、駿馬三匹。吳三桂又為清兵先驅，進攻南明所統治的西南地區，經四川、貴州而入雲南，殺明朝末代皇帝永曆於五華山側的金蟬寺。他奉命鎮守雲南，手握重兵，強大無比，形成地方割據的局面。清廷為了籠絡吳三桂，封他的妻子張氏為福晉，令其子吳應熊到京師供職，還把太宗第十四女和碩公主嫁給了吳應熊。

吳三桂一進昆明，便佔據五華山大修宮殿，將翠湖圈入禁苑之中，並且把永曆故宮佔為己有。該宮俗稱「金殿」，素有「無雙玉宇無雙地，一半青山一半雲」的美譽，但他認為此宮狹小，便填菜海子之半，另建新府。

據《續雲南備征志》記載：新府「花木扶疏，迴廓壘石。」當時的平西王府，可以說是千門萬戶，土木花石之盛，不亞於京城皇家。

另外，吳三桂還在大觀樓附近海中造亭，取名「近華浦」；又在北郊修建別墅和花園，稱作「安阜園」，也叫「野園」，樓閣聳峙，花木蔥蘢，並且將這些地方連在一起，可從野園乘輦進入新府，又從新府改乘船經篆塘通往近華浦，直入滇池遊覽。

這安阜園是特為陳圓圓修建的，不僅窮土木之工，凡民間名花怪石，無不強行劫掠，置之園中；而且珍禽異獸，大隊優伶，除搜盡雲南，還派人購於江淮閩粵。清康熙進士王嚋五（思訓）作《野園歌》道：「浮雲渺忽春城限。樂遊誰擬姑蘇台。夷光未去走麋鹿，紅牆碧樹烏棲哀。放螢別苑千山擁，鑿一池拋萬姓塚，畢穿舊室求瓊華，妙選良家唱羅嗊。樓閣（山召）海市連，鳳笙龍笛圍紅鸞，蛟宮深淺少人致，長鯨醉倒鼾狂瀾，排山波湧飛衡山，竊弄衣冠猿戲謔，雲暗瀟湘夜雨昏，腸斷三聲淚空落，澄懷坐嘯惟青苔，彌天腥霧今塵埃。亡魂徒結分香恨，月冷荒台覓燕釵。」

在當時的安阜園裏，有花木千種，而且不少是花中極品。其中有一株「神女花」，類似芙蓉，一天能數變顏色，子丑時為白色，寅卯時為綠色，辰巳時為黃色，午未時為紅色，申酉時為橙色，戌亥時變為紫色，每年春天開花，花期長達數十天，然後才慢慢凋謝。

園中珍寶器玩無數，可說是琳琅滿目。如有大理石屏一堂，高六尺左右，屏上花紋畫面，酷似山水木石，渾然天成，很像元代名畫家倪瓚的手筆。據說這堂屏曾派專使前往大理石場，強迫石戶村所有石工，花了近三年的時間，才從蒼山裏選採出來。單為打磨石面，又徵用了全雲南最上選的工人，受盡無數折騰，才琢磨成屏。為此後人有詩寫道：「匠工十指淋漓血，血浸石骨成丹青。」

安阜園中心挖有觀賞水池，波平如鏡，清澈見底。池旁有珠帶繡幕的畫樓，相傳就是陳圓圓的梳粧臺。

此時的吳三桂，像夫差得了西施一樣，擁著陳圓圓「移宮換羽」、「珠歌翠舞」，為其設專房之寵，過著花天酒地的生活，終日迷於「天邊春色來天地」、「越女如花看不足」的日子。

吳三桂每每讓陳圓圓唱歌，圓圓總會唱漢朝留傳下來的大風之歌，用「大風之章」以媚之。每逢這種時候，吳三桂便暢快飲酒，並拔劍應歌起舞，作「發揚蹈厲之容」，讓陳圓圓捧酒為自己祝壽，自以為神武不可一世。因此，吳三桂對陳圓圓另眼相看，愈發倍加憐愛。

為了安慰陳圓圓，寬慰她思鄉思親之情，吳三桂還派人到陳圓圓的家鄉找她的親屬。

據說吳三桂傳檄文到江南，張榜於通衢，查訪陳圓圓的姨母（也是養母）和哥哥等。過了十天，陳兄居住在村中全然不知，親戚們得到消息告訴他，他還是不敢認。人們仔細對照榜中姓名住址，斷定尋親之人確是他的妹妹。經大家反覆慫恿，陳圓圓的哥哥才終於向官府言明，並與母親一道隨官府去和陳圓圓相認。

聽說姨母兄長來，陳圓圓帶著侍女百餘騎出迎。姨母年老體邁，見許多飛騎奔近，驚惶不已。相見時，陳圓圓跳下馬來摟定姨母哭泣，姨母認不出面前何人，驚恐得昏過去半天才甦醒。後來，姨母兄長不願也不習慣長住宮府，幾次要求回故里，吳三桂便拿出許多銀兩來送給他們。

陳圓圓的叔叔陳玉汝頗有才華，吳三桂以千金欲招之到雲南。誰知陳玉汝執意不肯「攀龍附鳳」，他笑著說：「我是明朝的孝順臣民，豈能成為清朝人寵姬的叔父呢？」

在滇中，陳圓圓被稱作陳娘娘，前呼後擁，隨心所欲，但她總難忘舊情。每當蘇州的達官到來，她便在便殿召見，對往日交好者一一問及，對冒辟疆也甚為關心。聽說舊友無恙，她高興得露出笑容。

古佛青燈伴餘生

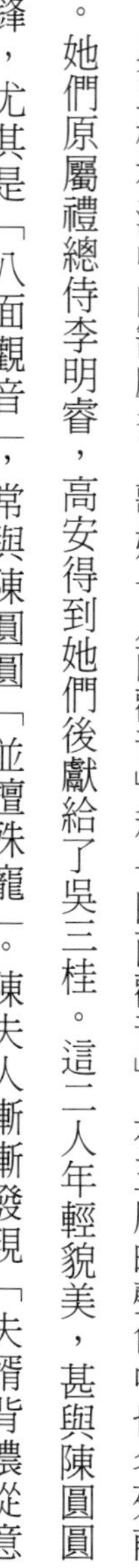

吳三桂在滇中內寵頗多。歌妓「八面觀音」和「四面觀音」，在王府的聲色中也名列前茅。她們原屬禮總侍李明睿，高安得到她們後獻給了吳三桂。這二人年輕貌美，甚與陳圓圓爭鋒，尤其是「八面觀音」，常與陳圓圓「並擅殊寵」。陳夫人漸漸發現「夫婿背儂從意願」，不得不「嬋娟新鬥兩觀音」。同時，吳三桂元配張氏又極嫉妒。

從此，陳與吳的感情已非昔比。陳圓圓開始「夢醒繁華鏡裏花」，看破了紅塵。儘管吳三桂這時要給圓圓封正妃之位，也被拒絕了。

康熙十二年（西元一六七三年），時逢吳三桂六十花甲，平西王在安阜園布置了盛大慶典。

那日吳三桂在校場閱罷綠旗兵操練回到藩王府邸，正欲命丫頭去請陳圓圓，一同喝杯普洱新茶，聽聽絲竹細樂，然後去參加慶壽活動。忽聽一聲高呼「聖旨下，吳三桂接旨」。吳三桂慌忙重整衣冠，命令擺下香案接旨。

明代金鳳釵

聖旨的內容是吳三桂萬萬沒預料到的，竟是康熙皇帝對他請求撤藩奏摺的准奏批覆，讓他移鎮關東。

送走欽差，吳三桂氣極敗壞地說：「關東一片荒涼苦寒之地，無異萬里充軍。我只不過想試探一下朝廷對我的看法，不想皇上竟准了削藩之請，這叫我如何是好！」夏國相在旁進諫道：「朝廷既已逼到這種地步，只望王爺速舉義旗，光復大明河山。」在場的部將馬寶、胡國柱、吳應麒等亦都呼應。他們非常清楚，康熙撤了吳三桂的藩王爵位，自己的地位也將不保，因此眾口一聲勸吳三桂反了。

吳三桂眼一瞪、腳一跺，為實現一己之私，決定借助「反清復明」的大旗，點燃了反清的戰火。他調兵遣將，自封「天下都招討兵馬大元帥」，大幹起來。

正當吳三桂準備舉旗揮師北上時，不想卻有人出來兜頭給他澆了一瓢冷水。這人不是別人，正是陳圓圓。儘管陳圓圓天生麗質，美貌非常，可在吳三桂眼裏不過是他自己的玩物，萬沒有想到她卻很有見識。自從吳三桂舉起反清之旗以後，她便終日悶悶不樂。

這一日，吳三桂問她：「愛妃為何不樂？」

陳圓圓道：「妾本姑蘇歌妓，如今做了王爺的妃子，侍候大王已有二三十年，已是榮華富貴到頭了。我恐怕長此奢華下去，會遭到老天的懲罰。」

吳三桂聽到此處吃了一驚，不由問道：「你怎麼說出這種話來？」

陳圓圓瞅了他一眼，緩緩地說：「請求王爺賜我一間淨室，我願意身披袈裟，吃素修齋，終享天年。」

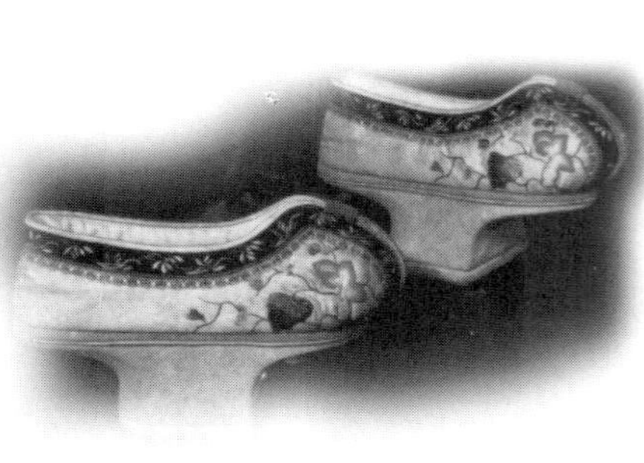

清女鞋

吳三桂反問道：「我正想推倒清朝，面南為帝，那時你也貴不可言，怎麼你卻起了如此想法？」。

陳圓圓搖搖頭，道：「從古至今，多少人為了爭帝爭王，擾得百姓不得安寧。等到當了皇帝，又為保住帝位費盡心思，有何樂趣可言？」她頓了頓，接著說，「我幼年時，自以為容貌美麗，也曾想過為后為妃。如今當了王爺次妃，反倒覺得那想法俗不可耐了。我看，王爺為自己著想，不如交出兵權，你我偕隱林下，像范蠡和西施那樣泛舟五湖，該多快樂！人生在世，不過數十年，何苦再開戰端，稱王稱霸，爭城奪地，致使生靈又遭塗炭？」

吳三桂此時已是騎虎難下，聽了陳圓圓的話，心裏雖然覺得有些道理，口裏卻說：「這是婦人之見。」又硬著頭皮說，「大丈夫不能流芳百世，也要遺臭萬年。」

陳圓圓聽吳三桂說出這等話來，心知事情已無挽回餘地，不免歎息一聲，垂下淚來。

第二天早晨，陳圓圓又向吳三桂提出請求，執意要去淨室。吳三桂再三挽留，她無比傷感地說：「為時太晚了，流光易逝，這些年來我經歷了多少苦難和折磨，我已有所頓悟，一切都看透了；你已不是當年的吳總兵，我也不是年輕時的陳沅姬了。我再也不想回去，北國的風光已不再使我留戀，我將留在這清冷的蓮花池畔，守著青燈黃卷，了此殘生。」

陳圓圓的話還沒有說完，夏國相進來報告：「王爺，將領士卒都已集合在校場恭聽您的訓示。」

夕陽西下，時近黃昏，在淒冷尖厲的號角聲中，吳三桂無暇細想，只得默許陳的要求，拖著遲緩的步伐，向校場走去；陳圓圓也懷著莫可名狀的心情移居宏覺寺，跟從王林禪師，正式做了尼姑，改名「寂靜」，號「玉庵」，誦經念佛，日夜不輒，再也不去理會吳三桂。

陳圓圓毅然離去，雖給吳三桂帶來不快，卻未能使他懸崖勒馬。

吳三桂率兵離開昆明後，陳圓圓估計他此行必敗。為了免受株連，遷居於昆明近郊瓦倉莊的三聖庵，此庵原為明代沐國公的家人所建，本名土主寺，萬曆年間改稱為庵，與市區相距有半里多路。這裏很是寬敞，且遠山近水，幽靜異常，是個最佳去處。尤為可意的是這裏有一現成的廢棄園林，只需稍加修葺便可用來淨修。於是陳圓圓立即命奴僕整修，住了下來。從此，陳圓圓在庵內與一名為智瑩的尼姑和兩個徒弟一起，茹素吃齋，不問世事，與吳家斷絕了一切往來。

為了對付吳三桂，康熙皇帝親自坐鎮北京平叛。後來乾脆將在京的吳三桂的兒子吳應熊和吳三桂的孫子吳世霖一起處了死刑。康熙十七年（西元一六七八年）三月，吳三桂在衡州祭告天地，自稱為帝，改元昭武，稱衡州即今天的湖南衡陽市為定天府；八月，就一命嗚呼，享年六十七歲。

後來，清兵攻入昆明。吳三桂的王府早已成了香徑塵生、好鳥自啼、苔痕空綠的一片荒野之地。吳三桂妻張氏、吳三桂的孫子自殺，「八面觀音」歸了綏遠將軍蔡毓榮，「四面觀音」歸了征南將軍穆占，其餘吳家男女老幼盡遭殺害，唯獨圓圓得免於難。

同年秋天，當智瑩把吳三桂兵敗並病死在湖廣道衡州城的消息告訴陳圓圓後，陳圓圓長歎一聲，緩緩說道：「三十多年的冤孽債算是了結了。我這一生斷送在他手裏。這些年來他的所作所為，使我了解到他只不過是一個表面逞強、心地險詐、患得患失、反覆無常的小人。在我的心裏，吳三桂早就死了！」

又過了幾年。在一個木落蕭瑟的深秋傍晚，陳圓圓正伴著青燈古佛，手持念珠，虔誠誦經的時刻，忽然傳來了一陣緊急的敲門聲。

智瑩急忙出去一看，原來是蔡毓榮帶領兵丁，前來查抄珍寶古玩。智瑩立即轉身告知陳圓圓。

陳圓圓不願被軍兵認出，更擔心會有不測，她打發智瑩從後門逃走，然後從容走到窗前，遙望著秋水長天，深情脈脈地自言自語道：「澄清澈底的蓮花池水啊，我將永遠倚傍著你！」

接著，她雙手合十，在「祥中祥，吉中吉，波羅會上有殊利，一切冤家離了身，摩訶般若波羅密……」的佛語聲中，安詳地跳進了池水裏。

靜靜的池水，蕩起一圈圈漣漪。

撲朔迷離的墓址

陳圓圓的確是一位色藝雙絕的女子，而這正是她招惹是非之處。簡單地把美人與禍水相提並論是有失公證的，陳圓圓在當時的歷史條件下，究竟起過什麼作用，自有公論。我們這裏要談的，是這位美人最後的命運和歸宿。

說到陳圓圓歸葬何處，有一種較為普遍的說法，認為陳圓圓香魂歸於雲南，明確地說，是在昆明。「吳三桂兵敗，陳圓圓自沉蓮花池」的說法曾經盛傳一時。但據學者考證，昆明並沒有發現陳圓圓的墓址。

值得注意的是，一九八三年貴州岑鞏縣的同志提出了「陳圓圓魂歸思州」的新說法。經過查考，並且初步認為岑鞏縣水尾鎮馬家寨獅子山上的一座古墓即為陳圓圓安息之地。思州是岑鞏的古稱，馬家寨一帶，群山起伏，溪流縱橫。獅子山上的一座土堆，便是人們所說的陳圓圓墓。墓前有一通三尺高的石碑，中間陰刻十一個楷體字：「故先妣吳門聶氏之墓位席」，旁刻「皇清雍正六年歲次戌申仲冬月吉立」。立碑人是兒子吳啟華、孫子吳仁傑等。

馬家寨的人全都姓吳，而且世代自稱為吳三桂之後。吳姓老人講，吳三桂乳名應隆，其父吳襄，遼東高郵人。吳三桂反清後曾在湖南稱周帝，將敗時，軍師馬寶暗護陳圓圓及吳三桂的兒子吳啟華到思州鼇山寺避難。康熙二十四年吳啟華下山定居，為了紀念馬寶的恩情，同時為避清廷搜捕和誅殺就把居住的寨子稱為馬家寨了。

有關人員考釋，上述說法與史料所載基本相符，且有人將碑上的十一個字譯釋為「故第一世祖吳家陳圓圓王妃之墓」。這些都旨在說明此處的真實性。當然，迄今為止，最後的結論還沒有得出，我們期待著專家學者們早日揭開此謎。

董小宛 艷艷風塵

董小宛，秦淮八豔之一，能詩善畫，後嫁給名士冒襄

癡情忠貞奇女子

董小宛（一六二四——一六五一），名白，號青蓮，金陵人，明天啟四年（西元一六二四年），出生於富庶人家，後因父親早喪，以及所開設的繡莊倒閉，母親病重，而不得已賣身青樓。但是她在混濁的風月場中，卻能獨善其身，保持自身的高潔。她與才子冒辟疆生死相依的愛情故事，淒切感人，流芳後世，深受人們喜愛，以至於演繹出她進宮為董鄂妃，集順治皇帝三千寵愛於一身的動人傳說。

家境中落入青樓

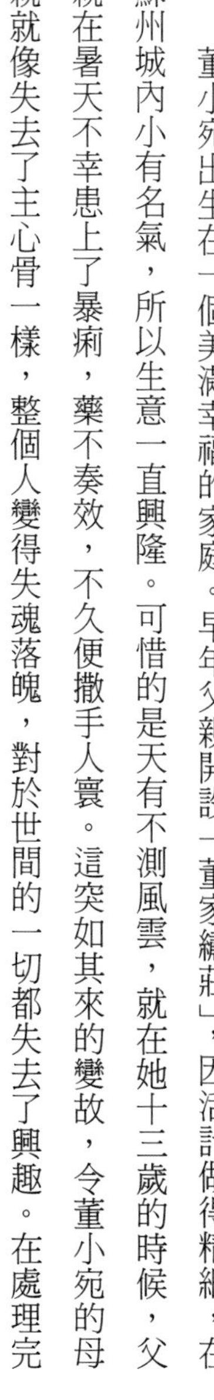

董小宛出生在一個美滿幸福的家庭。早年父親開設「董家繡莊」，因活計做得精細，在蘇州城內小有名氣，所以生意一直興隆。可惜的是天有不測風雲，就在她十三歲的時候，父親在暑天不幸患上了暴痢，藥不奏效，不久便撒手人寰。這突如其來的變故，令董小宛的母親就像失去了主心骨一樣，整個人變得失魂落魄，對於世間的一切都失去了興趣。在處理完丈夫的後事之後，她將繡莊全權託付給店內的夥計打理，便花了一筆錢，在半河塘建了一座幽靜的院落，離開了舊宅，帶著董小宛在那兒過起了不問世事的隱居生活。

時間在悄悄地流逝，一轉眼，董小宛已和母親在這座幽靜的小院中度過了兩年。到了崇禎九年，此時朝廷腐敗，梟雄四起，天下陷入戰亂之中，並且已經漸漸禍近蘇州，人們不由得惶惶不安。董小宛的母親也打算關閉繡莊的生意，收回資金準備隨時逃難。可是哪兒知道叫來繡莊夥計一算帳，不但沒有銀兩剩餘，反而在外面欠下了上千兩銀子的帳。董小宛的母親明知道這是夥計在搞鬼，可是又沒有證據，又能將他怎麼辦呢？原本就因為喪夫而變得一蹶不振的她，又氣又急終於病倒在床。母親倒下，繡莊破產，債務壓頭，生活的重擔猛地壓到了年僅十五歲的董小宛身上，她彷佛從雲端跌入了冰窖，一時間不知道該怎樣辦才好。

所欠債務能拖則拖，可是母親的醫藥費用卻是半點也不能有所拖延。從小便隨母親隱居世外的董小宛已養成一副孤高自傲的性格，怎能低三下四地向人借貸。在萬般無奈的情況下，她答應了別人的引薦，來到南京秦淮河畔的畫舫中賣藝。

董小宛自小聰明靈秀，對琴棋書畫無所不精曉，再加上秀麗的容貌，超塵脫俗的氣質，很快就讓她在秦淮河的風月場中成了遠近聞名的人物。為生活所迫的她，雖然不得不屈意賣笑，但那清高的脾氣有時不免露了出來，得罪了一些庸俗的客人，然而卻贏得了一些高潔之士的欣賞。

由於董小宛孤芳自賞，自憐自愛，絕不肯任憑客人擺布，影響了鴇母的進帳，鴇母自然對她冷嘲熱諷。董小宛再也難以忍受了，終於在再一次受到冷嘲熱諷的時候，她一跺腳毅然離開南京，回到了蘇州。可是當她回到家中之後，見到依然躺在病床上離不開請醫吃藥的母親，以及紛紛上門催債的債主，殘酷的現實再一次讓董小宛重操舊業，將自己賣到半塘的妓院，過著賣笑、陪酒、陪客人出遊的生活。

在半塘，董小宛依然抱定賣藝不賣身的初衷。為了生存，她不得不壓抑住自己的那份清高，把一份毫無實際內容的媚笑賣給客人。倒是有一種客人，既有閒情、閒暇，又有足夠的財力，能帶上個中意的青樓女遊山逛水，享受自然風情。對陪客出遊，董小宛是最有興趣的，雖說那些能有此雅舉的多是上了年紀的人，可那時董小宛醉心於山水之間，也不覺得白髮雅士有可憎之處。在旖旎風光的襯托下，她也容易湧動柔情，而真心真意地給客人以嬌媚嬌笑。因此，她三番五次地接受客人的邀請：遊太湖、登黃山、泛舟西湖，一去就是十天半月。就在董小宛有一次離開秦淮河不久，有一公子慕名到秦淮河來尋訪她。這位公子便是後來與她生死相守，譜寫了一曲令人盪氣迴腸的愛情詩篇的冒辟疆。

多情公子訪佳人

冒襄，字辟疆，是南直隸揚州府泰州如皋縣人，生於明萬曆三十九年（西元一六一一年）

三月十五日。明清時期，如臯城裏的冒氏家族人才輩出，是當地的名門望族，也是一個文化世家。

冒辟疆自小就聰明，被人們稱為神童。因為他是長房長孫，很受祖父寵愛。萬曆四十年（西元一六一二年），辟疆兩歲時被從如臯接到江西會昌。十一歲隨祖父至四川酆都。十三歲時，祖父辭官歸里，辟疆隨之回到如臯，在香儷園中讀書學習。當辟疆看到王勃和楊慎的詩集中保存了早年的詩作，他也把自己十四歲前作的詩結集為《香儷園偶存》，寄請董其昌指教，八十歲的藝壇巨擘見到冒襄的詩，大為欣賞，認為他的詩才不在唐代天才少年王勃之下。

在十六七歲時，冒辟疆參加了一系列縣試、府試、院試，總是名列前茅。天啟七年（西元一六二七年），他以第一名補博士弟子員，取得鄉試資格。崇禎二年（西元一六二九年），冒辟疆與中書舍人蘇文韓的二女兒蘇元芳結婚。辟疆妻子端莊縝密，持重曉事，是冒辟疆的賢內助。當冒辟疆外出交遊時，家中事務就全部交給了蘇元芳。

崇禎三年秋天，冒辟疆首次到南京國子監參加鄉試，因病未能終場。在張溥主持的復社金陵大會上，胸懷浩落、雅善談笑的冒辟疆交了不少朋友。當時的明王朝已經處在風雨飄搖的內憂外患之中：關內有李自成、張獻忠所領導的農民起義軍在川陝湖廣馳騁，關外迅速崛起的滿清一直對明王朝的江山虎視眈眈，並且屢屢舉兵侵犯。雖然國家處在風雨飄搖之中，但是江浙一帶的士大夫依然過著醉生夢死、驕奢淫逸的生活。在秦淮河畔，娼家所居的河房開宴沿賓，樽酒不空，歌姬的翡翠鴛鴦與書生的烏巾紫裘相交錯，文采風流，盛於一時。身處在這種環境的辟疆也沾染了一般豪貴子弟的浪漫風習。一方面，他年少氣盛，顧盼自雄，主持清議，矯激抗俗，喜談經世大務，懷抱報效國家的壯志；另一方面，又留戀青溪白石之勝，名姬駿馬之遊，過著腦滿腸肥的公子哥兒的生活。

崇禎五年（西元一六三二年）八月，冒辟疆參加歲試，以第一名獲得廩生資格。崇禎六年秋，冒辟疆再次赴鄉試，雖然他的制舉文章規局巨集麗，結構精密，但未能入主考官的法眼。崇禎九年桂子飄香的時候，冒辟疆又來到南京參加鄉試。八月朔日，辟疆和張明弼、呂兆龍、陳梁、劉履丁在歌姬顧媚的眉樓結盟。崇禎十二年（西元一六三九年）秋，冒辟疆赴南京鄉試期間，與陳貞慧、侯方域、吳應箕等重結國門廣業社。這兩次應試他因參與了對出賣東林黨人阮大鋮的攻擊而與金榜題名無緣。

董小宛的名字，冒辟疆最早是從方以智那裏聽說的，後來吳應箕、侯方域也都向辟疆嘖嘖稱道小宛。於是，當冒辟疆在南京的時候，便多次在方以智的陪同下前去拜訪董小宛，可惜的是事有不湊巧，他每次都不能一睹董小宛的芳容。這一次，他前來半河塘，登門拜訪，是在送父親赴廣東任職之後來到蘇州。聽說小宛住在半河塘，便按捺不住心中的激動前往。然而，讓他感到遺憾的是，這一次又撲空了。帶著遺憾他離去了，爾後又來過幾次，但是每一次都沒能與董小宛相遇。

日子一天一天地過著。客居在蘇州的冒辟疆並不能在此長期地逗留。在他即將要離開蘇州之際，他再一次來到了董家，希望能與董小宛相見。小宛的母親白氏告訴辟疆：「小宛正好醉臥在家，但過一會兒又要出門。」說著話，董小宛的母親就走回院內，將小宛扶出，與辟疆相會於曲欄花下。

董小宛的酒意還沒有完全醒過來，帶著一點薄醉，一言不發地站在那兒。見到身心疲憊的董小宛，冒辟疆並沒有作過多的逗留，就告辭而去了。

冒襄像

這就是董小宛與冒辟疆的第一次見面，誰也沒能夠想到他們最終能夠在一起並且演繹出了一段後人傳頌的淒美愛情故事。

才子佳人漸相知

董小宛與冒辟疆的再次見面是在崇禎十五年的春季。崇禎十四年（西元一六四一年）正月六日，冒辟疆正為父親冒起宗的事情奔波，當他的船隻停泊在蘇州閶門時，不免想起了董

小宛，聽說董小宛仍然隨錢謙益留滯黃山，便轉而登上陳圓圓的小遊船。清早兩人約定，待冒辟疆處理完家父的禍事再與陳圓圓一敘。

經過冒辟疆的再三努力，父親冒起宗終於被調任寶慶撫治道。此時距當年與陳圓圓相約已經有一年之久！於是，冒辟疆連忙趕往蘇州，去踐陳圓圓之約。誰知就在十天前，陳圓圓已被田妃父親田宏遇的門客強行買去。在此彷徨抑鬱之際，冒辟疆和朋友乘一條小船夜遊虎丘，藉以排遣失落的心情。第二天夜裏，冒辟疆他們的船經過一座小橋的時候，遇到了一位熟知的朋友，並且從朋友的口中得知了董小宛的近況。原來董小宛自從黃山歸來之後，母親去世，又受到田弘遇採購江南佳麗的驚嚇，患了重病，在家閉門而居，已經不再見客。

冒辟疆聞訊之後，立刻棄舟登岸，逕直來到董小宛的住處，再三敲門，才得入內。走進了董小宛的閨房，揭開床帷，他看見躺在床上已奄奄一息的董小宛。他的心感到了一陣絞痛，深情地告訴董小宛，他就是三年前她醉中在曲欄相見之人。

董小宛支撐著起身審視冒辟疆，並且移燈留冒辟疆坐在床上。辟疆見小宛喘息未定，憐惜她的病體，在交談一陣後，就想告辭。沒料到董小宛卻拉住了冒辟疆的手說：「我十八天來，整個人昏沉沉好像在夢中。今天一見到你，便覺得神怡氣爽。」於是，她連忙吩咐家人具辦酒菜，要與辟疆在床前對飲。

冒辟疆好幾次要告別，小宛都苦留辟疆。

冒辟疆說：「明天我要派人去襄陽，把父親脫離禍事，並且遷升寶慶的喜訊報告他。如果宿在這裏，早晨就不能派人去報平安了。等我辦妥這件事，再來這裏少停半刻。」董小宛聽到冒辟疆這樣說，就不再強求了。

第二天，冒辟疆前往董小宛家告別。董小宛拖著有病的身體前去送行，在冒辟疆乘坐的船靠岸之後，沒想到董小宛竟然快步上船，執意要一路相送。於是，他們兩人便一起過滸墅關，遊無錫惠山，經毗陵、陽羨、澄江，抵達鎮江北固山。然後，兩人登上金山觀看龍舟競渡。眼看離冒辟疆的老家越來越近，可是董小宛卻沒有一點去意，堅決要跟冒辟疆渡江回如皋。冒辟疆告訴小宛說，科試的日期已迫近。一年來，因為父親大人身滯危疆，自己委棄家事，遠離老母，現在正要處理一切事宜。他要小宛先回蘇州，待到季夏泰州應科試結束之後，再同赴南京。

在冒辟疆的勸說下，董小宛雖然不忍離去，但還是聽從了冒辟疆的話，回到了半河塘。

轉眼到了六月，冒辟疆回到了家。在他進家門之後，妻子蘇氏便告訴他，董小宛已經先讓人過來傳話，說董小宛自從回到蘇州後，便閉門謝客，茹素持齋，等待前赴當日所約定的南京之約。可惜的是冒辟疆並沒有派人去迎接小宛，而是逕直去了南京，他想等出考場後再告訴董小宛。

暫且不說冒辟疆在南京怎樣。此時回到蘇州的董小宛卻度日如年。為了應付當地豪門的挑釁和強行邀請，她只能靠著借貸來賄他們。就這樣過了兩個月，到了八月初，她就帶著一個婢女，從蘇州雇船前往南京。更為不幸的是途中遇到強盜，她們躲入蘆葦叢中，偏偏船舵又損壞了，無法行路，使得她們三天沒有吃到東西。八月初八，歷經了一路艱辛的董小宛終於來到了秦淮三山門。

明代素三彩高足酒碗

這已是冒辟疆第五次參加鄉試，出闈後的他認為自己這次必中。他想登第後就立即料理與董小宛的婚事，來報答她不辭盜賊風波之險而相從的情意。可是，蒼天總是那樣喜歡捉弄人。就在冒辟疆留在鑾江等候放榜，小宛從桃葉寓館發船來接冒辟疆的時候，卻遇到大風被阻留在燕子磯。而在九月七日放榜時，冒辟疆只中了個副榜。在這個時候，冒辟疆恰好接到家中的書信說父親已回家，於是便連夜啟程往回趕。董小宛痛哭要和冒辟疆一同回去。可是，這個時候的冒辟疆已經知道了董小宛在蘇州的各種麻煩事，覺得不是自己一人之力所能解決。因此，當船到了位於如皋城外的朴巢時，竟然硬下心腸要董小宛返回蘇州。

難道說董小宛與冒辟疆之間就真的這樣結束了嗎？畢竟好事多磨，有情人終究能成眷屬。當冒辟疆回家見過父親之後，在同年十月間，來到了鎮江，前去拜謁房師鄭某。當時福建人劉大行從北京南來，冒辟疆、劉履丁和一位陳大將軍在船上為他接風。正好有僕人從董小宛處來，說小宛回去後，不脫別離時穿的單薄衣服，並且說冒辟疆不趕快前去計議迎娶之事，她甘願凍死。

在座的人聞聽後紛紛指責辟疆，說他不應該如此。冒辟疆說出了心中所憂慮的事情，就是自己沒有能力幫助董小宛償還因繡莊倒閉所欠下的債務。沒料到，他的話音剛落，陳大將軍和劉大行立馬拿出錢財來。劉履丁也答應前往蘇州和債主們商議，不料卻談崩了。在眾人的建議之下，冒辟疆又請出了東南文壇領袖錢謙益。錢謙益親自趕到半塘，大力斡旋於債主之間，三天內了斷小宛的所有債務。接著，雇船把小宛送到如皋，送到了冒辟疆的家中。

持家成疾香魂逝

董小宛自從嫁入冒氏之門後，與冒家上下內外大小人眾相處得非常和諧。冒辟疆出入應酬的費用和蘇元芳的日常生活費用都由董小宛經手。冒辟疆的原配妻子蘇氏體弱多病，董小宛便毫無怨言地承擔起理家主事的擔子來，恭敬柔順地侍奉公婆及大婦，悉心照料蘇氏所生二男一女。冒家的全部帳目出入全由她經手，她料理得清清楚楚，從不私瞞銀兩。另外董小宛還燒得一手好菜，善做各種點心和臘味，使冒家老少大飽口福，在眾人的交口稱讚中，小宛得到了無限的滿足。

對丈夫，小宛更是關照得無微不至，冒辟疆閒居在家，潛心考證古籍，著書立說，小宛則在一旁送茶燃燭；有時也相幫著查考資料、抄寫書稿；丈夫疲憊時，她則彈一曲古箏，消閒解悶。閒暇時，他們坐在畫苑書房中，彈琴鼓瑟，評論人物山水，鑒別金石鼎彝。董小宛嗜書成癖，就像後來冒辟疆所寫的《影梅庵憶語》中所寫的一樣：「等身之書，周環座右，午夜衾枕間，猶擁數十家唐書而臥。」在她初進冒家，見到董其昌仿鐘繇筆意為辟疆書寫的《月賦》，非常喜愛，著意臨摹。接著，便到處尋找鐘繇的字帖。後來，在看到鐘繇的《戎輅表》裏面把關羽稱為賊將，便從此廢鐘帖而改學曹娥碑。

天性淡泊的董小宛，不嗜好肥美甘甜的食物。用一小壺茶溫泡米飯，再佐以一兩碟水菜香豉，就是她的一餐。冒辟疆飯量很小，但喜歡吃甜食、海味和臘製燻製的食品。深知冒辟疆口味的董小宛，便專門製作各式各樣鮮潔可口、花樣繁多的甜食，她不僅和以鹹梅，還採漬初放的有色有香的花蕊，將花汁滲融到露中。小宛醃製鹹菜，能使黃者如蠟，綠者如翠。蒲藕筍蕨、枸蒿蓉菊等各種鮮花野菜一經小宛之手用作食品，都有一種異香絕味。

還有就是董小宛原來很能喝酒，自從嫁給冒辟疆之後，見辟疆酒量很小，就不怎麼喝酒，只是每天晚上陪蘇元芳小啜幾杯。在喝茶方面，她與冒辟疆有共同的嗜好，都特別喜歡喝雲片。他們常常一人一壺，在花前月下默默相對，細細品嘗。在董小宛離去後的日子裏，以至於冒辟疆常常想起那段日子，並且說自己一生的清福都在和小宛共同生活的九年中享盡。

可是在那戰亂紛飛的年代，這樣寧靜和諧的日子又能維持多久呢？剛剛過了一年，李自成便攻佔北京，接著清兵入關南下。熊熊戰火燒到了江南。清軍肆虐無忌，冒家也難免遭受到傷害，幸虧逃得快，才得以保住全家的性命，可是家產卻在戰亂中丟失得一乾二淨，就連董小宛的衣服首飾也幾乎丟光了。當戰火平息之後，再回到如臯，董小宛並沒有置辦衣物，因為在她看來只要能夠和自己心愛的人在一起便是幸福的，便是擁有了一切。

戰亂過後，冒家缺米少柴，日子變得十分艱難，多虧董小宛精打細算，才勉強維持全家的生活。順治四年，冒辟疆因牽涉「湖濱大案」而病倒了。下痢兼虐疾，把他折磨得不成人形。在炎炎的酷夏，董小宛不揩汗，不驅蚊，晝夜坐在藥爐旁，時刻關注辟疆的身體狀況。瘧疾發作寒熱交作，再加上下痢腹痛，冒辟疆幾乎沒有一刻能得安寧。為照顧他，董小宛把一張破草席攤在床榻邊作為自己的臥床，只要丈夫一有響動，馬上起身察看，惡寒發顫時，她把丈夫緊緊抱在懷裏；發熱煩躁時，她又為他揭被擦澡；腹痛則為他揉摩；下痢就為他端盆解帶，從沒有厭倦神色。經過五個多月的折騰，終於使冒辟疆轉危為安。而董小宛已骨瘦如柴，彷彿大病了一場。

對於深深相愛的兩個人來說，即使是在再困難的環境之中，只要他們能夠在一起，就是天下最幸福的事情。順治五年的七夕那天，董小宛看見天上的流霞，忽然有了興致，要摹天上流霞製作一對。她叫冒辟疆寫了「乞巧」和「覆祥」的字樣，鐫摹在金釧上，當做是他們忠貞不渝愛情的見證。可是，這對製作精巧的金釧卻在第二年七月忽然從中斷開。他們又重新做了一對金釧，冒辟疆寫了「比翼」、「連理」四個字鐫上去。

隨著時間的推移，戰亂對他們的影響漸漸淡了。日子剛剛安穩不久，冒辟疆又病了兩次。一次是胃病下血，水米不進，就像從前一樣，董小宛仍然毫無怨言地在酷暑中熬藥煎湯，緊伴枕邊伺候了六十個晝夜；第二次當冒辟疆背上生疽，疼痛難忍，不能仰臥，董小宛則夜夜抱著丈夫，讓他靠在自己身上安寢，自己則坐著睡了整整一百天。

艱難的生活，飲食難飽，使得董小宛的身體變得越來越虛弱，又加上照顧冒辟疆連續三場大病痊癒，使得董小宛身體頃刻間垮了下來。她終於支撐不住了，病倒在床上，並且一連二十多天喝不進一口水。雖然冒家多方請來名醫診治，但是因為董小宛的身體太過於虛弱，終難治癒。在順治八年（西元一六五一年）正月初二日，董小宛嚥下了最後一口氣，離開了她心愛的冒辟疆。在她的手上緊握著的是冒辟疆鐫有「比翼」、「連理」四字的那對金釧，那對象徵著他們忠貞不渝愛情的金釧。

在董小宛病逝之後，冒辟疆一時間覺得自己的生命也隨之消失了。他含淚寫下了《亡妾董小宛哀辭》和《影梅庵憶語》。冒辟疆好友，江南詩社領袖龔鼎孳將董小宛平生始末寫成一首長詩《金閶行為辟疆賦》以此紀念這位明末著名女子。

顧媚　俠骨芳心

顧媚，秦淮八豔之一，通文史，善畫蘭，下嫁江左三大才子之一龔鼎孳

身在紅塵飄然世外

顧媚就是顧眉生，南京上元人，與董小宛、柳如是等是同一時期的風月場的佼佼者。自古紅顏多薄命，然而她一生的情感卻一波三折，曲折不平。她曾與著名文人余懷情誼甚篤；又同劉芳約為夫婦，可是在不久後又背約嫁給了早已降清的「江左三大家」之一的龔鼎孳作妾。龔鼎孳得顧媚甚為寵愛，號曰「善持」，後以顧為亞妻，授為一品封典。在龔鼎孳為清廷禮部尚書時，京師四方名士尊他如泰斗，凡有客求詩書畫，都由顧媚代筆，致使顧媚聲名才氣愈盛。不僅如此，她還曾多次利用龔鼎孳的政治地位，對抗清的志士慷慨解囊，被稱作與柳如是一樣的「妓中俠女」。

桃葉渡口立眉樓

明萬曆皇帝即位之初，由於朝中有張居正等名臣輔政，對稅法、賦役、治河等一系列國計民生要務進行了改革，國家政治穩定，社會經濟也有很大發展。可是萬曆帝自親政以後，晏居深宮，寄情聲色，大肆搜刮民財用來修建陵寢（即明十三陵中的定陵），甚至多年不登

下棋行樂圖

朝理政，導致朝綱廢弛，黨爭酷烈，國事弊竇叢生。

皇帝都如此荒蕩，整個社會的風氣也就可見一斑。就像有關資料中所記載的一樣：「輦下諸公亦泄泄沓沓，間有陶情花柳者。一時教坊婦女，競尚容色，投時好以博貲財」。於是，花街柳館生意興隆，京城內外淫風大盛。

金陵由於地處江南，歷為富庶之地，娼妓業早就聞名遠近，更有「仙都」之稱。特別是在那個特定的時期，繁榮的程度超過了任何一個朝代，淫靡之風冠於全國。在秦淮河兩岸娼館林立，水中「河房」成陣，「船娘」鬥妍。當時，號稱「風流教主」的錢謙益曾描述道：「海宇承平，陪京（南京別稱）佳麗，仕宦者誇為仙都，遊談者據為樂土。征歌逐勝，秦淮一曲，桃葉（桃葉渡口當時為妓家雲集之區）諸姬，梅花漾其妍萃。」「眉樓」就是當時最熱鬧的妓館之一。

眉樓的主人就是顧媚，她又名眉，字眉生，又字眉莊，號橫波，江蘇上元人。當時有人形容她「莊妍靚雅，風度超群，鬟髮如雲，桃花滿面，弓足綱小，腰肢輕盈」。其家世以及早年淪落娼門的情況已無可查考。身為妓女的她又兼鴇母，富有產業。這一點與柳如是、董小宛、陳圓圓和卞玉京等人的情況大不相同。

在當時，要在商賈雲集、妓家如林的桃葉渡口躋身立足，並非易事。然而到底是什麼原因促使「眉樓」在眾多妓家激烈競爭中生意顯得格外興隆呢？一切的原因源自於「眉樓」的主人顧媚。就顧媚自身來說，她便頗通文史，善繪丹青，琴棋詩書皆精，又唱得一口好曲，已屬妓中翹楚。在組建眉樓之時，她更是花了一番心思，不僅建築精巧，而且室內的陳設豪華是其他妓館所不能比擬的；更兼眉樓內有幾位烹飪高手，做出的精食美饌令士大夫們都稱奇叫絕。如此一來，「眉樓」又怎能不常年門庭若市呢？除此之外，她還利用自身的優勢吸引了眾多當時享有豔譽的名妓借眉樓謀生獻藝，如李宛君、卞玉京、沙才和沙嫩姐妹、鄭妥娘、頓小文、崔科、馬嬌和馬嫩姐妹、李湘真、范玨等。這一來自然使得雖然屬於私營的這家妓樓名聲遠揚，遠壓周圍的官營妓院，甚至聲聞北地。

另外，顧媚廣泛的社交活動也是眉樓獨秀一枝的重要原因。她的水墨蘭花水準很高，稱為當時絕詣，其所繪蘭蕙獨出己意，不落前人窠臼，「蕭散落拓，畦徑都絕，固當是神情所寄」。崇禎十年冬，她與名妓中的丹青妙手，諸如李香、王丹等人，應揚州名士鄭元勳之邀，在南京結為「蘭社」，約期集會。蘭社成員各施才藝，以畫會友，佳作甚多，傳為當時畫壇盛事。她在畫界還有許多意趣高雅的女友，如范玨（字雙玉）「廉靜寡所嗜好，一切衣飾歌管，豔靡紛華之物。皆屏棄之。惟闔戶焚香。瀹茗相對。藥爐經卷而已。性喜畫山水，模仿史癡顧寶幢，槎枒老樹，遠山絕，筆墨間有天然氣韻，婦人中范華原也」。顧媚識人交友大多類此，這又使眉樓的格調顯得更為高雅，文界耆宿趨之若鶩。因此，在以魏忠賢為首的閹黨擅政、殘害東林黨人的時期，江南地區的黨社紛起一股心中忿忿不平，抑鬱不得志的文人，經常出入妓院，邀一些能詩擅文的名妓飲酒陪席，酩酊大醉時，或激昂文字，或怒罵奸黨，或緬懷烈士，令「眉樓」成為他們高談闊論的「沙龍」。當時的名士冒襄、張公亮、呂霖生、陳則梁、劉履丁等人組成的同人社，便常在「眉樓」相聚，他們中有很多人與顧媚成為摯友。一般的人稱她為「眉娘」，而冒襄和同人社的人都叫她「眉兄」或「女史」。

三鳳求凰演鬧劇

跟一個多面體一樣，顧媚有兩種截然不同的性格，平時的她舉止雍容、莊重，而在醉酒之後卻戲謔、浪蕩，讓前來眉樓的一些逐臭客神魂顛倒，欲罷不能，調笑戲鬧間罄盡囊中錢財。另外，她還頗具海量，「有風人之致，可與角飲」，常與文人們以「一豆之法」舉行宴飲遊戲，令座客們大醉失態，盡出窘相。

眉樓客人雅俗雜摻，人數眾多。顧媚卻極少賣身奉客，平時主要唱曲獻藝。不過令她最開心的事還是陪伴一班才子文人，通霄達旦地聚酒鬥詩，興猶未盡之後，便步出眉樓，泛舟夜遊秦淮河。數隻小舟往返河上，紅男綠女雜坐其間，划拳飲酒，甚至以猜出沿河某妓家有某名妓為戲，錯者罰酒。往往是直到金雞唱曉，才登岸復入眉樓，重鋪果饌，再開華筵。十幾人一夜的花費常至百兩之多。據說有一次在詩酒大宴後，同人社成員邀集眉樓眾芳「聯騎入城，紅壯翠袖，躍馬揚鞭」，竟然造成了城內觀者塞途的局面。可謂出盡了鋒頭。

眉樓既是調情賣俏的風流地，爭風吃醋之事自然難免，顧媚對此習以為常。終日周旋於風流士子之間的她，其嫵媚綽約的風姿常使浮浪子弟心癡神迷，不免心存非分之想，以至於許多人提出婚娶要求。脫籍從良雖是娼門女子求之不得之事，但對於家財豐厚的顧媚來說卻屬例外。因為「眉樓」的豐厚資產，不但可以令她終日花天酒地，還能夠讓她沒有被丈夫管束的煩惱和人老珠黃後的生活之憂。更何況現在的她正值「豔幟高張」，生意興旺的時候，更加不願屈尊降貴去為人做妾了。除此之外，她看到許多「從良」後的姐妹生活反而不如前，甚至再被賣回妓院的悲劇，更讓她視求婚者為兒戲，根本不屑一顧。因此，在日常酬客時的打情罵俏，乃至應允婚約，對她來說完全是妓業中慣見的逢場作戲，「眉樓」常客皆諳此道。

可惜的是天下偏有癡情郎，認假為真，於是一場悲劇在眉樓上演。

明代科舉在每年春秋時節舉行，稱春闈或秋闈。每屆試期，江南眾多舉子便雲集南京，許多大戶豪門子弟往往不住客棧，而是終日混跡於妓院酒肆，這個時候的色情業便遠勝平時。

一位名叫劉芳的公子久慕眉娘豔名，在場試之暇屢至「眉樓」廝混，對眉娘的姿容和風韻如癡如醉，並且提出迎娶為妻。顧媚久居風塵，老於此道，不僅信口應允，而且故作多情地與他私訂終身。哪知劉芳是位初入柳館的多情公子，根本不曉內中隱情和妓女的慣伎，竟信以為真，立下海誓山盟。數月之間，他從家鄉屢至金陵苦苦相催，顧媚先是巧言推諉，後終被其真情所動，只得據實相告並無嫁意。不料劉芳聞知受騙，悲憤交加，竟然殉情而死，釀成眉樓內的第一樁情案。劉芳的親友草草安排喪事，無可怪罪顧媚。因婚門戲言乃尋常之事，此事遂不了了之。

劉芳的死並未影響眉樓的生意，對客人們來說只不過添了一件茶餘酒後的談笑之資，可卻在顧媚心內留下了不可消除的傷痛，使得她的思想發生了劇變，重新認識了人生。在此之前，顧媚一直視人生如場及時行樂的遊戲，從不認真看待社會上正人君子們鼓吹的道德、名節、貞操等，更不願對嫖客們作任何承諾，視愛情和忠貞為烏有之事。自劉芳殉情後，血的現實使她開始反省以往，暗自悔愧。在再次面對眾多的追逐者時，她都未做出輕許的諾言。

那個時候，昆曲在江南地區極為盛行，幾乎達到家弦戶唱的地步。各家妓院皆以昆劇作為待客的必備節目，較大的妓院往往兼養戲班，鴇妓入門後演習曲目已成為必修課目，戲院與妓院已無顯著區別。

在此風薰染之下，許多人都學習幾件吹彈樂器作為謀生之技，往來於各家妓館吹奏賺錢。於是，一些樂手白搭草台班子，諸樂俱全，逐漸成為專事伴奏的行業，並且有些樂班已達到相當高的水準。由於他們並非梨園專業，而是混跡於秦樓楚館，時人謔稱之「曲中狎客」。在秦淮一帶頗有名氣的有張卯、張魁、吳章甫，盛仲文、丁繼之、張燕築、沈元甫、王公遠、宋維章、柳敬亭等。他們有時聚集在二李（李宛君、李湘真）家，有時在眉樓，詩酒彈唱，與顧媚的關係十分密切，他們中間的張魁又成為劉芳的追步者。

擅長吹簫度曲，並深諳妓中諸類遊戲的張魁對顧媚暗生情愫，但不敢表露，不過是單相思而已。為了取悅眉樓主人，他每天清晨都會到眉樓插瓶花，蒸爐香，洗芥片，拂拭琴几，去做一些事情，並且不讓顧媚知道。時間一長，眉樓裏的人都被他感動了，就連眉樓的籠中鸚鵡一看到他來，都連叫：「張魁官來，阿彌陀佛！」

就在張魁準備用誠心實意打動顧媚的時候，一件意外的事情發生了：他臉上忽生白癜風，大毀容貌。一些舊友幸災樂禍，在眉樓大門上張榜戲弄，稱「革出花面蔑片一名張魁，不許復人！」張魁大為慚恨，遍求奇方救治，在治癒之後，重新回到眉樓，反唇相譏：「花面今如何？」

盪秋千

顧媚並非是無情之人，她知道張魁的良苦用心，對此淡然處之，不敢嘲弄，深恐再出現類似劉芳的悲劇。張魁自覺無趣，只得黯然作罷。自從發生了劉芳和張魁這兩件事情之後，沒有人再向顧媚提及類似的事情。可是，由於眉樓名聲日顯，甚至千里之遙的北京也多有人知，引得朝中一位權貴的侄兒尋芳而至。此公恃強成性，驕橫已極，眉樓客人稱他「傖父」。

傖父本來就是一個風流浪子，他屢至眉樓相逼，非要將媚娘佔為己有。可惜的是用盡千方百計，也不能使顧媚就範，惱羞成怒的他便暗設陷阱，買通一個孝廉（實則無孝寡廉），攜帶一些名貴的金犀酒具在眉樓設宴，席間借酒撒瘋，與另一詞客互罵，趁亂將酒具藏匿樓內，反誣顧媚盜匿，告到官府，以求達到羞辱顧媚以洩拒婚之忿，和借助官府勢力迫使顧媚俯首就範的目的。

傖父上下活動，賄通關節，地方官畏其勢力，明知此案係栽贓害人，又不敢據理明斷，使顧媚極為困窘。經常

觀賞春宮畫

出入眉樓的常客，當時著名的才子余懷，是朝中權貴尚書范景文所倚重的幕僚，見此忿忿不平，起草了一篇狀子，送至官府剖白了真相，他的狀子是這樣寫的：「某某（指傖父）本非風流佳客，謬稱浪子端莊；以文鴛彩風之區，排封豕長蛇之陣；用誘秦誑楚之計，作摧蘭折玉之謀。種夙世之孽冤，煞一時之風景。」

此篇訴狀亦嘲亦罵，像一篇犀利的檄文，痛斥傖父的專橫無恥。傖父自忖勢力難敵，寫信向叔父求援。雖然他的叔父在朝中擁有一定的勢力，卻難與范景文抗衡，便急函召回傖父，將他臭罵一頓了事。此案沒了原告，也就不了了之了。

顧媚脫此急難後，對余懷感激不盡，為了表示感激，特在桐城方瞿庵家中設宴為其賀壽，親自粉墨登場，歌舞演唱。禍事雖息，餘悸在心。看到紙醉金迷表像後隱藏的險風惡浪，她決意脫離娼門，擇人而嫁。

誰是自己可以託付終身的人？選擇誰作為自己的如意

郎君，可以成為庇護自己的大樹呢？雖然顧媚交友甚廣，其中對她懷有愛慕之情的大有人在。表現最為明顯的便是同人社的社友張公亮和陳則梁。

陳則梁是冒襄的至交，不僅工詩善畫，而且行為放誕奇傲。他是海鹽人，自稱散木子，號俞者山翁，人稱浣公，寫詩談文寧晦不庸，別人視為「人奇文奇，舉體皆奇」的怪物。顧媚與他私交甚密，寄詩贈物，往返不絕。他是顧媚較為欣賞的一個人。他雖對顧媚愛慕至深，卻從未表露過心跡，相比之下，張公亮卻坦率、勇敢得多。早在同人社會盟時，他就在眉樓當眾賦詩《結交行》，表明愛慕之情。

「噫吁嘻！大地自有人，區宇難格物。損來秦淮道上初見顧眉生，倭墮為髻珠作，本歌巴蜀舞邯鄲。乃具雙目如星復作月，脂窗粉搨能鑒人。黃衫綠衣辨鴻碩，何年曾識琴張名？癡心便欲擲紅拂，顧我自憎瓦礫姿。女人慕色慕少恐負之，以茲君贈如意珠，我反長賦孤鴻辭。但有三山二水相證驗，彤管理第無娩詞。薛濤老去真堪醜，崔徽留卷徒爾為？」

這便是《結交行》全文內容。可見張公亮的用情之深。當時，顧媚雖對他的這篇「孤鴻辭」以如意珠作為回報，仍只以朋友相待，以後二人的關係不即不離，十分微妙。

就在顧媚為選擇如意郎君為難時，又一件令人意外的事情發生了，因此，促使她選擇了下嫁給「江左三大家」中的龔鼎孳。這件導致顧媚作出最後決定的究竟是怎樣一件事情呢？原來朝內的兩位娘娘因爭寵而「烽火羽書，相望於道」，打得不可開交。周皇后之父周奎和田妃之父田弘遇為此各自率隊南下，大肆搜掠美女進貢，藉以增強各自女兒的後宮姻黨勢力。一時間，江南稍有名氣的妓女皆成獵豔之物，董小宛被凌逼至幾乎喪命，陳圓圓幾經周旋終成網中之魚。如果此時顧媚不作出選擇，也將在劫難逃，也就是說她一定要選擇一個如意郎君，下嫁從良。

難道說在陳則梁和張公亮之中任選一位嗎？顧媚清晰地知道他們都不可能是皇親國戚們的對手，怎麼辦呢？出於擇夫和避禍兩方面考慮，顧媚思索良久最終擇定了意中人——當時官居兵部的龔鼎孳。

自拔污泥覓知心

龔鼎孳字孝升，號芝麓，祖籍江西臨川（今撫州），後遷廬州合肥（今安徽合肥）。他在清初頗有詩名，與錢謙益和吳偉業並稱「江左三大家」，其實文學成就不及前二人。他的祖父曾任州官，父親讀書不仕，伯父官至太僕壽少卿，卻與閹黨同流合污，為時人不齒。這種仕宦書香門弟的優越環境，讓他從小便有了良好的學習條件，而且科舉順利，仕途通達。崇禎七年，龔鼎孳參加科舉考試，取為進士，沒過多久便拜官進爵，官封兵科給事中。

就在龔鼎孳加官進爵之際，農民起義軍的烽火已燃遍大江南北，關外的清政權也羽翼豐滿，頻頻興兵犯關。明政權處在一種岌岌可危的狀態之中，可是官居兵部要職的他，卻不思竭忠盡力報效朝廷，匡救時危，而是和朝中眾多文恬武嬉的官員一樣，終日沉緬於詩酒聲色的溫柔富貴鄉。崇禎十二年，他在南下金陵辦理公務、出入花柳巷時，與顧媚初識於眉樓。酒席間，顧媚秀雅脫俗的儀態和出眾的才華使他大為驚歎，讚不絕口，即席賦詩四首，現摘錄一首如下：

彩奩匀就百花香，
碧玉紗廚掛錦囊。
淡染春羅輕掠鬢，
芙蓉人是內家妝。

此詩寥寥數十字，眉娘的萬方儀態和才華已盡入畫中，足見龔鼎孳乃香豔詩作的高手。龔鼎孳返京復命後，不以國事危急為念，卻對情人魂牽夢繫。不久，他收到顧媚託人捎來的一首剖明心跡的七律詩，不禁大喜過望，題詩作答。顧媚的五十六字定情詩，今已亡佚不見，龔鼎孳的四首《憶江南》，則寫的纏綿悱惻，頗以贏得美人之心為幸事，其中不乏對枕席之想的猥瑣字句。雖然他一往情深地癡戀顧媚，但是哪裏知道他所心儀的人會下嫁於他的複雜背景呢？

舊時妓女戲弄嫖客雖是常事，而嫖客在「枕前發盡千般願」後人去言空，更是司空見慣的伎倆。顧媚是搞惡作劇的高手，曾使劉芳羞憤而死。但她此次以真情求愛、寄詩北京後，卻感到一種從未有過的惶恐不安，深怕對方又是朝秦暮楚的輕薄子。這種擔憂讓她已無心思再料理眉樓事務。舊日客人們知樓主欲從良，大多知趣而返，眉樓生意驟然冷清了下來。她此時寫了一首《海月樓夜坐》詩：「香生簾幕雨絲霏，黃葉為鄰暮卷衣。粉院藤蘿秋響合，朱欄楊柳月痕稀。寒花晚瘦人相似，石磴涼生雁不飛。自愛中林成小隱，松風一塌閉高扉。」詩中以黃葉悲秋、寒花晚瘦為喻，深感「粉院（妓院，妓女舊稱粉頭）」的女子們不過是依牆附木的藤蘿，難以自立，終不免悲劇一生。她決心擺脫「朱欄楊柳」的處境，心慕「松風一榻閉高扉」的隱士生活。

顧媚的許多詩作所反映都是對隱士們雲遊湖海、寄情山林生活的羨慕。但是她卻難以忍受隱士們的清苦和孤獨。陳則梁和張公亮對此最為清楚，他們對眉娘「擇木而棲」可謂各有隱憾在心頭，卻又深知憑他們的地位和財力，根本供養不起這位一擲千金的「閨中闊少」，也就只能對此抱恨終生。明亡後，陳則梁遁入禪門，放浪形骸，實與內心苦情有關。張公亮也對此賦詩志感慨：「昔年交會白門垂，亦有顧家女郎能修眉。江南秀氣盡一室，至今秦淮之水異香澌。」並在詩後注道：「凡此津津而道，知有餘慕。夫壬午（崇禎十五年）則橫波已歸芝麓，雖未北去，名花固有主，乃猶戀戀舊好歟。」末句中「名花固有主」，清楚地表明陳、張二人皆非摘花者，顧媚最終非龔鼎孳莫屬。

顧媚選定龔鼎孳為終身倚靠，除去對方年輕（比顧媚大四歲）和高官的優越條件外，更重要的是他的文才出眾，並在朝中以「敢言」聞名，而當時所論諸事皆合公議，使她尤為欽敬。顧媚雖是風塵中人，卻與柳如是同以「禮賢愛士，俠骨贈」而被視為妓中俠女。此時，柳如是已嫁給文壇領袖錢謙益，顧媚亦追步其後，擇龔鼎孳為夫，「江左三大家」中唯剩吳偉業，但他也正在苦戀著才高氣傲的名妓卞玉京。這種名妓嫁才子的情況頻頻出現，可稱明末江南社會的一大奇觀。

龔鼎孳在顧媚心目中真的是盡善盡美的嗎？並非如此，她雖賣俏多年，卻十分討厭對方淫詞豔句中流露出的嫖客心理。早在二人尚未結識之前，頗有名氣的北方畫家王樸（字玉樵生）曾至眉樓作客，並精心繪製了一幅「丰姿嫣然，呼之欲出」的顧媚肖像。顧、龔在內室相會時，她特意取出珍藏的畫像請對方賞鑒，由於二人已非主客之誼，龔鼎孳在得到允許後於繪像旁題詩定情，詩稱：「腰妒楊柳髮護雲，斷魂鶯語夜夜聞。秦樓應被東風誤，未遣羅敷嫁使君。」全詩意趣低下，一派玩弄女性的陰暗心理。顧媚雖有意於對方，當時對此淫詞也未作答，可見有所不滿。龔鼎孳北返後，二人以詩文相交往，遂訂終身，顧媚此時欣喜終身有託，才在像旁和詩一首，云：「識盡飄零苦，而今始得家。燈煤知妾喜，特著兩頭花。」

江南民諺有「燈花跳，喜事到」之說，此詩即以燈花為喻，表明自己「識盡飄零苦」，不願再為人作玩物，希望建立正常的「家」。而對於前詩令人不堪入目的詞意，顧媚的和詩中未加理睬，兩詩相較，可以看出二人對婚姻和家庭的追求旨趣並不相同。

慧眼也有迷亂時

已經作出決定的顧媚收斂起舊日模樣，過起待嫁娘的生活。眉樓也不再是尋芳客們花天酒地的娛樂場，變成了「金陵外宅」。

龔鼎孳的朋友曹溶有一詩專記當時情景，「人間無賴酒壚空，玩世今看曼倩工。失意戚姬燕趙曲，送懷湘客蕙蘭叢。神仙歲月消毛穎，煙水秦淮問守宮。一自玉台遺泳貴，飄零轉得見雄風。」詩中歷數了顧眉從傖父無賴、余懷相救、初晤鼎孳直到訂婚的過程，其中第五、六句即指顧媚已辭別了往日的「神仙歲月」，將眉樓變成了守宮。末兩句則反映她自從擇定情郎後，從「識盡飄零苦」轉而萌生出追求新生活的勇氣。

好事多磨，雖然她婚約已定，明王朝生死卻未卜。清軍屢次興兵入塞，邊烽告急，作為兵部官員的龔鼎孳忙於繁冗的軍務，奉旨巡視河北並多次去邊塞，婚事一直拖了三年。此間，他急情難耐，對婚事之憂更甚於國事，常以濃詞豔句消愁解悶，如：「才解春衫浣客塵，柳花如雪撲綸巾。閒情願趁雙飛蝶，一報朱樓夢裏人。」

明代軍制中雖無唐宋時代的營妓或軍妓編制，但史籍中多有「發內地犯罪婦女戍遼東」的記載，婦女自然不可能披甲執戈，「戍遼東」，這些「罪婦」實則送邊塞供娛。龔鼎孳在邊塞就曾聞這種「軍中樂」而思情人。詩云：「漢將嫖姚未解圍，淄青將士鐵為衣。不知何地軍中樂，一片蘆笳傍月飛。」

崇禎十六年夏間，顧媚終於來到北京，與龔鼎孳合巹成婚。

在封建社會中，眠花宿柳被視為風流事，但娶妓納娼卻為輿論大不容，士大夫娶妓更是「有傷名器」的悖禮行為。在此事上，龔鼎孳似乎格外勇敢，不顧京城內他人的議論，竟公然明媒正娶江南名妓顧媚入京成婚，並且，在婚後還將常人羞於啟齒的種種生活細節，寫成詩文並刊刻在私人文集內，這不啻是向偽道學家們公開挑戰。他的這種行徑，在明亡清興以後都成為朝中政敵攻擊他的罪狀。當時他已忘乎於情，迷戀於愛，哪裏會料到後來的事情呢？

顧媚既已脫籍從良，索性將舊日名姓全改，以示與舊我相決絕。她改稱徐橫波，除眉生和眉莊舊字外，又字智珠。從此京師內皆知龔府徐夫人，顧媚或眉娘之名反不為人知。在府宅之內，上下人皆稱其「善持夫人」，龔鼎孳則暱稱她為「善持君」。

顧媚可能認為自己慧眼識英雄，可是又怎麼會知道，她眼中的「英雄」在朝內外確實貌似瞰名好客，黨附清流，對一班奸黨佞臣攻劾不遺餘力，然而骨子裏卻「險刻」無常，翻手雲雨呢？

時值朝中東林黨勢力再度抬頭，周延儒出任宰相後，重新起用了鄭三俊、劉宗周、范景文、倪元璐等一批東林廢臣，並且廢除了臭名昭著特務制度「廠衛輯事」，朝內外對此翕然稱賢。同時，周延儒擅權納賄，品行低下，在前門外開設珠寶店，實則是受賄收禮之處，這又使正義之士不齒。周延儒與吳輔性不合，吳輔自恃有閣臣作後臺，暗中羅織罪狀，伺機參劾政敵。龔鼎孳善察政治風雲變幻，感到吳輔勢力更大，急忙「日趨吳輔門」，終於參倒周延儒。而當周延儒被罷官歸鄉時，他又長途送行，弓背哈腰在轎前溫語勸慰，其險惡狡詐遂聞名政界。

沉思（仕女圖）

龔鼎孳在兵科任職期間，前後彈劾了周延儒、陳演、王應熊、陳新甲、呂大器等眾多權臣。他在朝內左有言路，疏攻政敵，以崇禎十六年間最多，而這年正是他迎娶顧媚之時，他的兩面三刀嘴臉和種種穢行，實可謂「政治娼妓」。可歎深居內府修道參禪的顧媚對此一無所知，反為丈夫的「豪俠仗義」而自鳴得意。

誰料樂極生悲。同年十月初七，龔鼎孳以參論故輔陳演庇貪誤國一疏，冒昧無當，觸怒崇禎皇帝而鋃鐺入獄。他在獄中罷職待審，夜不歸寓，時交初冬，牢中冷似冰窖，無法入睡。此時，顧媚持燈親自到獄中探視，送來錦被酒食，更送來一股暖情。龔鼎孳對此感激涕零，並且當場口占二詩：「霜落並州金剪刀，美人深夜玉纖（三寸金蓮）勞。停計莫怨珠簾月，正為羈臣（被囚之臣）照二毛（頭髮花白）。金猊孤擁繡床寒，銀剪頻催夜色殘。百和自將羅袖倚，餘香長繞玉欄杆。」

敢為待罪獄中的丈夫冬夜送被，足顯顧媚奇氣俠骨、肝膽照人。但龔鼎孳此次因攻擊陳演獲罪，而陳演卻蒙在鼓裏，反而仇將恩報營救其出獄，連事主本人都被玩弄於股掌之上而不知，顧媚自然就更難知內中曲直，可見龔鼎孳在權術上的造詣已經到了登峰造極的地步。

當龔鼎孳獲釋出獄，正逢顧媚婚後第一個生日（顧生於明萬曆四十七年十一月初三日）。顧媚既出娼門，又逢丈夫出獄，為此欣然潑墨畫荷，以示出汙泥而不染、濯青蓮而不妖的人生志向。龔鼎孳於危難中見夫人金玉之心，題詩酬答：「花何葉田田，露質煙心晚自憐。倩取墨光描鬢影，美人兼許號青蓮。」其感銘之意，欽敬之情，溢於字裏行間。

第二年夏天，李自成率軍攻佔北京，明王朝宣告覆亡，龔鼎孳率先投降。由於此時關外清軍勢力強盛，虎視中原，各地明軍仍在抗拒新朝，又以山海關總兵吳三桂的勢力最大，李自成出於駐足未穩的考慮，未敢貿然稱帝，而一班故明降臣忙爭恩寵，上表勸進。《勸進表》傳為周鐘撰寫，建議農民政權「存杞存宋」，給故明王室一小片封邑，以安撫士民的不滿情緒。龔鼎孳獻媚恐落人後，到處鼓吹：「此語出吾手，周介生（周鐘字）怎能想到這些。」李自成便任命他為直指使，巡視北城。

世事變化莫測，數十天後，多爾袞率軍在降將吳三桂的配合下，一舉擊敗農民軍，中原大權再度易手。龔鼎孳又降，其夤緣際會、圓滑善變的本領令諸多降臣望塵莫及。當有人指斥其屈節行為時，他竟以顧媚為屏障，推罪諉過道：「我原欲死，奈小妾不肯何？」此事雖屬笑談，但當時幾處史料皆載此事，可信為實錄。對貪生怕死的龔鼎孳來說，夫人的勸阻正中下懷，樂得不死。而顧媚此舉卻非怕死，她平生嗜讀老莊，婚後潛心佛理，並不以降「賊」降「夷」為恥，也不以復明復漢為榮，得酒且醉，得詩且吟，我行我素，活得瀟灑脫。

盡取莊禪三味真

比起柳如是的剛烈、董小宛的纖弱、陳圓圓的機警、卞玉京的孤傲和昔日同行姐妹的言行操守，顧媚似乎更為超拔時俗，任情所為，可謂盡得莊禪三味。

凡是歷史上滄桑巨變、朝代易幟的社會大動盪之後，雪泥鴻爪，每個人都會留下不同的歷史印痕。短短的百餘天之內，紫禁城頭兩度易幟，錢謙益被時人嘲之「兩朝領袖」，龔鼎孳則成為「三朝元老」。

清順治初年，清廷起用了一大批故明降臣。在漢族統治中國的歷史上，屢用「以夷治夷」之法管轄廣大邊疆地區的少數民族，而此時滿族統治者則反其道而用之，採用「以漢制漢」之策穩定政局，真乃莫大的嘲諷。龔鼎孳以降清有功，復職兵科給事中，再升吏科和守科任職。對此殊榮，龔鼎孳不免又作了許多官樣文章以謝「龍恩浩蕩」。但背地裏，他與夫人密室私語，感傷時事，卻寫了不少持論公允的真心話。這些詩作雖出龔鼎孳之手，卻更多地反映出顧媚的思想狀況。現摘抄幾首如下：

一、

碧瓦朱楹半劫灰，
曲池衰柳亂蟬哀。
飛虹橋外清霄月，
曾照含元鳳輦回。

二、

佳麗春殘苑草荒，

葳蕤金鎖過斜陽。

汀前誰繫青驄馬，

爭道新開政事堂。

三、

罘（皿思）恩曉日舊瞳（日龍），

寶瑟塵生玉帳空。

座上休文愁不語，

金狁對數落花風。

四、

萬年枝上月黃昏，

鐘鼓沉沉掩涕痕。

海內舊遊膠漆解，

故宮無復奏雲門。

五、

柴車日夕碾春沙，
紫鳳驕垂白鼻駒。
只有玉河橋畔柳，
解吹飛絮入宣華。

六、

小葉疎花綴石斑，
梳妝樓上隱煙鬟。
千年雲物驚彈指，
又過銷魂萬歲山。

這幾首詩，詩文感情抑鬱，一波三折，喻意隱晦複雜，正是龔、顧夫婦心情的真實寫照。顧媚雖為眉樓舊友風流雲散而倍感傷心，卻作夢也未料到遠在千里之外的江南還有一位傷情者。此人就是「文奇人奇」的陳則梁。明清易幟之初，他即遁入僧門，自稱個亭和尚，僧服茹素，隱居不出。他在山中結草廬三間，人未死即為自己寫生壙志（墓誌銘）於室外，宣稱：「此亳社遺意也。」上古時代立國先立社，亳社即殷社，「亳社遺意」即以古遺民自況，表示寧死也不降清。在房門柱上，他還寫了兩幅奇異的對聯，一云：「此佛自來耽米汁，至今孤塚有梅花。」又云：「天下何思何慮，老僧不見不聞。」舊友來訪，他竟在自己「墓」前擺酒縱飲，悲歌唏噓，一派遺民模樣。此外，他還在墓旁手植梅花數株，門聯也有「至今孤塚有梅花」字樣，時人多不解其意。陳則梁平生所敬慕的女性只有顧媚，二人曾以知己相待，然生前既不能結為伴侶，則只能與梅花相守，掃落梅入墓，死後與梅魂相守，聊慰此苦戀之情。「梅」與「眉」字諧音，孤塚植梅之意昭然若揭。他未得知己，又入空門，但凡心戀情難泯，所以自謂「（耽）米汁」的「活佛」。順治十五年，陳則梁卒於山中，此情遂成永憾，而五年之後顧媚也歿，但她至死也不知陳則梁「孤塚梅花」的一顆癡心。

順治二年七月，降臣中的南北兩黨為舊案再動干戈，大學士馮銓和龔鼎孳勢同水火，攝政王多爾袞召集眾官廷訊。龔鼎孳「斥銓閹黨，為（魏）忠賢義兒」，馮銓反唇相譏：「何如逆賊（李自成）御史？」龔鼎孳巧於辭令，以魏徵歸順唐太宗之事自喻，使多爾袞極為反感，譏刺道：「惟無瑕者可以戮人，奈何以闖賊擬太宗？」兩月後，龔鼎孳調任太常寺少卿，在多爾袞攝政期間再無亂嚼舌頭的機會。

第二年，他感到在朝不受重用，遂上疏「丁父憂，請賜恤典」，藉故南返享清閒。不料朝內輿論譁然，工科給事中孫珀齡上疏參劾：「鼎孳，明朝罪人，流賊御史。蒙朝廷拔置諫垣，優轉清卿，曾不聞夙夜在公，以答高厚。惟飲酒醉歌，俳優角逐。前在江南，用於金置妓，名顧眉生，戀戀難割，多為奇寶異珍，似悅其心，淫縱之狀，哄笑長安，已置父母妻孥於度外。及聞父訃，而歌飲留連，依然如故。虧行滅倫，獨冀邀非分之典；誇耀鄉里，欲大肆其武斷把持之焰。請飭部察核停格。」此疏言詞激烈，討罪有據。龔鼎孳無言質答，被降二級調用。當時名妓眾多，但公開見於朝廷奏牘者，止此「顧眉生」一處。

「曾經滄海難為水，除卻巫山不是雲」，在社會幾經大動盪之後，顧媚對丈夫的宦海沉浮更不介意。龔鼎孳在降職後攜夫人南返守喪，心情鬱悶，顧媚多方開導勸慰，甚至無視官員服喪的嚴規，依舊恣情放縱、歌舞如故，對外間輿論不屑一顧。按當時制度，官員的雙親亡故後，須停職歸家服喪守制，三年期間應戴孝茹素，甚至夫妻分居，更不准納妾嫖娼，否則為悖禮不孝之罪。她全然不理睬這一套戒律，在守制期間攜丈夫重遊金陵故地，沿江觀景訪友，在鎮江、蘇州、揚州、杭州等風景勝地四處遊宴娛樂，廣泛聯絡戰亂中失散的舊友。於是舊日的眾多文友，如顧夢游、鄧漢儀、陳維崧、吳綺、余懷、冒襄等人重聚一堂，屢興詩酒之會，甚至召藝妓清歌曼舞，早把一個「孝」字丟在九霄雲外。

顧媚的背經離道，怪誕的行為不僅如此，更為怪誕的是婚後多年不孕的她，千方百計想求得一子，卻不能如願。以致雕香木為男，四肢俱動，錦綳繡褓，雇保姆開懷哺之，保姆解襟作便溺狀，並且讓手下人稱呼這個香木雕刻的男孩子為小相公。他們所寓居的西子湖畔眾人稱她為「人妖」。其實，娼妓從良後多年受孕困難，乃常見之事，柳如是、董小宛也是多年才孕，陳圓圓則終生無嗣，這種情況的出現往往與她們早年的長期性亂有關。

雖然顧媚諸多的奇行異徑被外人所不解，龔鼎孳卻對這位女知己感銘有加、佩服得五體投地，甚至表示自己寧遭虎噬，也不捨蛾眉。因此，他於順治八年返京復職後，既欲一洗大節污垢，更為取悅於顧眉，在政事上格外賣力，接連上疏言事，皆得清廷褒獎。順治帝曾誇道：「龔某下筆千言，如兔起鶻落，不假思索，真當今才子也。」由此，他接連加官進秩，從戶部左侍郎直至都察院左都御史。一人得道，滿門朱紫，其夫人也理應授品封誥，但禮部官員卻為此大傷腦筋。

原來，龔鼎孳在娶顧夫人之前，合肥老家早有一位原配夫人童氏，而且因丈夫在明朝時官居兵部曾兩次受誥封，成為朝廷命婦。由於龔鼎孳經常在外追蜂戲蝶，童氏也就一直未進京居住。自顧媚入京後，她更不願去當「冷宮夫人」，索性獨居合肥，甘守活寡。清入京後，仿效前明舊制，再為朝中官員的夫人封誥加品，但只有正室夫人才有此資格。按理說，童氏是原配正室，封誥乃名正言順，顧媚雖集專寵，卻也只能屈尊為側室。童氏頗為識趣，深知丈夫已推恩移愛於新夫人，頗有難言之隱，遂不無揄揶地表示：「我已經兩次受過明朝封號，以後本朝恩典，讓顧太太可也。」此語極妙，既挖苦丈夫失節移情，又試探顧太太願否作這種「變節誥命夫人」。顧媚對此淡然一笑，欣然受封，成為名正言順的一品誥命夫人，這又意味著龔氏家族內的廢嫡立庶，童氏對此作何感想已無可查證。

龔鼎孳再度青雲直上，不免得意忘形，舊病復發。順治十二年，因上疏中先涉黨爭之嫌，又觸滿漢輕重之忌，於是禍事臨頭。此時順治帝已親政，他既深惡前明黨爭，又忌諱大臣議論滿漢優劣，儘管此時朝中崇滿抑漢確屬事實。龔鼎孳的奏疏激怒當朝，被連降十級，從左督御史的赫赫官階，一跤跌到上林苑蕃育署署丞。此職不過是皇家園林內的管理員，其地位還不如《西遊記》中孫悟空初入天衢時的「弼馬溫」。

如此巨大的榮辱起落，給予了龔鼎孳沉重的打擊。但是顧媚卻不以為然。為讓丈夫從鬱悶中走出，顧媚算是煞費苦心。第二年在南返時安排了一次祝壽的活動，並且聲稱是丈夫為自己賀壽。其實龔鼎孳正待罪苑署，哪會有心思遠下金陵辦壽事呢？

眉樓早已易主，顧媚遂租下金陵著名的隱園中林堂，張燈開宴，大擺壽筵。那年顧媚才三十九歲。按舊俗每滿十歲整壽才大事慶賀。沒到整歲就舉辦大壽已屬怪事，更何況不是在丈夫升官進爵時，偏選在他倒運背時之日稱壽，不是怪上加怪。更可怪的是，在邀請客人的名單中，上至六部要員，中有社會名流，甚至顧媚將舊日妓業同行也列為「客人」，而不是侑酒陪席的下等人，而且，這類的客人將近一百餘人，簡直是一次由誥命夫人所主持的亙古罕見的妓業大會！

壽宴中的節目安排更是奇上加奇，顧媚一改舊日宴會中藝人演戲、客人觀賞的常規，而是安排了一場由客人們自演自賞的《王母瑤池宴》大戲。她特意指定客人中的部員和翰林們客串劇中角色，自己則「垂珠簾，召舊日同居南曲呼姐妹行者」飲酒觀劇，談笑品評。

思春（春宮畫）

更富有戲劇性的是，席間一位醉客搖晃起身，步履蹣跚地直趨眾女客觀戲的珠簾之前，「撲通」一聲，跪地長揖，捧酒杯口稱：「賊子上壽！」眾妓定睛一看，慌忙離席還禮。原來，此公是正前往浙江赴任的浙江監察司，朝中某尚書的門生，一位炙手可熱的人物。顧媚對此毫不驚怪，端坐受禮，欣然為罄三爵（即喝光三杯），龔鼎孳見狀樂不可支，早將謫官的煩惱忘在腦後。

金陵壽慶之後，顧媚添喜。翌年生一女嬰。已入中年的顧媚不禁喜上眉梢，可是這位小千金出世還沒有幾個月，卻染天花而殤。夫婦為此大感傷心。龔鼎孳按照夫人之意，專在城外寺廟建醮場，超度亡女之靈。適值江南某士寓居寺內，趁機「打抽豐」，在幢幡上題一聯曰：「已現童女身，而無壽者相」。此聯毫無意趣，更無文采。龔鼎孳在悲傷中竟贈其百金，顧媚的哀情更可想而知。以後，她因哀慟過甚而大傷身體，至死也未能再孕，那尊異香木雕刻的「小相公」便成了她斷戒子嗣之夢的永遠象徵。

經歷此事之後，顧媚的「凡心」更淡，視榮華富貴為過眼雲煙。她經營眉樓多年，積蓄豐厚，比起當京官的丈夫更富有，未嫁之前即以輕財好義、俠骨奇風聞名江南。在下嫁之後，又逢世道大亂，她扶危濟貧的種種義舉在京師內外享有美譽。

在她十數年道義俠骨的影響之下，只知岌岌於功名利祿、倦倦於枕席之愛的龔鼎孳也廣結善緣，幹了不少仗義之事，但資費卻多出夫人私囊。顧媚此時既懷殤女之慟，更有憤世憂民之心。平時她潛心於佛典道藏，只為了尋求內心痛苦的解脫之道；而賑濟貧危之士，則是尋求內心解脫的行動。

當時得到龔、顧夫婦資助者為數眾多，有江湖藝人王紫稼和柳敬亭、號稱「易堂九子」之一的曾燦、著名思想家傅山、抗清義士閻爾梅、詩人朱彝尊、陳維崧和一些亡友的遺孀等，而且，傅山和閻爾梅等人都是當時清廷張榜捉拿的反清要犯，對他們的資助無異同謀，如果沒有顧媚那種敢於摧鋒折刃的勇氣和膽略，龔鼎孳又怎敢有這樣的義舉呢？

顧媚雖對時事變遷表現得格外超脫，但對個人名節卻極為珍視，對於丈夫在三朝易幟、兩度投降的奴顏媚骨行為，實則頗為齒冷，只是未形諸筆墨而已。

清軍攻佔北京後，龔鼎孳再降，顧媚不堪忍辱，曾隨舊友吳崖子南遊，二人登金焦，遊虎臯，後至明聖湖，縱覽孤山葛嶺之勝。當時她已是盡人皆知的善持夫人，此遊名為避亂，實則無異於同舊友私奔。這件當時的風流韻事，不但可見顧媚獨立不廚的情境，也透露出了這對夫婦也曾有過感情上的裂隙。有趣的是，吳崖子後來公然將此次南遊詩作贈給龔鼎孳，其中不乏他與顧媚的唱合之作。而龔鼎孳佯裝鎮定，甚至和詩作答。然而，龔鼎孳在以後的種種善舉，與其說是為了彌補自己在大節上的罪愆，還不如視為重新取悅夫人、以彌合感情上的裂隙更為貼切，因為失寵於夫人是比任何失物都可怕之事，所謂道德和名節對他則不值一文。

顧媚幼女的夭折，正值產後不久，哀慟過甚，從此染下病根。頗重感情的她，精神上的打擊更甚於身體，從此她不僅懶於妝飾，連詩畫情趣也大不如前。

康熙二年七月十五日，顧媚病死於北京，時年四十四歲。訃訊傳開，親朋故友致悼者甚多，又以閻爾梅等抗清義士們格外傷感，長歎：「追憶善持君，每佐餘急明友之難，今不可復見矣！」他邀集眾友在江南為顧媚專建了一座妙光閣，每於清明時登閣感悼，賦詩作詞，長歌當哭。其中「化去魂歸無色界，悲採佛是有情人」、「傷心青眼綦巾者，不見吾曹擊築歌」等句，慨歎她早年淪落風塵，死後歸無色，既信佛理又難斷情緣，更喜結識俠骨奇氣的抗清義士，而以後卻難覓此女俠客。「擊築」一句係出古時荊軻刺秦王，臨行前在易水擊築悲歌的典故，寫得尤為悲壯動人。

顧媚死後，龔鼎孳本屬登徒子之流，自然不甘於枕席寂寞，又娶納新歡，並生得貴子。

然平心而論，他對顧夫人的舊日恩愛仍刻骨銘心，感念於懷。顧媚生前對江南故里魂牽夢繫，死後永葬北地顯然有悖情理。康熙五年，龔鼎孳扶柩南返，將亡夫人遺骨歸葬江南，聊慰二十餘年的夫妻情份。葬畢返京途中，適逢顧媚生辰，感舊懷人，不由心生悲憫，寫下四首情意真切的輓詩：

一、

朔風蓬轉正天涯，
雲斷鄉山暮嶺斜。
萬事吞聲成死別，
君歸黃土我黃沙。

二、

生辰歲歲炷名香，
幢蓋蓮華繡妙光。
今日客途鐘盤香，
梅花沁水酹空王。

三、

慧業生天定不疑，
蒲團燈火夜闌時。
傷心拋下青螺管，
懶向人間更畫眉。

四、

月病雲愁剩此身，
青天碧海事沾巾。
瑣窗豈少閑花鳥，
四海論心有凡人？

輓詩雖情意纏綿悲切，有痛失知心的悲切之意，卻終不免顯得有卿卿我我的小家子氣。比起閻爾梅等人「老眼憑欄何恨事，三更杜宇五更霜」的氣勢闊大、感情激昂的輓句，龔鼎孳只能愧對那座象徵顧媚的妙光閣。

柳如是　風骨凌嶒

柳如是，秦淮八豔之首，性格剛強，正直聰慧，與江左三大才之首錢謙益结為連理

風塵女俠才八斗

柳如是生於一六一八年，卒於一六六四年，名是，字如是，小字蘼蕪，是活動於明清易代之際的著名歌妓才女，個性堅強，正直聰慧，魄力奇偉，聲名不亞於李香君、卞玉京和顧媚。她是明末清初秦淮河畔如雲佳麗中的一朵奇葩，為秦淮八豔之首。

身逢困境思身世

西元一六三二年，也就是明朝崇禎五年冬天的一個傍晚，在江南水鄉吳江城外通向北方的路上，一個穿雙襟短衫、手中挽著小包兒、看上去不過十四五歲的女子正冒著風雪艱難地一步一步地向前行走。她顯得是那樣的猶豫和無奈。這個少女不是別人，她就是被吳江城內故宰相周道登的夫人趕出家門的小姬楊影憐，後來名載青史的風塵奇女柳如是。

夜越來越深，變得更為昏暗。這個時候天空竟然不作美地飄起了片片雪花，使得原本就難行的路變得更為崎嶇難行。心力憔悴的她雙腿似灌了鉛一般沉重。她再也難以邁動雙腳，真的想歇歇，想找一個人好好地吐吐壓抑在心中的怨氣。

錢謙益像

是真的，她真的難以明白自己為什麼會落到如今的地步，她在暗暗地詢問自己，問自己究竟是在什麼地方犯了過錯。在老爺屍骨未寒之際，便被夫人趕出家門，她一邊想著這些辛酸的事情，一邊漫無目的地往前行走，也不知道走了多遠，走到了什麼地方？在她的面前出現了一個燈火通明的小城鎮，又冷又餓的她幾乎連猶豫都沒有猶豫，伸手敲響了一個客店的門板。

門開了，好心的主人見到是一個孤單弱女子，就連忙將她請了進去，並且關心地詢問發生了什麼事情，讓她一個弱女子在冒雪孤單夜行。

好心店主的話，像一根鋼針刺到了姑娘的傷心處，她不由得傷心地哭泣起來。淒切的哭聲驚動了住店的客人，他們圍攏過來，紛紛詢問到底發生了什麼事情。她抽泣著將自己的遭遇說了出來。於是，人們便七嘴八舌地幫助她出主意。有一個客人說道：「你在周宰相家待了這麼多年，他們家出入的都是官宦人家，名門望族。難道說其中就沒有知心俠義的人嗎？你為什麼不前去投奔他們呢？」

客人的話提醒了身處在困境中感到迷茫的她。她的心情隨著淚水的流淌，慢慢地恢復了平靜。在食用過店主端上來的簡單菜肴和梳洗之後，她便躺在床鋪上休息。雖然她已經疲憊得不行，睏意就像浪潮一樣襲了上來，可是，只要她一閉上眼，往事就在眼前浮現。

她想到了自己剛剛八歲，在懵懂記事之際，便因家庭生活所迫，被父母賣到了吳江澤盛鎮徐媽媽所開的妓院——歸家院，竟然連自己父母的姓名都不知曉，只是從吳媽媽的口中知道他們是浙江嘉興人。在歸家院和徐媽媽相處的那段日子，徐媽媽確實對她很好，在平日她除了伺候徐媽媽之外，便跟著徐媽媽讀書識字，學習琴棋書畫。那段日子是那樣的無憂無慮，她深深地懷念那段日子。慢慢地她想到和周宰相相處的那段時光，那段令她感到幸福無比的時光。她清晰地記得，自己初進周家門是在一六二七年，也就是天啟七年。那個時候正是陝北農民起義鬧得最凶的一年。周宰相周道登接到皇上的詔書，要以禮部尚書的身分入閣為相。在他隻身進京之前，對老夫人放不下心，便派遣僕人在吳江四處尋找，希望能夠找到一個聰明伶俐而又貼心的小丫鬟。也正是因為如此，她進了周府。其實，在那個時候，她與周宰相只有過一面之緣，真正和周宰相在一起，還是在崇禎二年。那

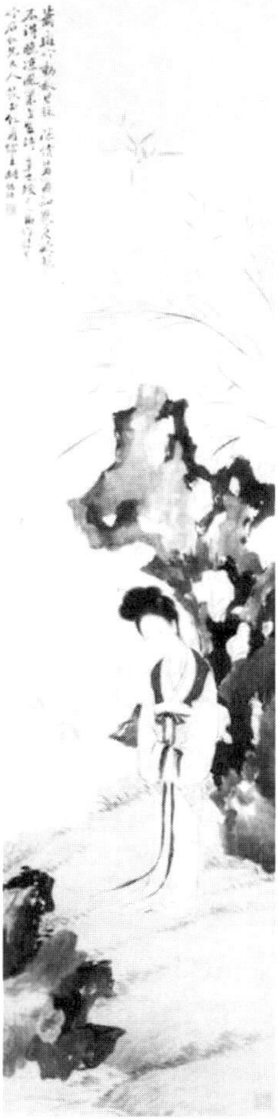

個性剛強的柳如是

時周宰相眼見國事難維，便病假告老還鄉，以著書立學自娛。柳如是正是因為自己在歸家院徐媽媽處養成在閒暇時喜歡吟詩作畫而引起了他的注意。直到現在，她還仍然清晰地記得周道登稱讚她提筆有虞褚之風，吟詩有盛唐遺韻。因此，她成了周道登的侍妾，時時與周道登在一起，時時得到周道登的指點。她是眾多侍妾之中年齡最小的，也是周道登最寵愛的。這不免引起了其他侍妾的嫉妒，她們屢屢在夫人的面前擺弄是非。夫人不加辨別，竟然相信了她們的讒言，以至於當周道登逝世之後，便把她逐出周府……

辛酸而又陳舊的往事，讓她變得更加傷心，無聲的淚水順著她潔白的臉頰流淌。或許是她真的疲憊了，慢慢地竟然昏昏的睡去。

就在她半睡半醒之間，她做了一個奇怪的夢，夢到一個風流倜儻、極具才華青年的才子——陳子龍。

怎麼會夢到他呢？姑娘不禁暗自詢問自己，從她的記憶深處自然地浮起了和陳子龍結識的前後經過。

早在崇禎二年，她就聽周道登講過陳子龍和復社的事情。當時的讀書人盛行以文會友，詩酒唱和，提倡風雅之風。在天啟末年，太倉人張溥、張采，蘇州人楊維斗等人創辦「應社」，最初只不過是大家聚集在一起學習經義，揣摩風氣，為應付考試，獵取功名。但是，張溥素懷大志，認為這樣還不夠，必須集合多方面的人士，砥礪名節，「共興復古學，將使異日者，務為有用，因改名為復社」。他們設祭壇歃血為盟，對天發誓互相監督，永不背叛復社宗旨。當時有氣節而知名的慷慨悲歌之士如幾社領袖陳子龍、夏允彝，皖中名士吳應箕、劉城、方以智等人都參加了復社。參加復社的都是關心國家大事的讀書人。她在那個時候年齡雖然還小，並且是個女流之輩，可是向來就尊崇有學問、有氣節的人。因此，在她還沒有見到陳子龍時，便對他產生了很好的印象。

真正和陳子龍見面是在一年春天。那個時候因為陳子龍正好在吳越間遊學，便專程到吳江拜訪周道登。周道登已經是沉疴在身。見到周道登的陳子龍就在病榻前論及權宦當道，當論及國事日非的狀況時聲淚俱下，慷慨激昂。在一旁侍奉周道登的她，心想陳子龍果然是一個錚錚丈夫、血性男兒。被深深感動，偶爾也插上幾句。這讓陳子龍覺得這個小妾不僅生得俏麗動人，且頗有膽識，不免對她另眼相看。

陳子龍在周家逗留的日子裏，有意尋找幾次機會和她交談，並觀看了她的一些書畫習作，越發的對她讚賞。兩人之間竟然生出了「恨不相逢未嫁時」之意。「我所結識的女子皆奇士，你則是奇士中的奇士，但願我們後會有期。」她彷彿又聽到了在那次臨別之際他對她所說的話語又在耳邊響起。

陳子龍先生操識過人，乃當今才俊，日後必為國家棟樑之材，並且對我情深意切，我何不到松江投臥子先生去。彷彿是上天的啟示令深陷困境的她在暗夜裏看到了指引自己前行的燈光。她變得興奮起來，巴不得天早一點亮透，早一點啟程，早一點趕到華亭，見到夢中出現的陳子龍。

完美愛情竟夭折

她是在崇禎五年臘月三十到達華亭的。對於她的到來，陳子龍既感到驚詫，又感到了喜悅，並且敞開了溫暖的懷抱接納了這個遭受巨大打擊的女子。到了陳子龍家後，她便取唐人許堯佐《柳氏傳》章台柳的故事，利用楊柳在文辭上的通用，易楊姓為柳，名是，字如是。

柳如是與陳子龍的結合，在兩個人的生命史上都是一個燦爛的亮點。前者是才女而兼神女，後者是才子而兼神童，可以說是天造地設佔盡天下風流的完美組合，成了當時的一段佳話。可惜的是老天爺總是那樣捉弄人，好像是一個忌妒心極強的頑童，在人們沉浸在幸福和喜悅的時候，總是會無端地製造一點障礙。當他們相處了一段日子之後，一些難言的困惑開始慢慢地滋生。

這一切都是因為陳子龍已經成婚而帶來的。生於萬曆三十六年，也就是一六○八年的他，從小就聰明伶俐，並且未成年之時就名傾一方，於是在十幾歲就由父母做主，娶了同邑高門張姓之女為妻。張氏雖才學一般，但娘家頗有勢力，為人也還精細，雖然陳子龍對妻子不是十分地滿意，但考慮到自己名氣雖大，終究只不過是一介寒儒，也就同張氏得過且過了。現在柳如是到了陳家，名分上是妾，張氏雖然無視當時的社會風氣，表示公開的反對，但是看到丈夫像是忽略了她的存在，只是同柳如是吟詩作賦、彈琴書畫，心裏不免有所不痛快，因此便常常在柳如是面前擺擺夫人的架子，故意刁難和奚落柳如是。

每逢遇到這類事，柳如是為了家庭和睦，都忍了下來，不去和對方正面衝突，充其量也只是到了夜晚，在枕席上說給陳子龍聽聽舒緩一下心中的悶氣。陳子龍在這個時候唯一能做的就是當和事佬，只求不要出現什麼大亂子。試想這種家庭氣氛怎能不讓人感到彆扭呢？

光陰似箭，轉眼到了崇禎六年（西元一六三三年）的秋天，再過一年就是三年一度的科舉會試之期。陳子龍原本就是懷抱經世之志的血性男兒，怎能放過如此大好的機會呢？他便向柳如是說出了自己要進京趕考的意思。柳如是是明事達理的巾幗英雄，便欣然同意了。臨行的前夜，二人千叮囑，萬恩愛，久不能眠。抑制不住心中情緒激動的柳如是索性取出了文房四寶，急就《送別》二首給陳子龍，表達自己對對方的濃濃情意和殷切期望。（現摘錄於下）

（第一首）

念子久無際，兼時離思侵。

不自識愁量，何期得澹心。
要語臨歧發，行波託體沉。
從今互為意，結想自然深。

（第二首）

大道固綿麗，鬱為共一身。
言時宜不盡，別緒豈成真。
眾草欣有在，高木何須因。
紛紛有遠思，遊俠幾時論。

陳子龍在看完了這兩首情真意切詩詞之後，心中感慨萬千，在稍微沉思片刻之後，隨即附詩一首《錄別》，以表達和抒發要與柳如是永結同心的真摯感情。（詩文如下）

悠悠江海間，結交在良時。
意氣一相假，羽翼無乖離。
胡為有遠別，徘徊臨路歧。

庭前連理樹，生手念華滋。
一朝去萬里，芬芳終不移。
所思日遙望，形影互相悲。
出門皆兄弟，令德還故知。
我欲揚清音，世俗當告誰。
同心多異路，永為皓首期。

陳子龍離家進京趕考去了。一直受到張氏排擠的柳如是的處境變得更糟。精於治家的張氏，一進陳家門家事便由她全部操辦。現在陳子龍已經離去，原本有所顧忌的她，也就再也無所顧忌，指使下人處處為難柳如是。勢單力薄而又不諳此道的柳如是，怎能是她的對手，她又有什麼辦法呢？她唯一能夠作的事情便是期盼陳子龍能夠金榜題名，早點回來。可是，她又怎能想得到她的陳子龍現在正經受著一次致命的打擊，再也不會來了呢？

原本志在必得的陳子龍，沒有想到在放榜之時，竟然名落孫山。這太意外，太可怕了。在巨大的失敗面前，陳子龍覺得一切都完了，怎麼對得起柳如是的期待，又有何顏面回去見江東父老。大丈夫不能立命，何以安身？前思後想，陳子龍決定再等三年，一定要中試後再還鄉，只有那樣才是真正的丈夫，只有那樣才對得起所有寄希望於自己的人。陳子龍毅然地做出了決定，要遍訪海內名士，與他們研討學問，並寫了封家書託人捎回華亭，就開始過起了行無定蹤的雲遊生活。

殷切盼望心上人回來的柳如是哪曾想到事情竟然出現了這樣的變化！當她接到那封家書之後，驚愕了，半晌都說不出任何一句話來，彷彿感覺到天地就要塌陷一樣。這個消息給柳如是的打擊更甚於陳子龍本人受到的打擊。

望著闊大的宅院和冷漠的家人，柳如是感到心裏一陣陣發涼。她自言自語地說：「子龍呀子龍，你不中試，我可以跟你生活，哪怕含辛茹苦，只要兩人心心相印，相濡以沫就夠了。但是沒有了你，沒有了你的歡聲笑語，這個家還有什麼意思？我在這個家怎麼待得下去？再過三年，張氏不將我折磨死，我也要被他們活活氣死。你怎麼能一走了之，拋下我不管。你怎麼不為我想想？」

不知道陳子龍如果聽到了柳如是的這番心碎的話語之後，能否改變決定，毅然回歸故里。可是他又怎能聽得到了呢。悲劇也就因此自然地產生。

幾天之後，感到心中鬱悶的柳如是為了排遣心中的苦悶，情不自禁地拿出了擱置多時的古琴坐在房裏邊彈邊唱。誰知一曲未了，張氏就叫人傳過話來：「這裏不是青樓歌院，要守不住，到那裏去。」

如此尖酸刻薄的言語，就是常人聽了也難以忍受，更何況原本便是女中豪傑的柳如是呢？長期積壓在心中的怒氣終於爆發出來。她當即說道：「用不著你們趕，我現在就走！」盛氣之下的柳如是簡單地收拾了行李之後，離開了陳家，這個已經遭受過一次無家可歸的女子，將又會投奔何處，在何處安身呢？

重歸吳江歸家院

無所依靠的柳如是，現在唯一能夠投身的地方，便是從前寄身的歸家院——徐拂所開設的妓院。她是在崇禎五年的四月回到這兒的。

位於吳江北面的澤盛鎮，是江浙兩省交界處的重要市鎮。吳江盛產絲綢，而澤盛則是吳江最好的絲織品製造和交易地。同時，這一帶也是明季黨社文人的淵藪。因為這些原因，盛澤鎮雖然只是區區一隅之地，其風流聲伎、青樓歌館倒也可同南京媲美。一到夜晚，妓院集中的地方就箏傳笛鳴，歌舞不休，常常通宵達旦。

踏上曾經熟悉的土地，柳如是心中思緒萬千，她想到當年離開盛澤的時候，自己不過是個小女孩。轉眼八年過去了，現在的她已經變得婷婷玉立，婀娜多姿。只是自古「紅顏薄命」，偌大世界卻沒有她安身立命之地，轉了一個圈，又來投奔歸家院，還不知徐媽媽肯不肯收留她。

所有一切的擔憂對於柳如是來說都是多餘的，她已經沒有其他的選擇。憑著依稀的記憶，她來到了歸家院的門前，伸手輕輕地敲擊門環。

門開了，柳如是向開門人說明了來意。片刻之後還未完全梳洗好，徐拂便三步併作兩步趕了出來，一見到柳如是，她便極期親熱地叫道：「唉呀，姑娘喲，這是什麼風把你吹來了，還記得來看媽媽，早聽說你越發出息了，真是女大十八變，越變越好看。過來，過來讓我仔細看看。」

牡丹富貴圖（水墨畫）

沒想到媽媽這樣熱情，飽盡了世事風霜的柳如是眼淚竟簌簌地直往下掉。徐拂一見這架式忙問，到底發生了什麼事情。柳如是拿出手帕揩了眼淚，一五一十地把這些年的情況說了出來。

徐拂聽後歎息不已，安慰地說道：「可惜了，可惜了，那陳子龍是個大材，吳越之間誰人不知，誰人不曉。只怪那悍婦太不容人了，算了罷！這都是前世的命，你就認了吧。從今以後，你跟媽媽過，再找機會擇個良婿。」

從此，柳如是便在歸家院住了下來。由於她的絕才絕色，使得無數的風流士子神魂顛倒，樂不思蜀，爭相拜倒在她的石榴裙下大獻殷勤，不到數月便名滿吳越。

漸漸地，柳如是對這種逢場作戲的生活從心裏感到厭倦，特別是在這些人中還夾雜著一些附庸風雅、有名無實的俗人，更讓柳如是生厭。一天，一個慕名而來的紈袴子弟到了歸家院就交給徐拂三十兩銀子，要求柳如是陪客。見到柳如是後，他馬上大大咧咧地說：「久慕芳姿，幸得一見。」

柳如是聽了不覺失笑，心裏暗暗罵道：這等俗人。

誰知這位卻並不怎麼識趣，反而涎皮地說：「一笑傾城。」

柳如是止不住又冷笑了一聲。

「再笑傾國。」這位不知道是不是腦子進水了，仍然說道。

柳如是感到自己再也無法忍受了，忙轉身走出房門，找到徐拂，顫聲詢問：「你收了他多少錢，這樣庸俗的傢伙也要我陪。」說畢操起剪刀，剪下自己的一縷青絲遞給徐拂，算是付給那俗人的償金。

託身遭遇薄情郎

日子一天一天的過著，轉眼就到了崇禎九年（西元一六三六年）。徐拂隨著年齡的增長，以及所經歷的一些事情，自覺世態悲涼，終於擇了良婿，離開盛澤鎮度自己的晚年去了。柳如是這時也就在終慕橋北面造了一幢房子，取名十間樓，開始自立門戶。平日只同那些高才名士相處，飲酒酬答，倒也自在風流。她與其中一個叫做宋轅文的交往密切，並發生了一段或許原本不應該發生的感情糾葛。

宋轅文是個世族子弟，與柳如是同年出生，並非同輩所能比擬，儼然一翩翩濁世的風流才子。但是他對柳如是卻是一往情深。在他們還沒有正式交往時，柳如是便聽說了關於他的一些事蹟。當宋轅文前來拜訪之時，為了試試此人是否真心，柳如是卻將他拒之門外，約他第二天再到白龍潭舟中相會。柳如是哪曾想到，他第二天清晨，她在百龍潭的船上還未梳洗，宋轅文就來了。為進一步考驗宋轅文，柳如是讓他不要乘船過來，讓他跳進水中游過來。柳如是的話剛說完，宋轅文連猶豫都沒猶豫，就跳進了水中。那時正值嚴寒季節，潭水像冰一樣刺骨。柳如是震驚了，深深地被宋轅文感動，讓人將他救上船，並親自幫他脫下濕衣服，然後將他擁入懷中。從此二人感情日熾，柳如是也就有了託付終生於宋轅文的意思。

確實，像這樣癡情的男子普天之下又有幾個呢？柳如是又怎能會輕易放棄？按一般的情況來說，她們或許能夠成為令人羨慕的佳偶，可是，又有誰能想到：縱使宋轅文對於柳如是的愛戀如癡如狂，又怎能不考慮現實呢？那就是來自他母親的反對。他的母親認為這是有辱門風的事情，要宋轅文斷絕同柳如是的交往。原本孝順的宋轅文，既不敢違背母親的意思，又不願意離開柳如是。他繼續瞞著母親與柳如是交往。

難道說柳如是願意就這樣下去嗎？她絕對不會這樣的。敢愛敢恨的她性格是那樣的強烈分明，只不過是沒有尋找到一個適當的時機向宋轅文表明心跡而已。恰恰就在這個時候發生了一件事情：吳江的地方官員出示了告示，要將城內所有從妓行業的人驅逐出城。得到這一消息，柳如是派人將宋轅文請過來。

片刻後，宋轅文趕到了。他走進經常同柳如是相處的房間，便感到和平時不一樣，因為今天的柳如是是一副盛裝打扮：頭上梳著雙飛燕式的髮髻，高六、七寸，蓬鬆光潤。上穿嶄新的窄袖背子，下著曳地長裙，足穿杏葉弓鞋，比平日更添了幾分嫵媚。更令宋轅文不解的是在柳如是端坐的案前，案上放著一張古琴，旁邊一口倭刀。

宋轅文心中不免有所不解。當他正要開口詢問的時候，柳如是告訴他官府要逐妓之事，然後對轅文說：「我現在該怎麼辦呢？」

宋轅文沉默了，半天之後才吶吶地說：「你還是躲避一下吧，過了這陣風再說。」

春宮畫

如果在這個時候，宋轅文對柳如是所說的是另外的一句話，故事將可能朝另外一個方向發展。他與柳如是可能還會像以往那樣交往下去，甚至還會在一起。柳如是在聽到這句話之後又恨又怒。恨的是轅文全無心肝，不知自己是有意託身於他；怒的是轅文懦弱無能，終身大事也不敢當機立斷。她盯著宋轅文，用一種審視的目光上下打量著他。突然，她拿起了手邊的刀，手起刀落將古琴的七根琴弦齊刷刷地斬斷了，爾後大聲地說道：「別人這樣講倒沒有什麼奇怪的，你怎麼也這樣待我？從今以後，我和你一刀兩斷。」

這原本並非是宋轅文所想要的結局，可是事到如今又怎麼能夠挽回？於是，他帶著一點點的內疚和羞愧離去了。

柳如是在將全情傾注於與宋轅文之間的「愛情」破滅之後，對一般的客人也閉門不納。為了排解心中的苦悶，尋求心靈的慰籍，有段時間，她靜下心來跟「善法書，彷彿晉唐人筆意」的名書法家李存我習字。

或許是柳如是已經被感情傷透，不願再提及情感，她處處提防，避免類似的事情發生。但是，她又怎麼夠阻止他人對於自己的追求呢？崇禎十一年，一個自稱是故相徐階之後的公子來訪。柳如是拒絕接見。這公子留下一大筆銀兩後快快而別。從此之後，這位公子隔不了十天半月就攜帶禮物來求見。三個月後，柳如是看這公子還有幾分誠心，便允諾請他臘月三十再來。到了那天，徐公子果然翩翩而至。柳如是設宴款待了他，席間賓主盡歡。柳如是對公子款款說道：「我約你除夕之夜來，本來是以為你不會來的，看來你真是個有情有義的人，只不過除夕之夜是闔家骨肉團聚的日子，而你卻在娼家過夜，這不是太有悖人情了嗎？」

一番話說得徐公子啞口無言，當時便呆立在那兒。柳如是見此情景，就讓僕人提著燈籠，將徐公子送回了家。直到正月十五，柳如是才留徐公子在十間樓過夜。枕席間，柳如是責怪公子不讀書，少文氣。又溫言勸他，既然不能以文才仕進，何不去習武從軍，並說這也是一條進身之路。徐公子聽了連連稱是。後來果然投身行武之中。

自從被周家夫人趕出，墮入風塵後，柳如是一方面砥礪自磨，一方面尋找一個可以終身相許的知音。可憐她憔悴奔走於吳越之間近十年，卻屢遭挫敗，中間悲歡離合，極盡人生之痛苦，非常人所能忍受。難道說上天真就讓這樣一個苦苦追尋純真愛情、疾惡如仇的剛烈女子孤獨飄零一生嗎？

兩情相悅定終生

在崇禎十三年（西元一六四〇年）十月的一天，常熟六弦河上飄來了一葉小舟。一個身著儒服的英俊公子坐在船頭，眉宇間露出若有所思的神情，她就是女扮男裝的柳如是。這次她是專程前來拜訪被閹黨指為「天巧星浪子」，被士流推為「廣大風流教主」，主盟文壇數十年的東林黨魁、大學士錢謙益。此時的柳如是雖然以才色名聞吳越，可是一想到這些年來坎坷遭遇，仍然感到幾分悲切。

當小船停靠岸邊之後，柳如是從那無限的憂思中走出，稍整衣冠，便隻身來到含輝閣半野堂錢宅，報了姓名，請求拜見。錢謙益雖說是文壇泰斗，但一聽說柳如是求見，仍然覺得非常高興，因為他早就聽說過柳如是，也早就想一睹這位風月異人的風姿。可是他沒想到進來的卻是一位風流儒士，錢謙益正在發愣，柳如是忙開口請了安，說明自己是化裝上路，請大學士海涵。錢謙益連說「不必，不必」。落座以後，二人就漫無涯際地開始談詩論文。錢謙益主張詩要有本，認為「國風」、「小雅」、《離騷》及李杜等人之作皆從肺腑中出，莫不有本。柳如是對此極表贊同，談得高興處，柳如是當即揮毫賦詩一首：

聲名真似權扶風，妙理玄規更不同。
一室茶香開澹黯，千行妙墨破冥蒙。
竹西瓶指因緣在，江左風流物論雄。
今日沾沾誠御李，東山蔥嶺莫辭從。

萬曆三十八年（西元一六一〇年）廷試第三名及第的錢謙益，即世俗豔稱的探花。一般人贈詩，多要論及此事，不想柳如是絕不道及。更讓錢歎益驚訝的是柳如是所寫的詩文用的是明朝官韻（洪武正韻）。再細品全詩，句句皆有出處，所舉的謝安膺之諸賢，都是錢謙益胸中自比之人。所謂「人之相知，貴相知心」。這女子真是個絕才，作的詩不入流俗窠臼，誠可謂「莊」，更可謂「雅」。錢謙益不禁在心中暗暗叫好，約略沉思，也提筆步柳詩韻奉答：

文君放誕想流風，臉際眉間訝許同。
枉自夢刀思燕婉，還將摶土問鴻蒙。
沾花丈室何曾染，折柳章台也自雄。
但似王昌消息好，履箱擎了便相從。

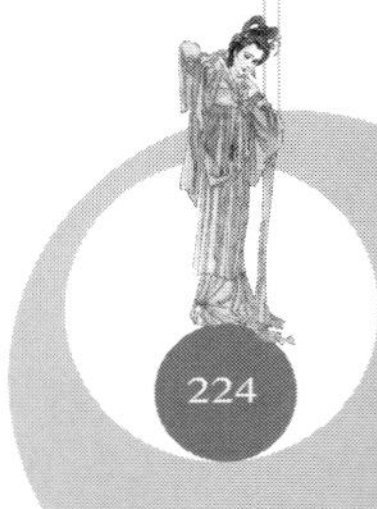

錢謙益在詩中暗指世間雖有很多願與柳如是結百年之好的人，但都是些下愚之輩，而自詡為上智名士，實在可以中選。柳如是何等聰明之人，到此時已是心領神會了。經過一段時間的繼續了解和詩歌唱和，崇禎十四年（西元一六四一年）六月，錢謙益一反當時社會風習，冒天下之大不韙，以娶正房夫人的禮儀，與風塵女子柳如是在茸城舟中結下了百年之好。

結婚之時，柳如是頭簪鮮花，上身穿合領對襟大袖禮服，腰著月華裙，輕描淡寫，色極淡雅，風動色如月華，盡領人間風騷。錢謙益則頭戴烏紗襆頭，身穿織金蟒袍，繫白玉腰帶，顯得氣宇軒昂。自此以後，柳如是就對外稱「河東君」。

錢柳的結合，可以說是惺惺惜惺惺，才子愛美人。雖然年齡相差懸殊，一個六十歲，一個二十四歲，但是由於他們是在互相賞識和愛慕的基礎上結合的，所以也顯得琴瑟和諧，令人豔羨不已。因此，在他們之間流傳下了許許多多令人津津樂道的佳話。例如，錢謙益對柳如是開玩笑說：「我愛你烏個頭髮白個肉。」才思敏捷的柳如是馬上回道：「我愛你白個頭髮烏個肉。」一時傳為笑談。

錢謙益對柳如是的感情很深。崇禎十六年（西元一六四三年），錢謙益大興土木，在半野堂後面建造藏書樓時，為了取悅柳如是，將新樓命名為「絳雲樓」，意寓柳如是真誥絳雲仙姥下凡。絳雲樓上放的是萬卷藏書和珍奇古玩，樓下是他們二人的居室。錢謙益一般晚上讀書寫作，柳如是則幫他查對資料，共同探討疑難，二人配合默契，相得益彰，其樂融融。

這段時間是他們夫婦生活最和諧、安寧的幸福時期，不過大明江山此時已處於風雨飄搖之中，嚴重的政治局勢不久就影響了他們的生活，對他們的後半生產生了更為深遠的影響。

崇禎十七年（西元一六四四年）三月，李自成的大順軍攻佔北京，崇禎皇帝吊死煤山。五月十五日，崇禎皇帝的從兄福王朱由崧在鳳陽總督馬士英等人的擁戴下，在南京建立起一個小朝廷，這就是歷史上的南明弘光政權。弘光政權存在僅一年，但卻是錢氏夫婦作為朱家臣民的最榮顯時期，也是他們政治生活的重要轉折期。

弘光元年（西元一六四四年）七月，錢謙益被福王起用為禮部尚書，由常熟攜如是到南京赴任。途中柳如是武士打扮，一身戎裝，頗有慷慨以赴國難的英雄氣度。可是，當時的弘光政權卻不是英雄施展抱負的地方，大權仍然掌握在馬士英、阮大鋮等奸閹之手。內部矛盾重重，外部大軍壓境，南京城危如累卵。柳如是到南京後，一心想幫助錢謙益力挽狂瀾，光復大明，於是使出渾身解數，一方面周旋於達官貴人之間，一方面交結四方名士，以其超群的大度和文才，在南京城佔盡了風流。然而國勢頹喪，豈是僅憑一個柳如是所能扭轉。

弘光二年（西元一六四五年）五月，清軍兵臨南京城下，守衛南京的二三十萬官軍紛紛作鳥獸散，弘光帝棄城逃跑。柳如是知大局已無可挽回，便規勸錢謙益自殺殉國，並激昂地說：「你殉國，我殉夫。」然而錢謙益再三思量，終不願死。她緩緩地步入後花園的荷花池塘，決意以自己的一死促成錢謙益殉國。豈料錢謙益不但自己捨不得死，更捨不得柳如是死，見狀馬上將柳如是死死拖住，並囑家人看好，自己卻冒雨跪在南京城外迎接清軍入城。自己素來敬重的東林黨魁首，所深愛和崇拜的丈夫竟然寧可苟全性命於亂世，也不願殉國以全節，這對向來視名節為生命的柳如是的打擊是何等的巨大！

從南京回到常熟後，折節的恥辱仍然折磨著她。一天，柳如是備下美酒佳餚，邀錢謙益一同乘船夜遊於六弦河上，遙望兩岸景色，二人皆有不勝今昔之感。酒酣之際，她聲淚俱下地再次勸謙益效法屈原投水自沉。可憐錢謙益把手伸入湖水後哀哀地說道：「河水太冷，不要這樣好嗎？」對於此事還有另外一種說法，就像清朝詩人袁牧所寫的一樣：「一朝九廟煙塵起，手握刀繩勸公死。」但是也沒有效果。雖然現在我們無法知道當時的實事究竟是怎樣，但是柳如是的剛烈和忠貞由此可見一斑。

變節降清的錢謙益只是在順治三年作了半年的禮部侍郎便告病還鄉，再也沒有出仕。然而在以後的歲月裏，柳如是將會怎樣面對他呢？

錢謙益返鄉後再也不問政事，只是飲酒自娛，填詞作賦，消磨時光。日子就這麼淡淡地流逝了。但素來關心國事的柳如是，卻對亡明深懷憶戀，故神州大地四處燎原的反清火炬無時不在擾動著她的心，不論是唐王魯王還是桂王，她都對他們寄予厚望，指望著他們能恢復祖宗基業。

留下清白在人間

順治四年（西元一六四七年）冬，常熟城裏絳雲閣來了一位客人，他是錢謙益的老朋友，致力於復明運動的黃毓琪。錢氏夫婦熱情地款待了他，言及「乙酉之變」（弘光政權亡年），錢謙益長歎一聲說道：「我錢謙益腳踏的禹貢九州相承之土，讀的華族幾千年相傳的聖賢之書，幾代受恩於先君，如今是一失足成千古恨吶！」言下不勝感慨。

黃毓琪和柳如是聽了這話也都默然，話題轉到了復明運動。黃毓琪介紹了各地的抗清形勢，說到陳子龍自組織松江起義後，便堅持武裝抗清，不幸今年被清兵逮捕，在被押解進京的途中，他毅然赴水而死。可是清廷仍斬戮他的屍首，實在可惡可恨，並告訴錢氏夫婦，自己已聯絡了一批志士，準備馬上起兵，希望錢氏夫婦能在經濟上予以幫助。

這是柳如是自崇禎六年離開華亭之後，第一次聽到關於他的消息。這讓她不禁喚起多年

前的回憶。她在心裏暗自慶幸到底識了個英雄，當時就代表錢謙益答應了黃毓琪的請求。正在這時，家人來恭喜錢老爺剛得了長孫。錢氏夫婦便商量著給長孫取名「佛日」，字「重光」，小名「桂哥」，名字裏隱含了復明必成的意思。「佛日」喻的是桂王的年號「永曆」，「重光」指的明室復興，「桂哥」即寓桂王之「桂」。實在是暗含一片苦心。他們之所以對桂王寄予厚望，是因為輔佐桂王的是錢謙益的得意門生瞿式耜。黃毓琪遊說錢氏夫婦，是他們投身復明運動的開始。

黃敏琪離開常熟後即到舟山組織了起義，向常州進軍，後兵敗事洩，清廷下令逮捕錢謙益，又演出了一幕柳如是捨身救夫的轟烈義舉。

那天，清兵來抓錢謙益，柳如是正染病在床。一聽到凶訊，她首先想到的就是錢謙益此去凶多吉少，如不能回來的話，聯絡各方志士進行復明運動的計畫就會付諸東流。因此，柳如是決心想方設法保全錢謙益的性命。於是，她「蹶然而起，冒死從行」，跟隨錢謙益一起上了南京。在南京，柳如是一面上書官府，請代夫死，不然就從夫而死，言辭悲壯激昂，沒有絲毫的乞憐；一面四處遊說故舊新知，不惜變賣家產打通官節，終於保全了錢謙益的性命，二人雙雙回到常熟。這年柳如是三十歲，從此以後，錢氏夫婦就傾力投入了復明運動。

順治七年（西元一六五〇年）三月，當時被天下所稱道的三大儒之一，著名復明領袖黃宗羲來到了常熟，在絳雲樓住下。一個多月的時間裏，他們指談天下大勢，痛哀故國山河破碎的慘狀。黃宗羲誠摯地鼓勵錢謙益利用自己的影響，促進復明運動。黃宗羲的坦城和信任使錢氏夫婦都非常感動，更堅定了從事復明活動的信心。黃宗羲在臨走的前一天夜裏，剛要睡下，錢謙益提著燈到了黃宗羲的床前，將七根金條贈給了他，並說這是柳如是的意思，請他以後常來常往，互通聲氣。

同年五月，柳如是便催促錢謙益前往金華，遊說清廷委任的金華總兵馬進寶參加復明運動。為了給錢謙益壯膽，柳如是親自將他送到了蘇州。在蘇州，柳如是又一次參拜了韓梁墓。在梁紅玉靈前，柳如是真恨自己沒有梁紅玉一身的武功，不能親上戰場為復明作戰。她即使戰死也在所不惜，只要死後能葬在紅玉墓旁，與紅玉齊名。

錢謙益到了金華，馬進寶一聽連連搖頭，任憑錢謙益怎麼說也毫不動心。錢謙益只得無奈而返。然而他一回到家就碰上了一樁極為不幸的事情：十月裏一個狂風呼嘯的夜晚，絳雲樓不慎起火，幾萬卷藏書和一大批古玩珍寶頓成煙灰。這件事無論在心理上，還是經濟上都給了錢謙益夫婦帶來了沉重的打擊。但是他們並沒有就此停止復明活動。此時的錢氏夫婦已從當年的言情兒女變成了復國英雄。

順治十二年（西元一六五五年）冬到次年春，錢謙益在柳如是的策動下，又拖著老邁之身，以治病為名，活動於南京一帶，與有志復明之士來往密切，為鄭成功進攻南京做準備，以求獲得駐守南京一帶的門生故吏的支持。在南京，他曾寫了這樣的一首詩：

秦淮城下即淮陰，流水悠悠知我心。
可似王孫輕一飯，它時報母只千斤。

這詩中暗含的話是：如果能恢復明室，我報答諸位將遠勝王孫報答漂母。由於錢謙益晚年為了復明運動不遺餘力地頻繁奔走。柳如是基本上諒解了錢謙益在「乙酉之變」中的折節行為。順治十八年（西元一六六一年），錢謙益八十大壽時，柳如是特地摘了一顆紅豆送給丈夫，蘊含著紅豆相思之意，表達了他們的愛情彌老彌新。同時，柳如是又在後園用菜籽播種了一個壽字，旁邊再播上麥子。等到菜籽開花，麥苗青青的時候，錢謙益登樓一望，黃燦燦的壽字夾在綠油油的麥苗之中，禁不住心都醉了。

錢謙益以一代才子領受了一代絕色才女的終身之愛，死於康熙三年（西元一六六四年）五月二十四日，留下了一個瀕於破產的家。

柳如是到錢家時，錢謙益的正室陳夫人還在。但二十多年中間，錢家的經濟大權都掌握在她手中。這在錢氏家族中人看來實在難以容忍。錢謙益一死，攘奪家產的鬥爭必然要爆發。

果然，就在錢謙益死後不到一個月，其族人錢朝鼎就指使一幫人鬧到半野堂，逼迫柳如是交出三千兩銀子。柳如是無銀可交，便又一次，也是最後一次顯示了她的「政治才能」。她對這些人好言相向，盛筵相待，在酒酣耳熱之際，她宣稱要到後樓上去取那些人望得眼紅的銀兩。但是她在上樓之後，將門關好披麻自縊，並留下遺書對女兒說：「我來汝家二十五年，從不曾受人之氣，今竟當面受凌辱，我不得不死……我之冤仇，汝當同哥哥出頭露面，拜求汝父相知。」

柳如是又一次極為成功地運用了她一向鄙視並加以踐踏的封建禮法，反戈一擊，制伏了想把她活活吞下去的對手。這是柳如是一生對封建主義的最後一戰。果然，她的對手在封建法條之下，因家主新喪，迫死主母而伏罪了。

柳如是死後便埋葬在位於常熟附近界河沿岸的錢謙益墓旁，兩座墓緊緊地依傍在一起。才色雙絕的柳如是就這樣淒慘地走完了她的人生之旅，一代名優從此香銷玉殞。她的傳世著作主要有《戊寅草》、《湖上草》和《尺牘》一卷，還輯有《古今名媛詩詞選》。柳如是是她生活的時代造就的奇才。她的一生是不懈追求幸福和自由的一生，是不停息地反抗惡勢力和奮鬥的一生。她聰穎、美麗、博學、剛烈，是那個時代的驕傲，更是那個時代的悲劇，同時也是那個時代的一顆璀璨的明星。

賽金花　巾幗紅顏

賽金花，清末名妓，身後毀譽不一

盡顯風流狀元夫人

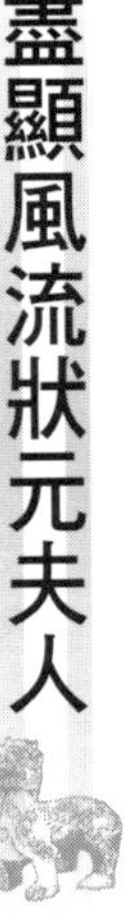

賽金花（一八七二—一九三六），晚清時的傳奇名妓，亂世中的巾幗紅顏。其父原是徽州太守，太平軍攻佔徽州時被殺。此後她母親帶賽金花及其姐姐遷到蘇州，以幫傭為生。不久，賽金花的母親因驚嚇和勞累，一病不起了，僅留下年幼的賽金花和稍長的姐姐傅秀雲。傅秀雲為了養活年幼的妹妹，無奈之下就自賣自身，進入了娼門。其後不久，賽金花也落入娼門，後幸遇狀元洪文卿被娶為妾，作為駐歐洲四國欽差大臣夫人出使歐洲。歸國後洪文卿死，她被趕出家門重墜風塵。庚子年八國聯軍侵佔北京，她於洋人槍口下營救眾生。她曾幾度操妓業，轟動上海。晚年蟄居北京天橋死於貧困。

賽金花像

夜半卵石傳情

清同治七年，中了頭名狀元的洪文卿省親回到家鄉蘇州。這晚，當他獨坐在書房想著心

清末老鴇圖

事的時候，突然聽到一陣急匆匆的腳步聲從窗外傳來。他不禁抬頭向窗外看去。面對著窗口的花叢中飛來一團白影，迎著燈光，直奔他射過來。

洪文卿大吃一驚，倉促間頭一偏。飛射過來的物體掉在書桌之上，隨即蹦落到地面，滾下床底。

「誰？」洪文卿喊了一聲，窗外沒有絲毫反應。他感到有些奇怪，便離座伏下身子，掀開床單。借著燈光，他看到一粒斑紋卵石靜靜地躺在地上。於是，他伸手摸了出來。這是一枚很少見的卵石，青白相間，光澤透明。

「真是稀世之寶！」洪文卿不由得感歎道，並且把玩起來。突然，他感到身後有呼吸的聲音，於是猛然轉身。在窗臺幔紗旁，俏然卓立一名天仙般的小佳人，年約十五六歲，柳眉如畫，一雙水汪汪的秋波，黑白分明，含情脈脈；深陷的梨窩，配合著那張櫻桃紅唇，全身披著一襲輕紗，襯出粉紅色緊身內衫，裹著她那玲瓏浮凸的體態，令人不禁有色授魂飛之感。

洪文卿被眼前的景象驚呆了，半晌說不出任何話來。

「我乃七仙女是也，因與公子有一段凡緣未了，奉玉帝之命，送來千年精石，以為姻緣證物，今乃合卺之期，黎明之前，我將離開人間，良宵苦短，還望公子珍惜。」那個女子含羞低頭地說道。

這一切來得太過突然；先是一枚難得一見的卵石，後是一名絕色的女子。讓洪文卿難以明白的是，這位美女竟然自稱是七仙女。難道是在做夢？在驚愕之餘，他猛地咬了一下自己的手指，他感到一陣疼痛。

既不是夢，那就是真的，果然是七仙女下凡來了。洪文卿身不由己地向美女走去，大膽地將她摟住。一股綿綿的熱力透過他的四肢百骸。美女的面頰和他是那樣地貼近，令他感到目眩眼花。於是他不自覺地吹滅了燈，將她抱到床上。

洪文卿昏昏沉沉地睡去，也不知過了多久，依稀聽到耳旁有人竊竊私語：「文卿！我走了，如果想我，可將千年精石摸撫，連喚三聲彩雲，我就會來的。」

也許是太疲倦了，洪文卿實在睜不開眼睛，等一覺醒來，朝陽已自窗外透入。他猛然一驚，坐了起來。身旁哪有仙女的影子呢？帶著一點悵然，他披衣下床，突然發現床上片片落紅。

「難道仙女也是凡夫之體？」洪文卿有點疑惑起來，他百思不得其解，忍不住將手伸入枕下，那千年精石仍在。他摸撫一陣，閉上眼睛，口中念著：「彩雲！彩雲！彩雲！」可是，當他睜開眼，精石並未靈驗，便自我安慰地說：「人間白晝，天上深夜，看來定要等到晚上。」

於是，他開始盼望日落，盼望夜幕早早到來，然而時光的流逝是那樣緩慢。日子一天一天地過著，新狀元公洪文卿深深地被那晚的事情所困擾，滿腦子都是「彩雲」的影子。俗話說得好：日有所思，夜有所夢。幾天後的一個夜晚，當洪文卿昏昏欲睡的時候，竟然在睡夢之中不住地念叨：「彩雲、彩雲……」

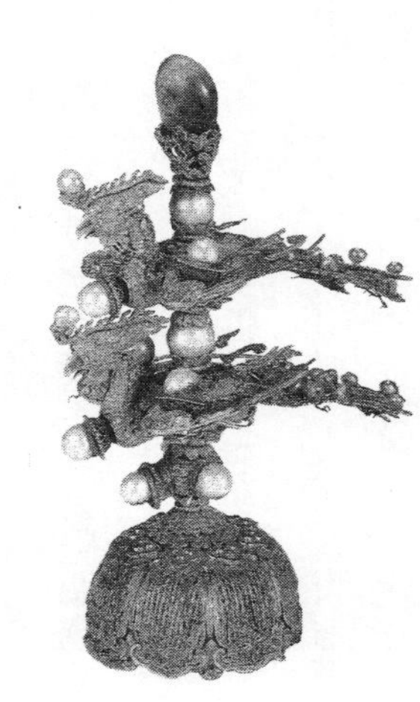
清代鳳冠

洪文卿宛如夢囈般的呼叫，驚動了他的貼身小書童阿四。「彩雲，公子怎麼會在夢中念叨這個名字呢？這個彩雲到底又是誰？」阿四沒有驚動熟睡中的洪文卿，帶著滿腹的疑惑離去。正是洪文卿夢中的囈語讓阿四記住了彩雲的名字，也正是因為這樣，阿四才留心去注意在蘇州附近到底有沒有一個叫做彩雲的女子。

在一次偶然的機會，阿四從他人的口中聽說到在蘇州河一個美冠群芳、被稱之為「花國狀元」的女子名字就叫做彩雲，難道說公子夢中呼喊的那個彩雲就是她。心中充滿了好奇的阿四忍不住來到了蘇州河畔，見到了公子無數次在夢中呼喊的女子。

阿四只看到了彩雲的一個側面，就被彩雲的美豔以及風姿所震驚。於是，他連忙趕回住

清時某妓院匾額

處，告訴主人洪文卿。

洪文卿聽後一愣，隨即高興地笑著說：「讓她見識見識真正的狀元吧！」他對阿四又耳語了一陣，阿四隨即領命而去。

蘇州河沿岸到處是畫舫。入夜後，燈火輝煌，人聲嘈雜，成為狎客、妓女的會集之地。其中有一艘船高懸著兩隻大燈籠，上書「彩雲畫舫」字樣，室內陳設與眾不同，顯得富麗堂皇。這艘畫舫的主人便是名妓傅秀雲、傅彩雲兩姐妹。

約莫酉時剛過，正艙花廳中高朋滿座，傅彩雲周旋於賓客之間，談笑風生，如蝴蝶般地穿梭，成為整個宴會的焦點。年僅十五歲的傅彩雲，一口吳儂軟語，委婉動聽，亭亭玉立，儀態萬千，不知迷倒了世間多少男兒。

忽地，貼身丫環湄娘走了進來，在她身旁悄語了一句，傅彩雲立即對客人們說：「各位貴賓稍坐，我立刻就來。」

「別跑呀！」一名俏公子說，「沒你多掃興！」

「放心！最多一盅茶的功夫！」

傅彩雲說著，一閃腰肢出了花廳。門外，姐姐站在那裏等著她。

「彩雲呢，今晚不能接客。」傅秀雲說道。

「為什麼？」傅彩雲不解了。

「有人包了。」傅秀雲說。

「誰？」傅彩雲脫口問道。

「聽說是河南來的一名綢緞商人。」傅秀雲不敢太過於確定。

「是嗎？他出多少銀子？」傅彩雲接著問。

「一千兩！」傅秀雲說道。

「喔！」傅彩雲不禁抽了一口冷氣，近年以來，很少有這樣的闊客了。

傅秀雲見妹妹高興，索性取出一隻布袋：「瞧！銀子都送來了。」

「姐姐！財不露白，快收起來吧！」傅彩雲笑著說。

「我知道，不過，你得趕快打發走那些客人。這位貴賓，不知何時到哩。」傅秀雲說道。

傅彩雲嫣然一笑，信心十足地說：「我會的。」

春秋戰國時龍鳳戰鼓

又過了一個時辰，花廳客人都走了。兩姐妹立即命湄娘收拾花廳，傅彩雲走上自己的閣樓，刻意地修飾了一番，靜等貴賓的到來。

漸漸地，河上的燈火稀少了，預定的貴賓卻仍然不見一點影子。

子時已過，岸上傳來初更的梆鼓聲，傅彩雲倚窗而坐，皓月當空，天上萬里無雲，清風徐來，顯得一片寂靜。

湄娘悄悄地走上閣樓說：「小姐！我看客人是不來了。」

「那不是更好，白白送來一千兩銀子！」傅彩雲說道。

就在她們說這些話的時候，傅秀雲匆匆走來，悄聲說：「彩雲！你看，河堤上來了一輛馬車，說不定就是那位貴賓。」

三人走近對著河岸的窗口，看到一輛馬車正沿著河堤向這邊駛來。終於，馬車停了，從車中走出一名文士，迎風卓立，長衫飄忽，略微一頓，便走下堤岸。

「錯不了！湄娘，我們下去。」傅秀雲顯得很興奮地說。

「姐姐！你們去吧！既然來夜宿，就直接帶到閣樓好了！」傅彩雲說道。

傅秀雲和湄娘點點頭，隨即下樓而去。傅彩雲在窗口看得很真切，一直等客人走上畫舫，才將窗口虛掩，並吹滅銀燈使月光透入。

樓梯響了，只有一個人的腳步聲。傅彩雲不知接待過多少恩客，此時坐在床沿的她像新娘子等著新郎，內心有些忐忑不安。

客人掀簾而入，修長的身材使閣樓看來很矮。他略一巡視，就向床沿走了過去。傅彩雲雖然看不清他的整個面目，但看到來客頷下有五綹鬍鬚，判斷年齡應在三十上下。

客人止步，沉聲問道：「為什麼滅燈？」

傅彩雲原想增加點氣氛以打破彼此之間的陌生感，沒料到對方這樣一問，立時感到心頭一惱，冷冷地說：「我很醜，見不得人！」

「哈哈！花國狀元，豈是浪得虛名，再說，七仙女降世，又如何能與凡夫俗子相比。」來人大聲地說道。

傅彩雲一驚，正愣神時，不想對方突然伸出手說：「彩雲仙子應該認識這顆千年精石吧？」

妓院行樂圖

這會兒，傅彩雲不是詫愕，而是驚喜，一頭鑽入對方的懷裏，竟然哭泣起來。自然，這個綢緞商人就是洪文卿。他欣然將她抱了起來，走近窗口。月光灑在傅彩雲嬌媚的臉上，使得她看起來更顯得楚楚動人。

洪文卿沒再說什麼，以行動代替了語言，緩緩地吻在她的唇上。和數日前的那夜一樣，傅彩雲挽住他的脖子，緊緊不放。久久，洪文卿才將她放了下來，他拿起卵石遞給傅彩雲。

「你走後，這是我懷疑你說謊的主要原因。」

「可是，你仍然疑信參半！」傅彩雲笑著說。

「不錯！好幾個晚上，我撫著卵石，念著你的名字。」洪文卿說道。

「我知道！」傅彩雲羞澀地低下了頭。

洪文卿愕然地望著她。

傅彩雲隨即說：「因為我到了晚上，眼皮就跳！」

洪文卿滿意地笑了，「告訴我，那天你是怎麼進到我的房中的？」

「我是精心設計的，故意抛進卵石，讓你去拾，然後趁機從窗口爬進去了！」傅彩雲說。

「好！我們再重演那下半場戲。」洪文卿說著，深情地將她往懷中一拉。

「不要！」傅彩雲用玉手推著他，並無氣力：「你嘴饞，貪得無厭！」

動。

愈是嬌媚，愈能挑逗他心中的欲火。洪文卿這次雖較溫和，卻仍難抑制一股縱情的衝動。

窗外的月色漸趨幽暗，不知何時已烏雲四合，遠遠傳來陣陣春雷，剎那之間，落下紛紛細雨。

第二天，洪文卿回到家，作了一番安排，使傅彩雲脫籍，並贈給傅秀雲一萬兩銀子，同時將「彩雲畫舫」賣掉。從此，傅秀雲就在蘇州安居下來。

風流大使夫人

洪文卿在蘇州又停留了半個月後，便偕同彩雲返回北京。回京不久，新命令下來了，洪文卿奉旨出任德、俄、奧、荷四國欽差大臣。官宦出身的傅彩雲本來就有良好的氣質，又聰明慧黠，為了適應丈夫的外交生活，對語言頗下了一番功夫，因此很快地能操俄、德、英三國的語言，應對之間，頗為得體，周旋在國際外交場合，更顯雍容華貴，名重異邦。

有一次，洪文卿臨時出任英國的欽差大臣，駐節倫敦。參加維多利亞女王舉行的一次宮廷宴會。

「彩雲！」洪文卿滿面肅然地說，「英國是個禮儀之邦，最注意禮節，女王年高位尊，雄居歐洲數十年，千萬不能失禮。」

「文卿，」彩雲笑著說，「中國才是真正的禮儀之邦，儘管維多利亞是位雄才大略的女王，但我們身為外交大使，也不能過於卑恭。你放心，我會知道如何應付的。」

這天，傅彩雲打扮得極為明豔，傳統式的中國套裝，高領寬袖，全身雪白錦緞，嵌繡著一簇簇淡紅雛菊，雲髻後垂，鬢邊斜插一朵深紅海棠，三寸金蓮，走起路來搖曳生姿，婀娜動人。

洪文卿的裝束也顯得很特殊：長袍馬褂，項上懸著一串玲瓏透明的朝珠，圓帽縷頂，左旁插著一隻彩色羽翎，腦後拖著一條長辮，身形移動，左右閃擺，看來特別莊重而斯文。

這對夫婦在宮廷石階前一出現，就引起各國大使們的矚目，並議論紛紛。

進入宮殿，維多利亞女王高高在上，內宮侍奉循例要唱呼名銜，讓女王知道是何國大使覲見。按照一般外交禮儀，男子必屈膝為禮，仕女應低首跪叩。

「中國大清皇朝欽差大臣洪文卿先生和夫人！」內侍唱著，眾人循聲看去，只見傅彩雲

瓦德西像

挽著洪文卿的手臂緩緩走入，隨即引起一陣驚呼！按照年齡，彩雲與洪文卿相差三十餘歲，洪文卿的步履在穩健中略顯遲緩，但彩雲豔光照人，年輕美貌，蓮步輕移，倚靠在洪文卿的身旁，儼如父女，滿臉閃耀著迷人的微笑。

女王舉目一看，不禁雙眼一亮，近臣立即在女王的耳邊悄悄私語，女王亦不時點點頭。這時，洪文卿搶前一步，單膝一屈，恭身低頭，不想傅彩雲卻左足後移，兩腿交叉，略一屈身，雙手交握，置於腰際，僅僅做了個萬福，姿態優美，著實令人耳目一新之感。

妓院中使用的畫有春宮圖的銅盤

眾國大使夫人不禁愕然，沒料到這位年輕的大使夫人居然未能向年高位尊的女王施行叩拜之禮，連洪文卿本人亦略顯詫異神色。果然，女王的雙眉一皺，似乎不悅，但仍然作了個手勢，暗示免禮。

宮宴之後，循例有一場宮廷舞會。在尚未開始之前，女王突然單獨宣召彩雲。洪文卿變得有些擔心起來。可是，彩雲卻向丈夫笑了笑，就隨內侍進入內宮。

女王正在內寢換妝，彩雲應呼走入，仍如法炮製，施了萬福，女王對著菱鏡說：「這是貴國莊重的禮儀嗎？」

「不！」彩雲以流利的英語說，「敝國君臣朝覲，需三拜九叩，大禮參拜，但也僅限於自己的國家，同樣大禮施於其他君王，必失去忠貞之心！」

女王「哦」了一聲，立即轉身過來，並笑容滿面地說：「你是位可愛的淑女，今後有空，請常來宮中相聚。」女王說著，順手自玉指取下一隻翠綠環戒為彩雲套上。

「洪夫人！」女王又說：「為了出入方便，帶上這枚戒子，宮廷禁衛不會再為難你了！」

「謝謝女王！」彩雲謝道。

「來！舞會快開始了，我們一道出去。」女王親切地說道。

彩雲有點意外，掩飾不住內心驚喜，微笑點頭，便跟隨在女王身後。

當女王偕彩雲進入大廳，各國大使夫人無不投以羨慕的眼光。洪文卿更是注意到彩雲中指上的那枚環戒，內心更是暗暗欣喜。

舞會開始了。彩雲成為各國大使爭邀的對象。洪文卿本來就不善言談，對這種宮廷舞並無興趣，反而落個清閒。音樂中止，彩雲像蝴蝶般地飛了過來，說道：「文卿！下一個曲子陪我。」

「我不太喜歡，彩雲！你年輕，多玩玩，這也是國民外交啊！」洪文卿說道。

「不！」彩雲嬌嗔地說，「免得別人說我冷落了你。」

「怎麼會呢！」洪文卿拾起彩雲的手，學著外國人輕輕一吻，並說：「彩雲，我以你為

清代銅架香水瓶

榮！」

音樂又起，忽地，一名年輕的德國軍官走了過來，禮貌地向彩雲恭身說：「夫人！我有這個榮幸嗎？」

彩雲一愣，望著丈夫。洪文卿笑著說：「彩雲，他是德國駐英國的武官，瓦德西中校。」

彩雲嫣然一笑說：「中校，我跳得不好，請指教。」

這是一首華爾滋，音樂悠美，節奏明快。瓦德西的舞確實精湛，只見倆人在舞池中旋迴不已。儘管彩雲穿著窄裙，但三寸金蓮卻有芭蕾舞的靈巧，快速的輕步移轉如凌波虛步一般。瓦德西一點也不吃力，翩翩飛舞，更有心怡神馳之感。

這次舞會，傅彩雲不但得到女王的恩寵，而且大出鋒頭。從此以後，彩雲時常出入英國王宮之中，女王不但喜歡她，並且還和她合影留念。這在英國宮廷中是很少見的。

四月，春暖花開，朝陽已自英倫海峽緩緩上升，濃霧漸漸散開，海上已能清晰看到點點船隻。靠海岸有一棟藍白相間的別墅，屋前一片花圃。百花齊放，噴泉正噴著水柱，這裏是中國欽差大臣洪文卿的私邸。

彩雲的貼身侍女湄娘這時悄悄地走入內寢，見女主人仍沉睡不醒，吁了口氣，搖搖頭。就在她打算離去的時候，聽到女主人在叫她。湄娘一怔，卻見彩雲仍閉著眼睛，以為是夢囈。

「什麼時辰了？」

這會兒聽得清楚，湄娘微微一笑說：「什麼時辰？唉！都把我弄糊塗啦，在外國，不興說時辰，大概過九點鐘了吧！」湄娘說著，便欲將窗簾拉開，不想彩雲睡眼惺忪地說：「還早呢！讓我再睡會兒。」

「小姐！你昨天回來很晚，可是和瓦德西中校在一起。」湄娘小心翼翼地問道。

彩雲忽然雙眼一睜，眸子轉了一圈：「怎麼了，有什麼不對？」

「我是想，相公和阿四都到德國去了，和瓦德西在一起，會惹來閒言碎語。」湄娘像是提醒一樣地說道。

「胡說！」彩雲略顯不悅地說，「這就是外交，你不懂！」

「小姐！」湄娘顯得很受委屈，「我只是說說而已。您現在可是一品夫人啊！」

「我懂你的意思！」彩雲仍然不高興地說，「別再嘮嘮叨叨地好嗎？」

湄娘又吁了口氣，逕自走出，將房門掩上。

等湄娘一走，彩雲反而全無睡意了，也不知想什麼，臉上綻放起甜蜜的笑容。

自從宮廷舞會之後，瓦德西便常邀她參加交際宴會，彩雲拒絕了好幾次，瓦德西卻一點也不放鬆。

瓦德西是一位迷人的德國軍人，英姿煥發，兼具彬彬有禮的紳士風度，既有男子的豪放和熱情，也有儒雅的談吐和風趣。

十多天前，當洪文卿因公偕阿四離開倫敦，她無法抗拒瓦德西每天好幾個電話的邀宴，終於接受了昨晚的約會。

在倫敦郊區，瓦德西偕同彩雲遊遍了所有的名勝，最後在一家鄉村小店共進晚餐。醉人的蘇格蘭音樂使得兩人又翩翩起舞，昏暗的燈光下，她依偎在瓦德西寬闊的胸膛裏，幾乎被他的熱情所溶化。一直到小店打烊，瓦德西方送她回家，在門前花圃旁，瓦德西大膽地向她吻別，並說：「親愛的夫人！如果我的衷情尚不能感動你，我明晚會再來，我知道，你的臥室在那座閣樓中。」

瓦德西不等彩雲回答，就露出癡迷的微笑，輕鬆而愜意地轉身跨上馬車，揚長而去。

德國雖然是個保守的國家，但德國的男士卻有熱情而開放的胸襟，對女士除了保持紳士的禮貌，亦肯表現自己的坦率的摯愛，這和中國紳士是截然不同的。異國的風情使得彩雲在燦爛的外交生活中，經不起瓦德西的誘惑和挑逗。

於是，這天晚上，彩雲情不自禁地接受了瓦德西的巫山盟約。男女貪歡一直到正午，瓦德西才翻窗而去。偏巧被一人窺見，那便是剛剛奉命回英國，打算接夫人前往德國的阿四。

阿四自然認識瓦德西，他做夢也沒想到彩雲會背著主人和德國情人幽會。

阿四垂涎彩雲已非一日，但自從彩雲做了狀元夫人，他只好放棄了這個念頭。現在，機會來了，阿四眼珠一轉，終於有了主意，為了不驚擾湄娘，阿四仍自窗戶翻入。

「誰？」彩雲驚叫道。

「我！」阿四沉聲說。

「阿四！」彩雲大吃一驚：「你和相公什麼時候回來的？怎可以翻窗進入我的房間。」

阿四嘻皮笑臉地走近床沿說：「別人能翻窗進來，我為什麼不能。」

彩雲一聽，暗暗叫苦，看到阿四一雙色瞇瞇的眼睛向她上下打量，更是驚魂失魄，不住地拉著棉被往床裏躲，並大聲叱喝：「放肆！還不給我出去！」

「嘻嘻！你不用擔心，公子仍在德國，只有我一人回來。彩雲妹妹，你就成全我吧！」阿四說著，忽地像一隻兇猛的野獸撲在彩雲的身上。初時，彩雲尚作掙扎，慢慢地她靜止下來，雙眸泛著淚水，任由阿四擺布。

「請原諒我，彩雲妹妹！」阿四無比愧疚地說，「你知道，我想你是在公子之前，可是，我該死，我對不起公子，我……我走，我回國去。」

阿四滿面懊喪，說完之後竟然伏在一旁哭泣起來，像一個做錯事的孩子。剎那之間，彩雲忽然發現，他那憨傻之態卻有幾分可愛，忍不住伸出玉手輕撫他的後腦，並緩緩地說：「你怎麼回來的？」

阿四感到全身一震，抬起頭，看到彩雲表情溫和，喜出望外，並且立時感到在她面龐上似乎散發出一種母性的慈愛光輝，羞怯地說：「是公子叫我來接你的。」

清代佩飾

「到德國？」

「嗯！」

「起來吧！我們快收拾，免得湄娘闖進來！」

「是！是！彩雲……夫人！」

這會兒，阿四感到妹妹兩字叫不出口。彩雲嫣然一笑，在他面頰上輕輕一吻，便翻身先下了床。

阿四一喜，急忙穿妥衣服，在彩雲耳旁悄悄地說：「夫人！我先出去。」

阿四打開房門，略一巡視，便悄然離去。

偷歡育下男嬰

由英國到德國，水陸交通方便，但彩雲選擇了輪船。主僕二人換了裝束，儼如夫婦。彩雲愈來愈發現，阿四天賦異稟，完全能滿足她在性饑渴上的需求。在短短旅程中，他們幾乎須臾不分。到德國和丈夫會合後，沒有停留多久，洪文卿夫婦便偕阿四回到英國。由於洪文卿出使幾個國家，外交事務忙碌，一向跟隨著丈夫的傅彩雲便藉故留在英倫，並設法促使阿四留在身邊一段時日，好彼此苟合。久而久之，甚至連貼身的湄娘也不避諱了。

又過兩年，洪文卿奉旨返國，拜兵部侍郎。回到京城，洪府耳目眾多，阿四不敢明目張膽，只好暗地與彩雲往來。終於，主僕二人的不軌行為，被洪文卿發覺。

一天深夜，洪文卿正打算寬衣就寢，彩雲滿面興奮地對丈夫說：「文卿！我們成婚幾年了？」

「三年多了。」洪文卿漫不經心地說。

「你想不想要個兒子？」傅彩雲興奮地說道。

洪文卿略略一怔，便笑著說：「怎會不想呢?不孝有三，無後為大，洪家總要有後人承

賽金花像

繼香火的。」

彩雲內心一喜，忽低下頭，羞然地說：「文卿！我們可能會有個兒子，我已經有身孕了。」

洪文卿卻並未表現預期的驚喜，反而臉色一沉，默然地自床上站了起來，緩緩地走向窗邊。

彩雲大感意外，亦披衣而起，走近丈夫的身旁，訝然地說：「怎麼？你不高興？」

「幾個月啦？」洪文卿頭也不回，冷冷地說。

「快三個月了。」

洪文卿猛然回頭，一把抓住彩雲的雙肩，使足手勁，目中暴出憤怒的火焰，全身顫抖，竟然是那樣的激動，難以自制，似乎要活生生地將彩雲捏死在面前。

彩雲嚇壞了，感到全身痛徹心肺，咬著牙，雙眸泛出了淚水，淒淒地說不出一句話。

一瞬間，彩雲那付楚楚可憐的模樣使得洪文卿的雙手卸去了力量，眼睛也趨向溫和，隨後歎了口氣：「唉！孽緣！快告訴我，是誰下的種？」

彩雲一聽內心起了一陣戰慄，黑澈的雙眸流轉，忽然低泣著說：「你為什麼這樣冤枉我？」

洪文卿像一隻鬥敗的獅子，神情黯然，痛苦地說：「彩雲，你不要騙我。坦白告訴你，我是不能生育的。」

彩雲頭頂一轟，不禁愕然失驚。一件喜事反而弄巧成拙，終於，她哇然一聲，轉身疾撲在床上，放聲大哭起來。

洪文卿愣住了，半晌方走近床沿，坐了下來，用手輕撫自己的妻子，滿面淒苦地說：「孩子會要的，但我一定要知道，誰是孩子的父親！」

彩雲哭得更厲害，猛搖著頭。洪文卿將她翻過身子，卻見彩雲像一朵帶雨的梨花，哭得那樣傷心。他問道：「快告訴我，是誰？」

「阿四！」彩雲抽泣地說道。

洪文卿一愣，雙目怒火漸漸升起。

傅彩雲低聲地說：「在你去德國的那年，你派阿四回來，我尚未起床，他……」

「不用說了！」洪文卿怒吼著，「這畜牲！」

洪文卿拿起衣服，拉開房門，拂袖而去，將彩雲獨自拋在房中。

這一晚，洪文卿未再回到臥室，而是宿在書房之中。彩雲輾轉床側，無法成眠，更不敢

木雕鴇母迎客圖

偷偷地去通知阿四。

天亮之前，彩雲在模模糊糊中睡著了，等醒來，已是日上三竿，湄娘悄悄地走了進來。

「小姐！小姐！」湄娘低聲說，「大清早阿四來告訴我，他說，他被老爺放逐了，希望小姐今後多珍重。」

彩雲一聽，不禁流下眼淚，淒淒地說：「他有沒有說去哪裏？」

「回原籍。」湄娘說道。

彩雲默默地起床。湄娘照例為她梳妝，主婢二人似乎都有無盡心事，未說一句話。

忽然，彩雲冷冷地說：「湄娘！我們去見洪文卿！」

「老爺上朝去了。」

「哼！我才不稀罕什麼狀元夫人，湄娘，我們回蘇州。」傅彩雲一字一句地說。

湄娘大感意外，怔然半晌方說：「小姐！你要三思啊，老爺一向待你不錯呀！」

確實，洪文卿除了暗暗逐走阿四，對彩雲的摯愛，絲毫不減。

第二年，彩雲產下一男。洪府舉家慶賀，洪文卿更是喜笑顏開，視如己出。可惜，洪文卿的命不長，到第三年，終於一病不起，臨終之時，洪文卿似乎預知彩雲不會為他守節，因此以懇求的語氣說：「彩雲！我不期望什麼，萬一你要離開洪家，請把孩子留下來。」

彩雲含淚點點頭，洪文卿方欣然瞑目而逝。

正如洪文卿所料，彩雲在洪文卿去世之後，守孝百日，便偕湄娘離開了北京。

出面請求撤軍

蘇州寒山寺的山麓下，有一戶瓦房人家。多年以前，住的是已脫籍的名妓傅秀雲。一年的冬季，傅秀雲因疾而終，為她主辦喪事的，是從北京趕回的妹妹傅彩雲。現在，這棟瓦房已煥然一新。人們都說，當年「彩雲畫舫」的名花，又將重操舊業了。然而，彩雲並未復出，和她生活在一起的，竟是狀元府中的童僕阿四。

彩雲離開洪府，並未帶走多少財產，除了一些細軟，便是她的過房婢女湄娘。傅彩雲本是出身官宦之家，但從小就淪落風塵，雖然一度攀升為狀元夫人，如今卻和自己喜愛的僕人生活在一起。

「或許是我的命不好。」彩雲有一天無限感慨地說。

「聽說寒山寺來了一位遊方和尚，算命很靈，小姐想不想去試試。」湄娘在一旁說道。

彩雲並不迷信，卻很相信命運。就在當天，她領著湄娘去算命。這一次算命，對她的一生，有決定性的影響。遊方和尚給她的評語是：「終身命犯桃花，不可明媒正娶，否則剋夫！」

清代使用的扇子

一點不假，原本身體健壯的阿四，就無緣無故地在一天深夜死在傳彩雲的身旁。

這件事給彩雲很深的刺激，心一橫，決定重張豔幟，使用本名曹夢蘭，將舊居重新裝修，並打起「狀元夫人」的旗號。一時王孫顯要，趨之若鶩，但因此也惹惱了地方鄉紳。由於洪文卿是蘇州人，蘇州鄉紳便群起反對。彩雲被逐往上海，卻遭太守府驅逐。

這時，彩雲相識的一名恩客是浙江巡撫德曉峰，一名標準的滿洲顯要。德曉峰很欣賞彩雲的才華，更為她的美色所吸引，就打算收納為妾，但彩雲拒絕了。

「不是妾身不願，只是命中帶剋，以免損了大人的前程。」

德曉峰很感動，就說：「好！我要到津山，我們拋棄名義，作為外室如何？」

彩雲答應了。

在津山，德曉峰未停留多久，便偕彩雲北上京城，但不久奉旨出巡河南。這次，彩雲不願再走了，德曉峰便留下一筆鉅款，贈給彩雲，酬謝她相知之情。

這時的京師，因受南方佳麗的影響，北國胭脂的聲譽，已趨向沒落，恰好有一座頗負盛名的「金花班」妓院出讓，彩雲靈機一動，就將「金花班」頂了下來，並重返上海，物色了一班能操吳儂軟語的雛妓攜往北京，聘請老師教習歌舞重振旗鼓。

「金花班」開業了，有嬌小玲瓏的蘇州美女，但更響亮是「狀元夫人賽金花」的招牌！一時，「賽金花」的名號震動北京，甚至連坐鎮皇宮的西太后也聞其名。

有一天，西太后早朝歸來，對太監總管李蓮英說：「小李子！你有沒有聽說，咱們北京城有個叫賽金花的女人。」

「稟太后老佛爺，」李蓮英小心翼翼地說，「聽說原是兵部尚書洪文卿的夫人！」

「洪文卿不是死了嗎？」

「前年去世的。」

「敢情倒是名副其實的狀元夫人！小李子，有人稟奏，這賽金花的小曲唱得不錯！」

銀票

李蓮英大吃一驚，想到當年西太后就是以一出小曲贏得先皇的臨幸，於是，他一點兒也不敢大意，立即躬身說：「稟太后，尚無所聞！」

「哪天宣她進宮來，讓我瞧瞧！」

「這……」

「怎麼了？」

「啟稟老佛爺！這賽金花不過是一名樂戶的名妓，以老佛爺之尊，召她進宮，一旦傳出去，恐怕……」

「嗯！」西太后點點頭，又說：「當年傳聞，她在英倫頗出鋒頭，又能操好幾國語言，咱們現在受外國人的氣，指派一個人去探聽。如有必要，可指派她和外國人打打交道。」

太后老佛爺口中的打交道，李蓮英自然懂。但是，由於義和團的首腦們正想走李蓮英的門路，向西太后進言。因此，李蓮英一時無法回奏。不想，西太后又說：「你看，誰能當這個差？」

「刑部主事吉同鈞！」

「好吧！交給你辦，三天內呈奏。」

「遵旨！」

刑部主事吉同鈞是一位滿人，說起來更是皇親國戚，一向風流自負，詩詞歌賦也極為擅長，但和李蓮英卻是沆瀣一氣。李蓮英在情急之下想到他，太后果然同意了。

次日黃昏，金花班來了一位貴賓，正是刑部主事吉同鈞。儘管他是奉旨而來，但李蓮英曾對他耳提面命說：「務必不能據實呈報。」吉同鈞因常聞賽金花的豔名，也就樂得來逛逛這久未涉足的金花班，並希望借機和賽金花相晤，一親芳澤。

金花班還有部分老人，都認識吉同鈞，立即派人通知賽金花。在陳設雅致的花廳，賽金花摒除了左右，單獨和吉同鈞見面。真是名不虛傳，賽金花不但人如其名，而且這位狀元夫人年齡看來不過二十許，嬌豔動人，婀娜多姿，使得吉同鈞大覺意外。

自然，賽金花並不知道他是奉旨而來，但傾談之下，居然文采風流，大有晚唐名仕的遺風，真是惺惺相惜，彼此都有相見恨晚之感。

吉同鈞當晚宿在金花班，基於權勢和政治的因素，他沒有再和賽金花見面，但一夕夙緣，卻使他終身難忘。如果當時不是李蓮英作梗，也許賽金花的命運又進入另一個轉捩點。賽金花的才華因李蓮英抹煞而被埋沒了。

不久，西太后果然聽了李蓮英所進讒言，引進了義和團；同一時期，李蓮英又進言令京師禁衛嚴格取締設在內城的樂戶。賽金花不得不率領金花班移師天津，但其盛名仍然不衰。

光緒二十六年（西元一九〇〇年），義和團宣導「扶清滅洋」，荒淫昏庸的西太后聽信邪說，公然支持他們發起暴動，焚教堂、殺洋人、掘鐵路、毀電信，整個京師鬧得不可收拾。終於導致八國聯軍之亂，破京師，連陷保定、張家口、山海關等地，西太后偕光緒帝逃往西安去了，指派奕訢、李鴻章與各國議和。

聯軍初期只是一項軍事行動，但入京師之後，軍紀敗壞了，姦淫虜殺，採取全面報復行為，一時北京成為恐怖之城。同時封鎖水陸交通，使糧食斷絕，饑餓和病疫接踵而起，京師一帶，民不聊生。居住在京師賢良寺內的和談代表李鴻章，更是一籌莫展。

賽金花與瓦德西等人合影

妓院行樂圖

天津同樣被佔領，金花班的雛妓們被聯軍捉去大半，大門緊閉，人心惶惶不安。

「夫人！」管事對賽金花說，「京師的情況更為嚴重，據說聯軍統帥怎麼也不肯妥協。」

「德國是一個很頑強的民族，蠻不講理。」一名雛妓猶有餘悸地說。

「這也怪不了外國人，都是白蓮教害的。」

「偏巧又是德國人當統帥！」

眾人你一句，我一句，賽金花卻沉思不語。

「市面上的店鋪都被外國人搶光了，城頭上到處都是死屍，城門上還貼著聯軍統帥的布告呢！」

「怎麼說？」

「凡是反抗聯軍的，一概格殺。」

「那個統帥叫什麼來著？」

「瓦什什麼的？」

「瓦德西！」賽金花雙眸一亮地說。

「對！對！夫人，你怎麼知道這個名字？」

賽金花臉上浮起笑容，雙眸一轉，隨即說：「準備車輛！」

「夫人！」管事訝然地問：「您要去哪裏？」

「北京！」

「不成！不成！出去不得，從天津到北京，都是德國兵。」

「不要緊，給我紙筆。」

大家相視愕然，但眾人都知道，他們的夫人向來神通廣大。因此，有人將紙筆準備好，賽金花提筆一揮，誰也不認識這螃蟹爬的字。

「夫人，這是什麼意思？」

「駐德國公使夫人傳彩雲！」賽金花緩緩地笑，「把它懸掛在馬車上。」

管事有點相信了，立即備妥馬車。說也奇怪，賽金花的馬車一出現，德國兵紛紛讓開，並向坐在馬車上的賽金花頻頻致敬，劫後餘生的百姓們無不嘖嘖稱奇。

沒想到就憑這幾個螃蟹爬的字，賽金花居然暢行無阻，一路上耀武揚威地到了北京，整個北京城都轟動了。馬車進入皇城，一名德國軍官走了過來，向賽金花敬了一禮，用德語問態：「夫人，你要見誰？」

「瓦德西將軍！」賽金花以純正的德語說，「他是我的老朋友！」

德國軍官立即躬身肅手說：「請到儀鑾殿。」

「謝謝你，少校！」

賽金花向德國軍官嫣然一笑，只見他立時喜形於色，渾身都有點輕飄飄之感。

儀鑾殿中，瓦德西早已接獲通報，他做夢也未想到，當年的舊情人，會在這個時候出現在北京紫禁城。他立即命侍衛領賽金花直接進入內室。

六年了，兩人終於又見面了。瓦德西略略一怔，她仍是那樣美麗、高貴，如一朵盛開的玫瑰，豔麗、嬌媚、吐露著芬芳。瓦德西忍不住張開雙臂，賽金花如蝴蝶般投入他懷中，彼此擁吻，緊緊不放。

斗室春暖，在充滿戲劇性的場合下，一對久別重逢的異國鴛鴦再度相聚。一個是意外的驚喜，燃起熾熱的舊情；一個是蓄意的挑逗，獻上無限的嬌媚和奉承。兩人在一陣纏綿之後，擁臥在曾經屬於帝王之尊的龍床上，彼此都有一種說不出的喜悅和感觸。

這和英國倫敦別墅的偷情是截然不同的。現在，瓦德西是八國聯軍的統帥，賽金花則是退職的公使夫人。但是，她的美豔、嬌媚比六年前毫不遜色，而且更成熟、更溫柔，給瓦德西在重逢歡樂中帶來如醉如癡的感受。

「曾經想過我？」賽金花躺在瓦德西的臂彎裏，偏過頭，如小鳥般低唱著問。

「想過！」

「你知道我已更名為賽金花嗎？」

「不難想像，人們傳說北京有位賽金花，擁有狀元夫人的頭銜，我一猜，便知道是你。」

「為什麼不來找我？」

「來了，可惜是率領八國聯軍！」

「後來呢？」

「所有的妓院，沒有賽金花的影子。」

「你就這樣算了？」

「不！」瓦德西深情地說，「我下令燒掉北京城所有的妓院。」

賽金花無言了，望著瓦德西，雙眸顯出一片激情來。突然，她眼角浮現了淚光，不僅僅是感動，還有一股隱藏的淒苦和悲怨。

「小心肝！你怎麼啦？」

賽金花忽然閉上眼睛，掉下幾顆淚珠，搖著頭，似乎感慨地自語著：「是我甘願的。」

「何以這樣說？」瓦德西顯然不解。

「中校！」她親切地喊著以往的官銜：「我是中國人，一個既平凡、又卑賤的殘花敗柳。可是，我仍然有自尊和羞恥之心，而我最鍾愛的人，卻有不同的觀念和想法。」

「你是說我嗎?小心肝!我從來不曾想到你是尊榮貴婦，或者是什麼殘花敗柳，我只知道，你是我心目中的女神，我愛你!」

賽金花一愣，破涕為笑，笑得那麼迷人，笑得那麼自在，一骨碌翻過身子，散亂的秀髮垂落在他的前額，以無限熱情和期盼說:「愛人!如果我要作點小小的要求，你可答應?」

「我會答應的!」瓦德西如中邪般，深藍色的眼睛裏顯出一片癡迷:「小心肝!無論你要求什麼。」

「撤軍!」

瓦德西一怔，臉上的癡迷已漸漸消失，換來一股凜然的嚴肅，並想掙扎起身。賽金花在他的腰肢上一拍，突然他感到如觸電般的震撼，一直傳進他的心房，剎那間已失去了一切力量。

「答應我?」

瓦德西又恢復剛才癡迷的表情，雙眸中凝聚著強烈的欲火。賽金花認為是時候了，緩緩低下頭，櫻唇落在他灼熱的嘴上。

「聽我說，小心肝!我說答應，就一定會答應，我可以降低和議的條件，把時日往後延續下來。這樣，我們可以有更多的時間住在儀鑾殿，過一段帝王生活，這是一生中難忘的日子，以後可能永遠也享受不到。」

妓女平常生活圖

賽金花心頭一喜，卻面不改色，以一種嗔怨的語調說：「我們可以安樂，但是，被佔領地區的中國老百姓受到蹂躪，過著貧困、饑餓的生活，我如何安心與你共享雲雨之樂？」

瓦德西笑了：「軍紀敗壞，是主帥的縱容，我會找兩個替死鬼，砍他們的頭，殺一儆百。我保證，撤除一切不利禁令，中國百姓可以恢復以往的秩序。」

「真的？」

「但是，小心肝！」瓦德西採取了主動，伸手撫向她的玉頸、臉頰……，使得賽金花發出忍俊不禁的嬌笑。

「但是什麼？貪婪鬼！」

「你要答應我一個小小的要求。」

「做你的情婦！」

「不！中國人應供給一切軍需品、食物和蔬菜，由你負責，不然……」

「不然怎樣？」賽金花以挑逗的語氣說。

「我會饒不了你。」

賽金花不說什麼，兩條玉臂如靈蛇一般，繞著瓦德西的脖子。倆人又糾纏在一起。

自古以來，英雄難過美人關。儘管瓦德西也不是省油的燈，但是，自十三歲就懂人事的賽金花，以她玩弄男人的豐富閱歷和深曉男人心理的愛欲經驗，終於降服了天性頑固的德國佬瓦德西。

這期間，一名風塵女子表現了出奇的愛國情操，白日往返於清朝議和代表與聯軍之間，並網羅地方人士，供應聯軍的食品；到晚上，她又必須以另一種柔情的姿態，使得瓦德西在石榴裙下稱臣，作若干難以妥協的退讓。

北京城在議和氣氛中漸漸恢復往日的繁華，人們深切感受到賽金花的奔走和犧牲。沒有一個人輕視她曾經是一名樂妓，如今又以色相迷惑一名侵略者的首領，人們都對她肅然起敬。

涉嫌命案入獄

慈禧太后過慣了京師奢靡生活，偏安西京，才知道那些不堪一擊的義和團差點送掉她的大清王朝。漸漸地她開始不能忍耐，想到宮廷豪華而奢靡的生活，於是下旨給李鴻章，曲辱求和。

和議達成的第二天，八國聯軍開始撤軍。當瓦德西返回儀鑾殿，想和賽金花渡過最後一個春宵時，賽金花已經失蹤了！她像夜空的流星，來得快，消失得也快。唯一令他感慨的是，那陣出現的光彩是那麼燦爛，那麼閃耀，又那麼令人懷念。

瓦德西卸除了聯軍統帥職務，在京滬一帶遍尋賽金花的蹤跡，可是一無所獲。他是個多情的男子，一想到賽金花的溫情，總難以釋懷。最後，他不得不懷著失望的心情，離開了中國。

地方人士募集了一筆鉅款，打算捐給賽金花，希望她能從此安享餘年，擺脫皮肉生涯。但是，無人能知賽金花藏身何處。

在清宮，西太后的寵臣李蓮英差點丟掉了腦袋。

「該死的東西！」西太后慍然怒道：「我大清王朝，如不是一名妓女的投身挽救，險些葬送在你們這批奴才的手上！你說，賽金花明明在北京城，為什麼你偏偏找不到？」

李蓮英心裏有鬼，一時為之語塞，跪在地上，囁嚅地說：「奴才該死！這實在是……實在是……」

「別說了！給我拉下去！」

李蓮英大吃一驚，冷汗直冒，連連叩頭，並哭泣著說：「太后饒命！請念在老奴侍奉太后，忠心耿耿，一輩子都……」

「啟稟太后！」

朝廷中走出一人，正是京師刑部主事吉同鈞，當時便是派他去找賽金花，耳提面命，取締了禁城的妓院。李蓮英一看，大喜過望。

「嗯！吉同鈞！你有何奏本？」

「稟太后，當時派往查訪賽金花的，正是卑臣。」

「怎樣？」

「賽金花那時確實不在京師，事後方知已遷往津門去了。」

「此話當真？」

「卑臣豈敢欺蒙太后。」

西太后略略一忖，揚手一揮，殿前武士立即退下，李蓮英嚇得褲襠濕了一片。

其實，自從安得海被誅之後，西太后的寵臣中，只剩下一名李蓮英了。新崛起的小德張，年紀還輕，哪有年近花甲的李蓮英懂得如何奉承，太后本想嚇唬他，見吉同鈞稟奏，也就借機下了臺階，將李蓮英赦了。

「說不定她又回津門去了！」西太后平和地說，「找到她！咱們要給她一點報賞！」

「遵旨！」

吉同鈞未料到，為李蓮英進奏，反而招來欽命，不得已前往津門，找到金花班曾經居留

過的地方，賽金花早已人去樓空。

吉同鈞為了慎重，找到津門太守，修牒具證，回朝覆命，太后也從此不再追問賽金花的下落。

賽金花真的失蹤了？不，她仍在津門！只是隱姓改名。一方面，她為了避免瓦德西的糾纏，同時想到，如果接受了地方的恩惠，就完全抹煞了她一片救國圖存之心。既然如此，何不落得個功成身退，或許能留下一點可資紀念的回憶。另一方面，自小她就深知，婦人進入宮中，哀怨終身，當了狀元夫人之後，更接觸了許多宮女，聽到她們淒慘的傾訴，現在，太后宣召萬一被留置宮中，她將永遠失去追求快樂人生的機會，這是她一刻都不能忍耐的事。

她追求的快樂人生是什麼？男女之愛。她深切體會，只有在她欣賞的男子性欲中，才能獲得恣情的滿足。更糟的，她把男子視為獵取的玩物，無法囿限於一個特定的對象。和阿四，是比較長久的，這是因為阿四能給予她真正的需求。另一個原因，完全是宿命論的影響，她不想再剋死真正成為她丈夫的人。

吉同鈞離去之後，她再度出現了。

「小姐！」湄娘說，「朝廷追得緊，如果你不想接受宣召，還是不露面好。」

賽金花也認為不無道理，思忖了半晌：「我還是不死心，想另外組織一個班子。」

湄娘深深了解賽金花，她是不甘寂寞的：「唉！小姐，你在儀鑾殿這段時間內，她們都走光了，只剩下一個玉菁。」

提到玉菁，賽金花不禁暗自欣喜，這孩子今年才十五歲，長得很清秀，玲瓏乖巧。由於湄娘上了年紀，升為總管，玉菁便成為賽金花的貼身丫環。

賽金花是比較開放的，有時候當著玉菁的面，和男人調笑摟抱，玉菁總是紅著臉，一溜煙跑了出去。賽金花很疼她，把她當成自己的女兒，其他的人都已煙消雲散，沒想到玉菁仍守著她，忠心耿耿。

為了組班，賽金花決定再從上海挑選一批雛妓，並打算換姓改名，仍在津門，重張豔幟。

去上海途中，她寄宿在一家客棧，遇見了一名琴師，竟是當年北京的老狎客，陝西綢緞商人黃三郎。

黃三郎一看到賽金花，立即別過頭去，顯出黯然神色。這時候的京滬一帶很流行京劇，由於西太后的喜愛，不少京劇的名角甚至受到朝廷供奉。京劇以秦腔為主調，在賽金花的記憶中，黃三郎的秦腔高昂而婉轉動人，卻不知道他也會操琴。

看到黃三郎，賽金花靈機一動，想到將來挑來的雛妓如果加以京劇的訓練，一定會招來更多的顧客。不過使她大惑不解的是，當年揮金如土的黃三郎，風流倜儻，一夕夙緣，給她留下了深刻的印象，如今，何以來到這家小客棧操琴？

一曲終了，黃三郎收拾了胡琴正準備下樓，賽金花叫住了他。

「三郎！還認識我嗎？」

黃三郎並不訝然，苦笑道：「認識！狀元夫人！」

由於有很多客人來往，賽金花深恐被人知道自己的身分，略略一怔，便拉住黃三郎的衣袖，穿過走廊進入自己的房間。門一開，賽金花趁黃三郎低著頭，雙眸一轉，顯得很興奮，抱著黃三郎就是一吻。

黃三郎大感意外，幾乎將手中的胡琴掉落地上。三十出頭的賽金花，風韻不減當年。

「三郎！」賽金花親暱地叫道，「為何淪落如此？」

起初，黃三郎還以為，賽金花把他當成早期的綢緞商人，經如此一問，內心不禁一酸，眼淚幾乎奪眶而出，更低下了頭。

「不要說！」賽金花體貼地說，「我想像得到，三郎，你現在是不是靠操琴度日？」

黃三郎點點頭：「今非昔比，狀元夫人！」

「叫我彩雲！」

「彩雲！」黃三郎嗚咽地說，「我……我是落魄了。」

「跟著我，你願意嗎？」

黃三郎又是一怔，半晌才說：「做什麼？你的……」

「不要想歪了，我正準備組班，到上海挑一批雛妓，你可以教她們京劇，如果你我情投意合，三郎，我願意和你在一起。」

賽金花說得很坦率，也很摯誠。雖是到妓院從事教席，但比為人操琴糊口還是強得多。黃三郎隨即說：「只恐怕拖累了你。」

「不會的！」賽金花嫣然一笑，「你我相逢，總是有緣。」

賽金花的新設妓院開張，定名為怡香院，她怕被朝廷發現，不敢掛出狀元夫人的頭銜。久而久之，人們發覺妓院的女主人的吸引力仍勝過所有雛妓。怡香院的年輕姑娘們能唱整齣的京劇，仕人們常邀請出席堂會，但目的仍在一親女主人的芳澤。從前的恩客慢慢發現了她的底細，「賽金花」三個字，過去名聞遐邇，至今仍然是響叮噹，加上她靈活的交際手腕，達官顯要更是趨之若鶩。怡香院中，賽金花停留的時間反而不多，白日睡到日上三竿，午後略事周旋，便出席堂會，總在三更半夜，甚至次晨才回來。

人們都知道，黃三郎在怡春院中，名為琴師，實是賽金花供養的面首。而黃三郎和賽金花的歡聚也日漸稀少，黃三郎聽到譏諷冷語，也開始有些抱怨。但是，賽金花對他的感情並未減退，只是每次回來已疲憊不堪，實在過意不去，便和黃三郎勉為應付。

年歲越大，賽金花越想過安寧穩定的生活，「三郎！再做幾年，就可以收手了，你我正式成親！」

「你不會的！」黃三郎冷冷地說。他似乎已看出，賽金花不但別有居心，而且有玩弄感情的天性。

「會的，任何事都會厭倦，到那一天，我會跳出這個圈子。」

「到哪一天？」黃三郎心裏暗忖著，但沒有說出來，相反，他笑了笑，嘴角帶著一絲不能置信的意味，隨即走開。

這天，初更剛過，她回來得早些，卻意外地發現黃三郎不在房中。她本想問問湄娘，又深知整個怡香院都是她在照顧，很是勞累，不忍去吵醒她。

「死丫頭玉菁，難道……」賽金花心頭忽感到一跳，最近一陣子，由於缺少對黃三郎的關愛，便囑咐玉菁，對他多照顧點，暗想：「此刻不在，會不會……」

賽金花立即點燃一隻蠟燭，悄悄地走向玉菁的房間，一進門，她不禁驚愕地愣住了。敢情，玉菁和黃三郎居然擁臥在一起，由於燭光的進入，他倆被驚醒，玉菁花容失色，黃三郎也大為吃驚，卻絲毫沒有慚愧的神色。

賽金花冷冷地哼了一聲，扭頭就出了房間，氣得全身發抖。想起黃三郎，如不是她，他何來今日？縱然有點冷落他，他也做得太過分了。第二天，黃三郎不聲不響地離去，玉菁則關在房間裏，茶飯不進，暗暗地哭泣。到第三天，賽金花在湄娘的詢問下，訴說了實情。

「都是黃三郎的不是，玉菁小小年紀，懂什麼！」湄娘氣憤地說。

「看情形，他們不是一天了。」

「這孩子生長在妓院，情竇初開，難免經不起誘惑，不如乾脆讓她梳攏算啦！」

「情竇初開！」賽金花在內心暗念著這四個字。其實，她自己也有責任，經常當著玉菁的面和狎客打情罵俏，摟摟抱抱。想到她在蘇州的時候，不也是受姐姐的影響，終於勾引了洪文卿，何況玉菁已經十五六歲了。將心比心，賽金花原諒了玉菁。既然黃三郎已走，不如讓她照湄娘的意思正式梳攏。

「叫她出來吧！我不會責備她的。」

湄娘一聽，想到侍奉賽金花一輩子，難得小姐在一個「情」字上給人寬恕，內心也不禁一喜，急急跑了出去。

可是，不一會兒，湄娘發出一聲尖叫。院中的姑娘們紛紛走進玉菁的房間賽金花也趕了來，不禁大吃一驚：玉菁已懸樑自盡！

慚愧、羞憤，加上感歎自己不幸的身世，玉菁想不開，就這樣走上了絕路。

雖然是自殺，但是，人命關天，嫉妒的同行們一看發生了這種事，紛紛在暗地裏散布流言，說賽金花發現了黃三郎與玉菁的姦情，於是逼死了玉菁，謀殺了黃三郎。流言越傳越廣，終於驚動了官府，賽金花被關進了監獄。雖然自己有口莫辯，但官府因證據不足，無法落案。賽金花入獄整整十個月，何時才能洗雪冤案，一時還看不到希望。

不久，京師指派一位刑部主事，循例審理舊案，偏巧是和賽金花有一夕之緣的吉同鈞。吉同鈞也大感煩惱，深夜提審了賽金花，聽她娓娓道來，雖然沒有謀殺的嫌疑，但又不能循私結案。或許是賽金花命不該絕，黃三郎因不能對賽金花忘情，居然又回到怡香院，聞悉賽金花冤獄，挺身而出，供出一切經過，終於真相大白，賽金花才得到開釋。

等到出獄，群鶯已散盡。經過這次打擊，賽金花決心不再經營妓院，為感念黃三郎的恩情，下嫁與他。三年之後，黃三郎無疾而終。賽金花四嫁上海魏姓商人，又剋死。等到後來移居蘇州，已一無所有，僅僅只剩湄娘相伴，生活潦倒。一直到民國二十年，垂垂老已，無以為生，軍閥吳佩孚獲悉之後，曾予以周濟。

由於賽金花的一度愛國表現，京滬各報曾為她發起募捐，所獲物能使她安度餘年，終於於民國二十五年去世，享年六十五歲。

賽金花死後，流傳最廣的記述她生平的文章是「彩雲曲」，出自名家樊增年之手。抗戰期間，有人根據曾孟樸的著作《孽海花》，改編為話劇，名噪一時。劉半農曾經親訪賽金花，著有《賽金花本事》流傳於世。

小鳳仙　民國俠妓

小鳳仙，民初名妓，天生麗質，性情孤傲，不入俗流

憂國憂民顯高潔

小鳳仙因為和護國運動名將蔡鍔的傳奇姻緣而聞名，被後人看做民國初年能識英雄、助英雄的一代俠妓。作為一代名妓，小鳳仙天生麗質，性情孤傲，不入俗流，在北京八大胡同高張豔幟，成為南幫翹楚。作為一代俠妓，小鳳仙深明大義，俠骨柔情，與蔡鍔互為知音，助他歷經艱險逃離虎口，為護國運動的勝利立下了自己的功勳。墜入風塵是小鳳仙的不幸，得遇蔡鍔是小鳳仙的幸運，這幸與不幸交織在一起，寫就了民國俠妓小鳳仙的人生。

初落風塵

小鳳仙是滿族後裔，於十九世紀八十年代末出生於杭州。她的父親是沒落的滿族八旗武官。在清王朝徹底崩潰前苟延殘喘的年月裏，這個沒落的八旗武官突然落職了。因此小鳳仙的幼年，生活在一個日趨貧困、後母對她很冷落的家庭中。

在小鳳仙十三四歲的時候，她的父親故去，因而家庭生活更為艱難。後母意欲再嫁謀生路，狠下心來要將小鳳仙賣掉。

這一天，杭州的一條街上擠滿了一群人，圍觀一個身上被插了草標出賣的小女孩。一對男女走過來，仔細打量這個瘦弱的小女孩，見她雖衣衫襤褸，卻渾身透著一股清秀和聰靈，這對男女當即以八十兩銀子將小女孩買去。

這個被賣給陌路人的小女孩，便是後來聞名北京的藝妓小鳳仙。可憐她被賣身時，連姓名也無從知曉，於是這對男女給她取名小鳳。

小鳳沒有落到正經善良人家家中，買回她當婢女使喚的這對男女並非良善之輩。據說男的是在宣統年間寫過一本庸俗的自傳體小說《魯男子》的風流文人，叫曾孟樸，常去尋花問柳。女的叫彩鸞，是曾孟樸在上海清和坊「媚蓮小榭」狎妓時寵愛的一個雛妓，後來曾孟樸花了一大筆贖身錢從鴇母手上贖她出來，娶回家中。兩人成婚後雙雙來到杭州，曾孟樸在官場上謀了一個差事。

民初妓女像片

小鳳在曾孟樸家裏當了一年婢女後，已是一個十五歲的少女了。雖然吃的是殘羹剩飯，幹的是重活累活，但她仍然發育成熟了，而且還出落得標緻。當初買她時就不懷好意的曾孟樸，現在迫不及待地要摧殘這枝剛剛含苞的小花。他時常拿貪婪的目光在小鳳身上掃來掃去。天真純樸的小鳳尚不諳人事，對此渾然不覺。

一天清晨，小鳳見主人曾孟樸和彩鸞梳妝打扮完畢後有說有笑地出門去了，她心想他們一時片刻不會回來，就想把自己身上穿的衣裳換洗一下。她走進自己的小寢室，剛剛閉門解

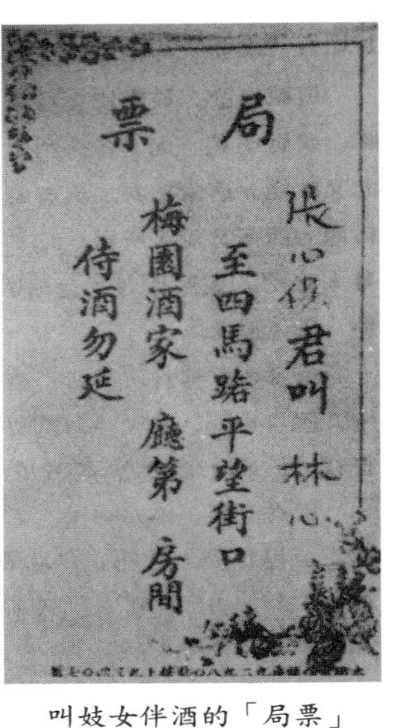

叫妓女伴酒的「局票」

了衣扣，就聽見男主人急促地敲門叫她。她以為主人突然轉回來必是忘了帶上什麼物品或忘了吩咐什麼事，急忙應聲整理好衣服開門出去。誰知男主人一頭闖進門來，把她也拽進去，閂了門趁機行非禮之舉。可憐小鳳一個奴婢，哪敢有絲毫反抗？只得在驚慌和害怕中任由男主人凌辱……偏偏女主人彩鸞不遲不早趕回家來，撞見了男主人的醜行。

原來，曾孟樸故意騙彩鸞一同外出，然後找個藉口甩脫彩鸞溜回家來。但他卻瞞不住彩鸞這個風流場裏出來的潑辣女人，她早就在暗暗提防他的言行舉動。當初她花銀子買下小鳳是另有打算的，原想使喚她幾年，再轉手賣給妓院賺一筆銀子。她自然不想讓曾孟樸去狎暱一個婢女而冷落她。她急急忙忙趕回家中，抓住了把柄便醋勁大發又哭又鬧。小鳳也挨了女主人的痛罵，聽了一番不堪入耳的污言穢語後，她才知道自己寶貴的童貞被男主人強奪去了，不禁失聲痛哭。男主人惱羞成怒，索性公開地一再蹂躪起小鳳來。小鳳幼小的身心遭此

嚴重摧殘，從此形成了憂鬱寡歡的性情。

正巧，這時上海清和坊「媚蓮小榭」的那個鴇母忽然來杭州進香。她順路到曾孟樸家看她過去的「女兒」彩鸞，撞見了這對男女的鬧劇。

鴇母見小鳳姿色不凡，心想可從這個年齡正合適的女孩子身上撈一把。於是打定主意，故作半真半假的語氣對曾孟樸說：「當初媽媽我為了成全你，狠狠心把自己最疼愛的女兒給了你，是指望你們恩恩愛愛地過日子。你如今也該尋一個孝順的女兒還給媽媽我才好……依媽媽我之見，不如讓媽把這個小鳳帶回上海去。她一走，你們兩口子就沒事了。」

彩鸞一聽正中下懷，自然是搶先滿口答應，曾孟樸也不好再說什麼了。

鴇母回上海時，就像花錢買小羊羔似地把小鳳牽走了。

小鳳被帶到上海，從一個火坑到另一個火坑，被迫入了清和坊「媚蓮小榭」為妓。她開始痛恨這世間的不公正，性格變得更加憂鬱冷漠。鴇母給她取了個花名鳳雲，逼她立即接客。儘管小鳳哭泣不從，怎奈老鴇冷眼凶臉，威逼利誘，她最終還是沒有逃脫淪落風塵的命運。

南幫翹楚

在「二次革命」失敗時期，革命志士有的遠逃他鄉，有的亡命國外，而官僚、巨賈、豪紳們卻洋洋得意。一時間，冠蓋京華，揮金如土。上海的名妓趨炎附勢，紛紛北上「淘金」。鳳雲（小鳳）也隨著這股潮流漂泊到北京。

當時的北京八大胡同，是達官貴人醉生夢死、妓女們強作歡顏的青樓之地。

八大胡同的興起，是民國前後一二十年的事。前清禁止官吏嫖妓，但不禁「男風」，俗稱「相公」，士大夫選歌徵色，都重在那些撲朔迷離、難辨性別的戲班「歌郎」，也就是扮花旦扮得唯妙唯肖的俊俏小生。這些「歌郎」名為郎君，實則視同女身。到了光緒中葉，北京內城口袋底一帶出現了歌妓，為了與戲班相區別，稱為小班。庚子年間，八國聯軍進犯北京，京城大亂，內城的歌妓小班都逃散躲避了。等到局勢平定以後，歌妓小班漸漸集中到八大胡同：陝西巷、石頭胡同、皮條營、王廣福斜街、百順胡同、韓家譚和後來名存實亡的胭脂胡同、萬佛寺灣共八處。

小班，全稱是清吟小班，表示她們賣藝不賣身，是娼門中身分等級最高的。清吟小班，又分南幫和北幫。兩幫界限劃分極嚴。本來南不北侵，北不南擾。但自從上海和南方各地的

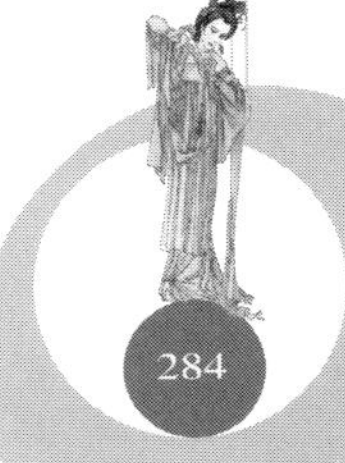

吹簫圖

藝妓歌女紛紛入京以後，使南幫的勢力擴大了，尤其是南幫中的蘇幫，地盤向北幫佔據的東段延伸。原先是北幫天下的陝西巷，漸漸由南北兩幫平分秋色。陝西巷在八大胡同中名氣最大。據說當年賽金花就曾在此高張豔幟。

鳳雲來到京城，就住在陝西巷南幫的雲吉班裏。她改叫藝名小鳳仙，過著賣藝生涯。小鳳仙的身姿、容貌可謂天生麗質，然而在美女如雲的八大胡同，她的相貌並不特別突出。她是憑自己非凡的氣質迅速引人注目的。命運對她不公道的擺弄和折磨，倒使她在生活中熬得性情孤傲。她很不善於侍候客人，尤其不願逢迎巴結，為此不知遭到鴇母多少次咒罵和譏諷，可她仍然我行我素。她很聰慧，頗能識文斷字，愛好讀書，這使她在藝妓群中高人一等。她本一口吳儂細語，進京後很快又說得好一口京片子。此外她擅長作歌綴詞，更兼博覽群書，很有思想，還有一副俠義心腸，被當時人稱作俠妓。因此，小鳳仙在陝西巷掛的牌子很快名噪京城，成為南幫翹楚。

民國初年，北京官僚狎妓成風。革命黨人也趁機以煙花胡同作掩護，從事秘密活動。蔡鍔聞得小鳳仙的名氣，便到陝西巷雲吉班內探訪，結識了小鳳仙。這是民國二年至民國三年之間（西元一九一三年至一九一四年）的事，當時小鳳仙約十七八歲。小鳳仙與蔡鍔交往的背景很複雜、微妙。

蔡鍔是北洋軍閥的滇系將領。年輕有為，軍事才幹卓著，深得雲南將士的擁戴。當時蔡鍔身為雲南都督的實力地位和影響，加之他敬重梁啟超師長，因而被一心策劃稱帝復辟的袁世凱視為大隱患。袁世凱用民國大總統委以組閣和派往湖南率軍的名義，騙蔡鍔入京。蔡鍔尚在進京途中，袁世凱就背信棄義，宣布了另外的組閣和治湘軍人選。等蔡鍔到京後，袁世凱委他以參政院參政員、全國經界局督辦等重職，並贈予梅花胡同六十六號豪華公寓和一萬塊現大洋，以示大總統愛才重才，「上馬賜金，下馬賜銀」。其實，封給蔡鍔的都是空銜，他被軟禁起來了。袁世凱專門指使長子袁克定派出眾多黨羽嚴密監視蔡鍔的一舉一動。

為了迷惑袁世凱，蔡鍔宣稱與其師梁啟超政見不同，公開簽名擁護帝制，並進一步麻痹袁賊，終日混跡於八大胡同，縱情聲色，不問公務，表現出一副沉淪壯志的庸倦形象。評價這段歷史的人稱之為「醇酒婦人計策」。

一天，蔡鍔喬裝為商賈來訪。他自稱是商人，出言謹慎，對自己的身分來歷諱莫如深。小鳳仙很善於察言觀色識別人物，一眼就看出蔡鍔氣宇軒昂，儀表非凡。憑直覺，她感到此人絕非一般拉皮條的官紳富賈、無聊文人之類，像是一個身負重大使命的人。

小鳳仙置酒款待蔡鍔，應酬交談中，小鳳仙看出這人談吐不凡，就說道：「我自從落入風塵賣藝，幾年來接待了各種各樣的客人，卻從未見過像您這樣光彩照人、令人欽佩敬仰的人，今天可以說見到了。」

蔡鍔忙答道：「這裏生意紅火，來這裏的王公大臣、公子王孫、名士才子不知有多少，我不比他們富貴，不比他們英俊，不比他們才華高，怎麼可以說是你平生僅見之人呢？」

小鳳仙搖頭道：「像你所說的那些都不合我的意思，試想今天全國死氣沉沉，國家將亡，還有什麼富貴、英俊、才華可談。我獨獨看重你是因為你眉宇間流露出一股英雄氣，不像那些醉生夢死的人。」

一番話說得蔡鍔半晌不言，暗暗讚歎小鳳仙果然是娼門中的特色女子，不愧俠妓名聲。但他畢竟不放心直言自己的來歷，只好言不由衷地用別的話來應付。

小鳳仙見蔡鍔似有難言之隱，於是離席撫琴，彈奏一曲《高山流水》，琴聲委婉真切，情意淋漓。蔡鍔為歌曲所動，離席聆聽。一曲罷了，他還愣在那裏若有所思。

小鳳仙見狀，又為蔡鍔滿斟一杯酒，遞給他說：「仔細看你的神態，外表好像快樂，內心憂愁鬱結。我雖是弱女子，倘若蒙您不嫌棄，或許可以替您解憂。請不要把我僅僅看做淺薄的青樓女子。」

蔡鍔聽罷，對小鳳仙更加賞識，他接過酒，一飲而盡。這才仔細打量小鳳仙，見她確實嫵媚動人，衣飾妝扮卻很淡雅，眼神天真中透著孤傲和深沉，顯得格外端莊清秀，全然沒有青樓脂粉氣。小鳳仙被他的眼光逼得垂下眼瞼，但她很快迎眸對望過去，兩人心裏都有了一種碰撞的震盪感。

蔡鍔看到小鳳仙的箱頭櫃面上堆滿了書籍和許多卷軸。他信手展閱卷軸，見多是文士贈聯，便笑著問小鳳仙：「對聯這麼多哪一聯最合你心意？」

小鳳仙答道：「我略通文字，未得其精髓，只覺贈聯中多是泛泛詞語不怎麼切合，不知您肯賞我一聯嗎？」

蔡鍔不推辭，慷慨地應允。小鳳仙當即取出宣紙，磨墨潤筆。蔡鍔不假思索，揮毫疾書，但見一聯躍然紙上：不信美人終薄命，自古俠女出英雄。

小鳳仙十分欣慰。當她看到蔡鍔署下款「松坡」二字時，略微思忖，猛然醒悟道：「您莫非是蔡都督麼？」

蔡鍔默然地點點頭。

小鳳仙欲問又止，猶豫片刻，仍舊問道：「如今這妓館是骯髒不潔之地，您本來在雲南領軍，為什麼隻身到京城？」

蔡鍔一驚，畢竟不敢輕意道出實情，就試探著說：「現在袁總統要做皇帝，哪一個不想攀龍附鳳，圖些功名，就連女界中也組織請願團，什麼安靜生了，什麼花元春了，都趁機出鋒頭。我為你打算，也不妨加入請願團，借此顯點榮耀。何必甘心落在人家後面？」

小鳳仙卻嚴肅地答道：「你們這些當官的，應該攀龍附鳳，像我這樣命薄的人，還想什麼意外的光榮？你不要說得肉麻。」

蔡鍔並不在意，又問道：「你難道不贊成帝制？」

小鳳仙反問道：「帝制不帝制，與我無關。我只問你一句：三國時候的曹阿瞞，人品怎樣？」

「是個亂世英雄。」

蔡鍔的話音剛落，小鳳仙立刻聲色俱厲接道：「你去做華歆、荀彧這類人吧，我的妝閣不配你立足！」

蔡鍔又是半晌不語。他對面前的小鳳仙已是欽佩不已，不禁在心底吟誦起唐代詩人高適的名句：「莫道前路無知己，天下誰人不識君。」一時竟然有此番入京不虛此行之慨。

從此以後，小鳳仙贏得蔡鍔的愛慕和信賴。蔡鍔對小鳳仙推心置腹，視為知己。小鳳仙也愛蔡鍔的將軍風采和才華膽識，尤其敬佩他反袁護國的英雄壯志。他倆相見恨晚，兩情繾綣。

一時間，滿京城流傳開將軍狎美人的風流韻事。但是，局外人卻絕少知道，這是一對俠義情侶。小鳳仙在大膽、機智地配合掩護蔡鍔秘密籌畫反袁護國行動。小鳳仙的妝閣內室，成為蔡鍔收集情報、擬發密電、隱秘與反袁志士會見接頭的安全掩護所。

女伴男裝的民初某妓女

小鳳仙與蔡鍔形影相隨，外界的議論沸沸揚揚。蔡鍔的家裏風波迭起，夫妻反目。蔡夫人與他狠吵了幾回，哭鬧著要回老家去。蔡鍔也不勸阻。風聲都傳到袁世凱的耳朵裏去了，流言對蔡鍔頗有貶責。其實，蔡夫人不僅很賢慧而且通曉大義，她是在配合蔡鍔演「苦肉計」。這是蔡鍔巧妙籌畫的「佯狂避世」，迷惑袁世凱計謀的一部分。

起初，小鳳仙不知這是蔡鍔與夫人演的「雙簧」。當有人指責蔡鍔「寵妓滅妻」時，針對她的各種流言蜚語紛至沓來。這對小鳳仙的為人是一大考驗。她感到難堪，為蔡鍔夫婦的不和而愧疚不安。她確實傾心於蔡鍔這位英俊、勇敢而又溫文儒雅的將軍，但為蔡夫人考慮，她準備痛苦地提慧劍斬斷情絲。她採取了理智、大義而富於同情心的行動，瞞著蔡鍔大膽地去拜訪了蔡夫人，並博得了蔡夫人的好感。

這天中午，蔡鍔又來見小鳳仙。小鳳仙自與蔡鍔結識後，雖未摘「牌子」，實際上已不再接待別的客人。所以蔡鍔每次來訪也不再通報，可以直接入內，毫無顧慮。

小鳳仙起床不久，剛剛梳妝完畢。見蔡鍔進來，兩人便手拉手來到套房，套房裏有一張很舒適的小床，蔡鍔喜歡在這裏睡午覺。蔡鍔往小床上一坐，把枕頭墊到背後靠起來。小鳳仙先向窗外望了望，然後挨著蔡鍔坐下。她見蔡鍔不像有要緊事說，就握起他的一隻手合在自己的掌中，若有所思地說：「我到府上去過了，見到了蔡太太。」

蔡鍔未免有些驚訝，說：「我怎麼不知道？」

「我特意瞞著將軍去的。」小鳳仙說，「我是忍聲吞淚去的，見了面才知道蔡太太的大賢大德。」接著她說了去見蔡夫人的經過。她決意去見蔡夫人表明心跡，事先打電話給蔡夫人道明了身分，說有話要跟太太談談，請太太約一個見面的地點。太太表示歡迎她直接到家裏來說。

見了面，小鳳仙很坦誠地表示，她不願意看到蔡將軍與太太鬧家庭糾紛，但不能立刻與蔡將軍絕交，以免蔡將軍與太太之間產生更大的裂痕。她希望太太信任她，給她一段緩衝時間，讓她設法慢慢地與蔡將軍疏遠。

小鳳仙說著便流淚了：「將軍猜蔡太太怎麼說的？真令人感動。她拉著我的手說，『好妹妹，別這麼說，蔡將軍不得志，正要靠你的安慰和幫助。你是聰明人，別的話我就不便多說了。』我回來整整想了一夜，才知將軍的良苦用意。」

她哽咽著說：「聽太太說，趁袁世凱還沒有看破，她近期就準備從京城這虎穴脫身回老家去。太太若一走，我得承擔起照顧將軍身體的擔子……從此我追隨將軍更無顧慮了。」

蔡鍔默默聽著，一直不語。等小鳳仙說完，他慢慢地抽出捧在小鳳仙掌上的手，去撫著她的肩膀。兩人挨得緊緊的，他都聽到了她的心跳。小鳳仙這一番披肝瀝膽的表白，使蔡鍔進一步認識到她的可親可敬，有一副熾熱而善良的心腸。

小鳳仙巧妙地幫助蔡鍔進行反袁行動，其中很精采的一幕，是智送熱血青年金雲麓投奔上海革命運動。

大學生金雲麓，是小鳳仙的雲吉班姐妹雅梅的癡情戀人。他發誓要解救雅梅跳出火坑掙個自由身，雅梅也情深意篤地將終身大事期許在他的身上。不料，金雲麓因事暫離北京不久，袁世凱的爪牙突然闖進雲吉班來捉雅梅進宮。

原來，袁世凱的二公子袁寒雲與父兄不合被軟禁，他的「非正式」夫人薛麗清憤而出走到上海繼續做藝妓。袁世凱大壽時見到孫子問起孩子的生母，袁寒雲一著急就去胡同裏抓雅梅做麗清的替身。

雅梅悲痛欲絕，卻無可奈何。她臨走時留下信物，託小鳳仙轉交金雲麓。金雲麓從關外回京，看到雅梅留下的信物，悲憤交加，陷入不可自拔的痛苦中。這天中午，小鳳仙約了蔡鍔一起，到東交民巷西口一家僻靜的俄國餐館與金雲麓交談。小鳳仙真誠地勸慰、開導金雲麓；蔡鍔鼓勵他振作起來，去幹一番事業。金雲麓透露出他是革命黨人，並說他有意南下，去上海投入反袁革命運動，只是猶豫會荒廢了學業。小鳳仙和蔡鍔都建議他以報國為重，他這才打定主意立即南下。談到動身日程時，金雲麓支吾其詞，像是有難言之隱。蔡鍔猜到他必是囊中羞澀，沒有盤纏又好面子，不便以實相告。偏偏蔡鍔身上只帶了些零錢。小鳳仙打開手提包，取出三百元整紮的鈔票，不容推辭地贈給金雲麓。

他們當即商定，金雲麓次日啟程經天津坐海船去上海。蔡鍔有一密件要託金雲麓帶到天津，約定當晚六時，金雲麓再來此處與小鳳仙接頭。

等金雲麓遵照囑咐換了一身漂亮西服按時趕到時，早候在此的小鳳仙卻取出兩張舞票，邀他去六國飯店跳舞。上了車，小鳳仙在金雲麓耳邊低語一聲「靠緊我坐」，然後故用親暱的語態與他調情說笑。到了六國飯店，小鳳仙給了司機小費，叫他不要等，還故意關照司機：不要對蔡將軍多說什麼。果然蒙蔽過了一路上豎著耳朵偷聽，並從反光鏡中盯著他們的司機。事後，小鳳仙聽蔡鍔說，司機倒勸他別太癡情，何苦大把洋錢給人去倒貼小白臉。兩人忍俊不禁。

剛進入舞廳坐定，金雲麓急切要小鳳仙交代正事，小鳳仙卻談笑風生。直到音樂聲起，兩人隨眾旋入舞池，她才低語道：「座位上有可疑的人在偷聽，我已放了一張紙條在你上衣左面口袋裏。這曲舞罷，你藉故去尋個地方趕緊記熟了就地銷毀。」

金雲麓一摸，果然衣袋裏不知何時有了一張紙條。他躲進一間單人房展開紙條，寫的是一串阿拉伯數字，四個數一組，顯然是電報密碼。金雲麓很機靈，他把數字化作簡譜，譜成一首曲子，頃刻背熟了。

他再返回舞臺時，小鳳仙才將收件人梁啟超的地址告訴他。

金雲麓很感激小鳳仙和蔡鍔的關懷、信任，自知受託事關重大，也急於早日投奔血與火的革命新天地以斬卻私情煩惱。他低沉、急促地告訴小鳳仙：「我決定提前啟程以防不測，連夜搭貨車走。」

小鳳仙默默點頭嘉許。兩人旋出舞池。她再次打開手提包，將剩下的五十多元傾囊塞給金雲麓：「一路保重！」語畢，她凝望著他義無反顧的背影，直至他消失在夜幕中。

義送蔡鍔

民國四年（西元一九一五年）秋，八大胡同裏依然是日日歡聲笑語，輕歌曼舞。似乎在這繁華的京都，官僚富豪們能揮金如土、尋歡作樂，就能證明天下是一派歌舞昇平景象。正所謂：「商女不知亡國恨。」然而小鳳仙知道，袁世凱登基稱帝的日子越來越迫近，在水深火熱中煎熬的中國人民，面臨著一場更為巨大的災難。形勢逼人，刻不容緩，蔡鍔必須立即離京赴滇，率領將士們發動反袁護國的軍事行動。

小鳳仙還知道，蔡鍔除了已與梁啟超和反對帝制的人士有過周密計畫外，早在九月間，還與革命黨領袖黃興秘密接上了頭。蔡鍔返滇向袁賊發難，時機已經成熟了。

令小鳳仙焦慮的是，怎樣才能幫蔡鍔甩脫密探的監視離京呢？她看見蔡鍔陷入苦思冥想之中。有時她深夜一覺醒來，仍見蔡鍔還坐在燈下反覆思量，她也睡意索然，披衣起床，給他煲上紅棗蓮子米香粥，或重新沏上一杯濃茶，然後，默默地陪他坐到天明。

在小鳳仙的慨然允諾下，蔡鍔終於擬定了一條脫身妙計。

那是一九一五年十一月十一日，小鳳仙精心梳妝完畢，穿一身格外惹人注目的華貴服飾，讓蔡鍔摟著她，二人卿卿我我地離開陝西巷雲吉班，坐車來到中央公園（今北京中山公園）。小鳳仙大聲招呼司機把汽車開回去，她嬌媚地說，「今日我陪蔡將軍在公園裏好好散散心。」進入園中，兩人慢慢地散步，走到大松柏樹下的「來今雨軒」露天茶社前，兩人停下來喝茶。坐定以後，蔡鍔將手上提的銀絲網袋放到茶桌上，只聽「哐噹」一聲，網袋裏露出白花花的銀元，十分顯眼。

小鳳仙又招呼蔡鍔摘下巴拿馬草帽，幫他脫下長衫，兩人這才開始品茶。蔡鍔點燃一支煙徐徐吐著煙圈，聽小鳳仙眉飛色舞地說著一件什麼趣事。跟蹤而來的密探們見狀，便鬆了一口氣，都充作遊客，坐在距離不遠的茶座上。少頃，蔡鍔起身對小鳳仙說：「我去解手即回，你不要離開。」說著，就向廁所走去。密探們交換了一個眼色，見蔡鍔身穿短衣去廁

民初某妓院全家福

所，衣帽、錢袋都留在茶桌上，尤其是一向形影相隨的小鳳仙還坐著沒動，斷定他必然會很快轉回來，所以沒跟上去。蔡鍔佯作解手，繞過廁所，迂迴走出中央公園，疾步直奔府石街石板房二十號曾鯤化府中。

曾鯤化，時任民國交通總長，是辛亥革命的前驅。從日本留學歸國後，在袁世凱政府中任職。曾鯤化先生也是一位支持反袁鬥爭的志士，不過蔡鍔在京兩年，與他來往甚少，所以他不為袁世凱的黨羽們所注意。

早等候在家裏的曾鯤化急忙幫蔡鍔換上曾夫人劉燦華的藍衫和黑裙。男扮女裝的蔡鍔，鑽進事先備好的轎子裏，由曾府的一個湘籍廚師和一個北京籍的馬車夫，一前一後抬著，逕直抬到崇文門火車站。

當時北京火車站軍警憲兵林立，嚴密盤查進出站的乘客。只有崇文門火車站是專供外國人和高級官員使用的，檢查不甚嚴格。加之曾鯤化以交通總長之銜親送家眷，轎上的「女客」便順利地登上了開往天津的火車包廂。

在「來今雨軒」茶社一直盯著小鳳仙、守候蔡鍔的密探們，見到蔡鄂遲遲沒有從廁所轉回，慌忙把廁所周圍、公園內外搜尋了個遍，這才知道上當了。密探們氣急敗壞地返回茶社，圍住小鳳仙，逼問她蔡鍔的下落。

小鳳仙由此判斷，蔡鍔必是安然脫身了，她一直惴惴不安的心情頓時寬鬆下來。她嘲笑地反問密探們：「各位大人一直在此監視小民，有哪位能證明小民藏匿了蔡將軍麼？」

密探們面面相覷。

這時，蔡鍔已安全抵達天津，袁世凱聞訊驚慌失措。

小鳳仙首當其衝地成了重點審查對象。密探們把她抓去盤問了一整天，從她口中得不到一句有價值的線索，最後不得不把她放出來。為了推諉責任，密探們便向袁世凱謊報軍情，說小鳳仙坐馬車去豐台，車內掩藏了蔡鍔。蔡鍔離京前一天，曾去密友哈漢章家裏打牌，哈漢章為避嫌疑，也趁機大肆鼓吹說，小鳳仙如何勇敢俠義，冒險走豐台，故意混淆視聽。於是，小鳳仙挾走風流將軍的美談，成了京城的街談巷議。劉成禺在《洪憲紀事詩》有一首專敘此事：「當關油壁掩羅裙，俠女誰知小鳳雲。提騎九門搜索遍，美人挾走蔡將軍。」

送走蔡鍔後，小鳳仙的心情是很亂的。京城的議論使她欣慰，但她仍感到不安。她想，蔡鍔到了天津並非就是脫險了，赴滇的路途上必伏滿殺機。她還有一種強烈的失落感。兩年來，蔡鍔與她朝夕相處，心心相印，使她有希望，有寄託，生活富有光彩。如今蔡鍔一旦離去，她感到說不出的孤寂和無聊。

她只知道，蔡鍔到天津後將住進日本人辦的公立醫院。她仔細從報紙上尋找蔡鍔在天津的消息。報載，蔡鍔說自己有喉疾，向袁世凱請假赴日治病，袁世凱已照准。她思忖，蔡鍔確實喉部有小恙，但事態絕非如此簡單，其中必有險詐。她帶著滿腹的牽掛和思念，悄悄離京赴津，去尋找蔡鍔。

袁世凱果然是一方面假意照准蔡鍔東渡治疾，一方面密令日本和雲南等地黨羽，不惜一切代價堵截捕殺蔡鍔。蔡鍔早有防範，他與梁啟超密商後決定，繞道日本返滇，並事先派專人到雲南向唐繼堯報告，同時與正在海外的孫中山、黃興取得聯繫，以期沿途布置人員接應保護。

小鳳仙趕到天津，在蔡鍔離津前夜，別離愁緒，語重心長的叮囑，都傾注在滿杯滿盞的送行酒中。

飲到酣暢之際，小鳳仙起身趨前，哽咽道：「將軍此去，任重道遠。本打算為你高歌一曲來餞行，只怕被袁賊耳目發現。我願寫歌詞幾闕來贈別。」

當即找了筆墨來，蔡鍔取出懷裏揣著的一個筆記本，小鳳仙便舒開纖腕，一字一句地寫著。寫著寫著，湧滿小鳳仙眼眶裏的淚如斷了線的珠子一樣落下，砸得滿紙濕痕斑斑。蔡鍔輕輕地為她拭淚，但自己的眼眶也通紅了。

這是一九一五年十二月初的一天深夜，寒風呼號，殘月慘澹，小鳳仙依依送別蔡鍔，默默地望著他換上一套灰色西裝，手提簡單的行李，大步流星地向塘沽港而去。那裏泊著一艘日商「山東丸」輪，即將啟錨東渡日本。

小鳳仙懷著沉重的心情回到北京，回到陝西巷雲吉班，竭力保持平靜地挨過一天天時光，但她的心一直激動難寧。這次蔡鍔離京，她本願跟隨他去，哪怕山高路遠，風吹雨打。想前一段時間，滿京城裏「風流將軍狎美人」的議論沸沸揚揚的時候，曾風傳蔡鍔欲「置金屋以藏嬌」。事實上，小鳳仙與蔡鍔之間，確實就小鳳仙的歸宿有過打算。蔡鍔有心助她跳出風塵。她雖知蔡鍔已有妻室，也願以終身相許。有一次，小鳳仙陪蔡鍔去中學看望他收養的陣亡部下的孤女胡小靜時，三人交談中，蔡鍔已有攜小鳳仙帶了養女東渡日本的主意。不料蔡鍔因形勢險迫而倉促離京，行前局勢不允許他與她從容商計小鳳仙的日後事。兩人都是欲言又止，將千言萬語滯留在胸中。蔡鍔只能反覆叮嚀，囑咐她自己珍重，待他完成壯舉重返京城時，再來相會。他認為這段時間不會很長……

而今斯人已去，在這嚴寒的冬季，小鳳仙獨守孤燈長夜。空空的妝閣裏，將軍的音容笑貌驟然消失了，但那宛若昨日的繾綣情誼又難以忘懷。小鳳仙常常徹夜思念掛牽。每到天色微明，她就推窗遙望天津塘沽方向，眼前立刻浮現她與蔡鍔揮淚而別的一幕。這時，她心裏總有一種似擔心又不只是擔心的不祥怕意，於是便聯想古人易水送別荊軻的悲壯場面，不禁默吟：「風瀟瀟兮易水寒，壯士一去兮不復返。」

小鳳仙每天清晨做的第一件事，就是將京城所有的報紙都找來翻閱。其時，蔡鍔已是全國景仰的人物，有關他的報導相當詳細。小鳳仙將關於蔡鍔的每條消息都剪下來，貼在本子上，不放過一鱗半爪。

蔡鍔安全到達雲南。

蔡鍔與唐繼堯等人致電袁世凱作最後通牒：取消帝制，懲治重要罪犯，即擁護帝制派十三人。

最後通牒到期這天，雲南通電獨立，組成護國軍。蔡鍔任護國軍第一軍總司令。

護國軍兵分三路北上。蔡鍔率中路直取川南重鎮瀘州，聲勢壯大。廣大革命黨人同時掀起強大的反袁革命浪潮。各省紛紛響應，通電獨立。

……

但是報導畢竟不能涉及蔡鍔更具體的情況，而這是小鳳仙更為關注的。

一天，小鳳仙接到從袁府出走的雅梅的電話，約她去六國飯店見面。見面後，雅梅告訴小鳳仙：「我準備與袁寒雲分手。等我與他的事了結，我們一起先去上海，我幫你去找蔡將軍。」

小鳳仙開始覺得這個主意好，但細細一想，又覺不妥，便說：「我還是守在北京的好。他正在忙著打仗，我不能再拿不相干的事去擾亂他。」

「怎麼不相干？這可是你的終身大事。」

「比起他的大事業來，我的事太小了。等到仗打完了，他一定不會忘記我，我相信他。」

雅梅不語了。其實，她偶然從別人口裏聽到了蔡鍔的消息。蔡鍔目前正在瀘州、敘府一帶作戰。他生活極其艱苦，經常幾日幾夜不能好好睡一覺；一身軍服，從出師以來從未換洗過；原本不好的身體，愈發瘦弱了。雅梅不忍將這些告訴小鳳仙，免得她擔驚受怕。

「讓小鳳仙平靜地期待戰事平息的那一天吧。」她想。

小鳳仙期待的日子到底來臨了。一九一六年六月上旬，袁世凱終於在全國人民的唾罵聲中一命嗚呼。黎元洪繼任總統，段祺瑞組閣，護國軍罷兵。

小鳳仙開始急切地盼望蔡鍔派人來，或者至少寫信來。可是一天天過去了，她望眼欲穿，卻依然是音訊渺茫。她的一顆心忐忑不安，滋生出無窮的憂愁和疑慮。她竭力寬慰自己說，蔡鍔還羈留在硝煙未散的前線，他眼下還沒有功夫派人或寫信來。到了七月下旬，消息說，蔡鍔到達成都，就任四川都督。小鳳仙更為期待而焦慮了。他怎麼仍無信來呢？他該想到天涯有人為他而魂牽夢繞的啊！

小鳳仙終於盼來了一個人，這人便是她和蔡鍔資助、鼓勵赴滬投入革命運動的金雲麓。他五天前由四川到上海，又匆匆趕來北京。原來，他自從離京南下後，一直受命往來於滬蜀之間，聯絡各地的反袁護國行動。金雲麓告訴小鳳仙，他是二十天前與蔡將軍分手的。將軍鄭重委託他來看望小鳳仙，還捎來了口信。將軍說，對不起你，請你不必惦念他。

小鳳仙聽了此話，感到很費解。她欲再問詳情，卻見金雲麓向陪她而來的雅梅遞了個眼色，便匆匆起身說今日另有要事，要告辭。不祥的預兆猛地襲向小鳳仙的心頭。她明白，他有些不便說的話，轉而託雅梅來對她說。她就不再挽留他，只約改日再見。金雲麓一走，雅梅並不等小鳳仙催問，主動按照金雲麓的囑咐說起來：「蔡將軍說，他不能派人來接你，他拿出一些錢來託金雲麓捎給你。蔡將軍和他的弟兄們苦得很，幾個月發不出餉，伙食錢是找地方上的紳士東拉西借的……」

「難道我指望他給一大筆錢發財？」小鳳仙聽得不禁惱怒起來。

雅梅愣了愣神，遲疑著說下去：「蔡將軍的反袁壯舉是成功了，但是沒人管他的事。弟兄們要解散，要補發欠餉，他拉了兩三百萬的虧空。」

小鳳仙聽了也一驚：「竟拉了這麼大的虧空？」

雅梅點點頭，無意中又冒出一句：「蔡將軍的病，也更難治好了。」她立即知道失口了。金雲麓關照過，暫不要對小鳳仙說蔡將軍的病情。

小鳳仙立刻驚訝變色，接二連三地追問道：「蔡將軍何時患上了病？是什麼病？有沒有危險？」

雅梅惶惑地搖搖頭，她不敢再說，也說不清楚。

小鳳仙趕緊向她問清金雲麓的住址，向他掛通了電話，請他連夜趕到她的住處再談。雅梅陪小鳳仙回到家裏，表示要再陪她等金雲麓到來。小鳳仙謝絕了，她想獨自靜一會兒，理理紛亂的思緒。

送走雅梅，她虛掩大門，點燃煤油燈，仰頭靠在窗前，緊閉雙目。窗外，西風乍起，尖厲地扯叫著，吹打起落葉，嘩嘩啦啦地，不知捲向何方……

金雲麓很快趕來了。他見已隱瞞不住，便將真相和盤托出：「……蔡將軍率軍入川時，只領了四個月的餉……他以三千饑卒，與北軍四萬為敵……與張敬堯在合江、納溪之間，一連交戰二十多天。他未曾好好睡一覺，未曾好好吃一頓飯，最終還是病倒了。不斷發高燒，軍醫診斷不出病因，束手無策……幸虧當地有一座天主教堂，法國神父精通醫理，診斷蔡將軍咽喉部位的細胞畸形發展，蔓延極快，已屬不治之症。若再不好好休息療養，則最多只有半年時間了……」

金雲麓已泣不成聲：「將軍惡衣廢食，自戕其身，瘦得脫了形。聽他說話要將耳朵貼在他的嘴上才聽得見。就這樣，他還不躺下休息。我從未見過這樣的硬漢子，一步一步往死裏

小鳳仙像

走，自己也知道，可絕不洩氣……」

小鳳仙聽得心如刀絞，但她沒有流淚，她忘了哭，只顧死死盯著金雲麓的嘴巴，不放過一字一句地聽著。直到他說完，她還目不轉睛地望著他，但她的雙眼已失了神，她的一顆心，早已飛到成都，撲到蔡鍔身上。她明白了蔡鍔千里迢迢捎來的話的意思。將軍必是在深夜病痛發作、劇疼失眠時，通前徹後地想過了，對他和她的戀情姻緣絕望，便託金雲麓帶信來，讓她早早忘掉他，好減免許多痛苦。體察到蔡鍔之心，越發勾起她刻骨的思念。她痛苦地想像著蔡鍔被病魔纏身的身影，不知金雲麓何時辭去了。

她終於失聲痛哭了整整一夜，悲啼壓倒了淒厲的風聲。

痛失知音

蔡鍔的病情日益惡化。八月九日，他被從重慶送到宜昌。一艘軍艦全速駛來，載著他順長江急下，沿途所經武漢、南京均不停留，直抵上海。他的行蹤極為隱秘，以防有人去探望反而打擾了他。但小鳳仙還是打探到了蔡鍔的消息，並知道他住在上海哈同花園。她急切地邀金雲麓馬上同她一道去上海，她要去探望、護理蔡鍔。

金雲麓以為小鳳仙不去為好。但他一時難以勸說，便推說有急事要辦，三日後再會面商量啟程日期。小鳳仙則催促他有事趕緊料理，三日後便啟程。

金雲麓陷入了沉思中，他早料知，蔡將軍所託此行，使命艱難。而今小鳳仙的念頭真的難倒了他。從蔡鍔考慮，以他危重病狀之身，他感情上的負擔，本應斷然拋開，如果又玉人見面，古井重波，對需要絕對靜養的他來說，何堪承受這番巨大波瀾的刺激？為小鳳仙設想，一旦去見了蔡鍔，目睹他形容枯槁，失音難語，連一吐相思都不能夠。除了平添摧肝裂膽的巨大痛苦，於小鳳仙的今後又有何益？

我不能讓小鳳仙去上海見蔡鍔！他考慮篤定，可是，怎樣勸阻她呢？他搜遍枯腸，猛然想起一句話來。這句話，足以打消小鳳仙的念頭。但這句話也會像一把利刃，深深刺傷她的心……別無選擇了，他狠狠心對自己說。

第二天，小鳳仙突然接到金雲麓約她去明湖春吃飯的電話。她想，他提前找她見面，必有要緊話說，便準時赴約。見面後，她見金雲麓的表情很緊張，果然像是要說要緊事的神態，便不催問他赴滬的準備如何，聽任他閒聊起他的故鄉和出身。

「我的故鄉徐州，是當年楚霸王項羽鎮守之地，古蹟名勝甚多。有個燕子樓，不知鳳姐聽說過否？」

小鳳仙答道：「是不是關盼盼絕食的地方呢？」

「正是。」他趁機接著講起，白居易如何應邀到張尚書家作客，如何見面認識了關盼盼。張尚書死後，關盼盼怎樣誓死不嫁人，怎樣在燕子樓獨居十餘載。她苦吟了思念張尚書的三首詩落到白居易手裏的經過。

小鳳仙傷感地說：「我閒來讀書時，也讀過這三首詩，確實催人淚下。」說著，她不禁小聲吟哦起來，『樓上殘燈伴曉霜，夜眠人起合歡床；相思一夜知多少，地角天涯不足長。』這一首是說寂寞恨更長，縱天高路遠，也不比一夜思念更長。第二首是說張尚書葬在洛陽北邙，她去掃墓：「『北邙枕柏鎖愁煙，燕子樓中思悄然；自埋劍履歌塵散，紅褪香消二十年。』」她閉目略為思忖了一會兒：「第三首寫得更是淒涼：『適看鴻雁岳陽回，又睹玄禽逼社來；瑤瑟玉笛無意緒，任從蛛網任從灰。』」

金雲麓說：「這三首詩落到白居易手上，他依韻和了三首。你可曾讀過？

「未曾，你記得麼？」

「我只記得第三首。」他說著吟道，「今春有客洛陽回，曾到尚書墓上來；見說白楊堪作柱，爭教紅顏不成灰。」

小鳳仙聽了驚疑地問：「白居易要叫關盼盼去死？」

「白居易另外有一首詩贈關盼盼，說得更明白：黃金不惜買蛾眉，揀得如花四五枝；歌舞教成心力盡，一朝身去不相隨！」

「豈有此理！」小鳳仙勃然變色，「難道教成歌舞，就應該身去相隨而死嗎？」

金雲麓並不停嘴，依然說下去：「關盼盼看了白居易的詩便絕食而死。但是她未絕食前，有一番解釋的話。她說張尚書故世時，她不是不肯殉節，是怕人貶議張尚書重色，如果有姬妾願意跟他一起死，這不是損害了張尚書的名譽？」說到這裏，他頓了頓，終於脫口說出最後一句話：「我覺得關盼盼的想法很對。這樣愛惜張尚書的名譽，才是真正與張尚書好。」

小鳳仙默然，不再說話，只是低著頭沉思。她完全明白了金雲麓引出這個話題的用意。好一會兒過去，小鳳仙才猛然昂起頭：「上海，我不去了。蔡將軍本是大人物，如今更是全國景仰，一舉一動，都有人注意。我這個風塵女子去找他，被人傳說開去，不是對將軍不合適嗎？」她的話驟然而止，渾身的血都奔湧到臉上。她確實也悟到了，此時去見蔡鍔，會使他激動，對他的病體不利，但她的心中翻騰著更多的感慨。

「去不去上海，請鳳姐再從容考慮……我斷無意語傷尊敬的鳳姐……」金雲麓深抱歉意地說。

「我的主意已定。」小鳳仙面色慘白，卻很豁達地說。

小鳳仙不去上海是絕望的決定。但她對蔡鍔的期待還沒有絕望。她默默祈禱他康復。她依然仔細地從報紙上尋找蔡鍔的消息，小心地剪貼在本子上。這時全國都關注著蔡鍔的病情，報紙上的消息較為詳細。報載——

蔡鍔於九月初由上海東渡日本，在神戶登岸轉道福岡。一路由他在日本陸軍士官學校時的老同學蔣百里護送。

福岡醫科大學病院的醫師們對蔡鍔的病症進行會診，一致認為：蔡鍔的病已屬不治之症，只能安慰病人使之保持良好的心境以拖延時間。

小鳳仙對這殘酷的診斷結論驚訝失色之餘，仍在心裏暗自祈禱：但願蔡鍔能因護國成功而感到寬慰。她想，這種寬慰能使蔡鍔避死回生，天不應絕此救國救民的良將。然而蔡鍔的心境是難以寬慰的，他不顧醫囑執意要看報了解國內政局。護國戰爭的告捷並未帶來他預期的結果，軍閥割據之勢已形成。袁世凱死後繼任大總統的黎元洪與總理段祺瑞勾心鬥角，形成府院對峙……這一切對蔡鍔都是刺激。

這些壞消息，折磨得小鳳仙柔腸寸斷，但她的心裏還是抱著苦苦的希望。

十一月，一個噩耗從上海傳到日本：黃興以四十三歲的英雄年華，忽於一天傍晚口吐狂血，當夜二時氣絕身死。蔡鍔聞訊頓足捶胸，痛呼國家於用人之際失卻一棟材。他由此愁悶益增，病勢更為沉重……

小鳳仙淚流滿面地讀到這些消息：

至十一月八日，蔡鍔感覺天旋地轉，自知死神臨近了，他以低得幾乎聽不見的聲音對蔣百里說：「我不死於保衛國家的疆場，死有餘憾……古來大臣臨終，必有遺奏。人之將死，其言也善……我要盡最後的言責，請你代我擬遺電。」他艱難地口訴起來，一字一句都凝聚著滿腔的愛國情義。這就是歷史上著名的蔡鍔四點遺電信。其中有一點就是要求北京政府令飭四川有關當局，將護國軍將士在四川作戰的陣亡及有功人員，核實請卹請獎。他臨死尚念念不忘他的將士。他喘不成聲地口訴完最後一句遺電，說他「以短命盡力民國，虛似薄葬。」

護國運動的主將，一顆耀眼的將星，隕落了。

蔣百里急電回國報告噩耗：「……公惡衣菲食，以戕其身……臨終之際，猶以未能裹屍為恨，然蔡公身雖未死於疆場，實與陣亡者一例也……」

急電傳到北京，傳遍全國。

小鳳仙徹底絕望了，她痛不欲生……。她摘掉雲吉班門前她那塊早已是虛掛的「牌子」，幾日幾夜把自己反鎖在內室臥床不起，拒食拒飲。

蔡鍔的靈柩於一九一七年元旦的第二日運回國，扶送到湖南長沙。依照不久前公布的「國葬法」，蔡鍔獲當時民國的最高哀榮，國葬於巍巍雄峙的嶽麓山。

不久，在北京舉行了隆重的追悼會，公祭蔡鍔靈堂的四壁掛滿了政界軍方文壇名流的輓聯祭文。而小鳳仙的一幅輓聯特別引人注目：「不幸周郎竟短命，早知李靖是英雄。」此聯運典渾成，而又以紅拂自擬，於極簡的十四字之中，凝注了無窮無盡的感慨和悲哀，使參加悼念的人讚歎、歎息不已。

但人們並未看到小鳳仙參加追悼會。輓聯是小鳳仙請人送去的。新聞記者由短命的英雄聯想到飄零的紅顏，急忙趕到陝西巷雲吉班去採訪小鳳仙，誰知早已是人去樓空了……

小鳳仙離開京城後，人們長期以來對她的去向猜議紛紛。有人說她經上海乘舟去了湖南。說蔡鍔臨終前留有給她的遺書，她照蔡鍔的遺囑，捧了蔡鍔遺書去蔡鍔的原籍尋找到蔡鍔的母親，在那裏渡過了清苦但不失寧靜的一生。

又有人說，小鳳仙不久後重新返回了京城。說她不得不斬斷舊情，嫁給了一個富商，易姓改名做了寂寞但安逸的富貴婦人。這些都是捕風捉影的猜測。

其實，小鳳仙遠遠地去了東北。她痛失知音，萬念俱灰，唯對蔡鍔的音容笑貌難以忘懷。在東北，她在對蔡鍔的永久悼念中隱居至老。全國解放以後，據說，梅蘭芳先生於五十年代初期赴朝鮮民主主義共和國演出歸來，途經東北時，還曾見過小鳳仙。

正說歷代十大名妓／黃勝著. -- 一版. -- 台北
市：大地, 2006〔民95〕
面： 公分. --（History：21）

ISBN 986-7480-55-4（平裝）

1. 娼妓－中國

544.7692　　9501665

正說歷代十大名妓

HISTORY 21

作　者	黃　勝
發行人	吳錫清
主　編	陳玟玟
出版者	大地出版社
社　址	114台北市內湖區內湖路二段103巷104號
劃撥帳號	0019252-9（戶名　大地出版社）
電　話	02-26277749
傳　眞	02-26270895
E-mail	vastplai@ms45.hinet.net
美術設計	普林特斯資訊有限公司
印刷者	普林特斯資訊有限公司
一版一刷	2006年7月

大地

定　價：250元